個人化する社会と行政の変容

情報、コミュニケーションによるガバナンスの展開

藤谷忠昭
Fujitani Tadaaki

東信堂

はしがき

行政をめぐるガバナンスがいま、変化のただ中にある。行政が住民を、社会をいかに統治するかという時代から、住民がコミュニティを、社会を、さらには行政を統治する時代へと比重が徐々にではあるが移りつつあるようにみえる。ただ、いうまでもなくその進展は、それほど単純ではない。それぞれの統治は錯綜し存在しており、今後も錯綜し続けるであろう。たとえば、それは既存の制度では対応不可能な要望が突き付けられる現場においてであり、税の執行に対して住民が出資者としてガバナンスへの意志を発現する現場においてである。こうした現場では、さまざまな情報が錯綜し、さまざまなコミュニケーションが生起する。

住民と行政との関係については、「協働」という言葉が二〇年近く前から普及してはいる。それは在るべき姿だとも思う一方で、同時に違和感も感じる。この言葉は互いの利害が予定的に調和するというイメージを喚起するが、むしろ両者の間にはいくつもの対立が存在する。対抗的相補性という概念も一般化したが、最後まで対立に終わる多くの関係もあるのではないか。そんなことは前提として、目指すべき理想とする概念なのかもしれないが、とりわけ行政から発信されるこの言葉は、調和を目指す組織として当然だとしても、こうした対立を見て見ぬふりをしようという印象がぬぐえない。むしろ本書は、対立から出発したいと思う。

両者の対立は、かつては社会運動によって解決されるという社会学の趨勢があった。いまや、その系譜はNPO／NGOにおける新しい市民の誕生の議論につながっているのかもしれない。ただ、その流れは現代社会の特徴である個人化の進展とも無関係ではありえない。価値の多様化は、より広範囲な行政への要望を生むであろう。また中間集団が弱体化するとすれば、行政との関係の齟齬は大きなリスクを生じさせもする。にもかかわらず社会運動への動員がもし困難であれば、行政の民主主義的制御は十分なものにはならないかもしれない。そうした困難さの中で、NPO／NGOの存在意義もまた問われなければならない。

こうした課題を踏まえ、本書の問いはいかなるものか。まず価値が多様化した住民の要望に対し、行政はどのような役割を果たさなければならないのか。ガバナンスの移行の観点からいえば、その解決は議会はもちろん行政にも独占されるものではないだろう。あるいはまた税金の使途の適正化については、いかなる方法があるのだろうか。行政制度単独のチェックではなく、個人化の時代にもかかわらず住民によるチェックは可能なのか。こうしたガバナンスへの意志が発現する現場で錯綜し、生起する情報、コミュニケーションは少しずつではあるが行政組織を変容していく。そうしたいくつかの現場でのフィールドワークに基づき、プラグマティズム、システム理論などの社会理論を手立てに、本書では住民と行政との関係についての検討を試みたいと思う。その展開を一貫して論じている点を鑑み、本文では言及していないガバナンスという言葉を副題に当てることにした。

本書の構成は、哲学的議論から行政を対象に社会学的方法でアプローチするというものである。この構成は個人的な経歴にも由来するが、もちろんそのまま私自身の学問的関心による。その背景には、社会分析の理論と実証が分離しているという違和感、哲学と社会学と行政学とが分業してしまっているという違和感、住民の権利を主張する論調と組織の成員の立場を擁護する論調とが別々に存在しているという違和感などがある。それぞれの分野に膨大な研究の蓄積があることは、もちろん承知している。それゆえ個人がひとつの本にまとめるなど、無謀は試みだとお叱りを受けるかもしれない。だが、それぞれの分野に詳細で緻密な分析、膨大で卓抜した研究があるからこそ、ひとりぐらい失敗を覚悟の上で無謀を試みる者がいたとしてもよいのではないかとも思う。全力を尽くしたつもりではあるが、多くの課題を残しているし、十分な分析が果たせていない点もあろう。よろしければ忌憚なき、ご意見を賜れば幸いである。

目次／個人化する社会と行政の変容——情報、コミュニケーションによるガバナンスの展開——

個人化する社会と行政の変容

――情報、コミュニケーションによるガバナンスの展開――

序論

国家政府、地方自治体の機能としての行政の役割は、相対的に縮小してきているといわれる。ひとつの理由は、いうまでもなく社会のグローバル化である。地球規模の資本主義の進展は、近代国家の意義を希薄化している。国境を越えた資本が世界を支配するとき、もはや行政がその暴走を十分に制御できないことは、われわれが日々、実感するところではなかろうか。もうひとつの理由は、「市民」による公共性の出現である。多岐に渡った人々の生活における要求は福祉国家による給付によっては、もはや十分には賄いきれない。そのため多様な課題においてNPO／NGOの活動が、行政とは独立に進展している。こうした理由により、行政の役割が相対的に縮小しているといわれるのである。

しかし、それにもかかわらず行政の役割が終焉したわけではもちろんなかろう。まずグローバル化の進展によって、その存在は必ずしも希薄になってはいない。むしろ資本の増強と並行して、行政による統制も強大化している。たとえば情報産業のグローバルな巨大化とリンクして、政府による国民の管理は強化されていることは周知の通りである。他方、NPO／NGOについていえば、それらの活動が行政との関係を全く抜きにしてとらえることができない点を指摘することができる。特に、わが国における現代の「市民」活動はいわゆるNPO法の成立との関連をなくして語ることはできない。両者は、ときに協力者としてときに対抗者として直接的、間接的に関係を持ち続けている。そう考えると、たとえその役割が相対的に縮小しているとしても、社会の中心的機能のひとつとして、行政の存在意義を論じることは、いまだ重要性を失ってはいないと思われる[1]。

いうまでもなく行政をめぐって、さまざまな問題が生起する。とりわけ住民と行政とのコミュニケーションの現場においては、両者のすれ違いが生じることも多い。それらのすれ違いについて考えることは、民主主義を前提とする限り永続的な課題であるといえる。では、そのすれ違いはどのように生じるのか。また、どのように収束され、どのような問題を残すのか。それらの問題のために、われわれは何を考え、何を準備しておくべきなのか。

こうした課題を踏まえ本書では、住民とのコミュニケーションによる行政の変容について検討してみたいと思うのである。もちろん、住民と行政とのコミュニケーションの経路は多様である。だが、それらはさしあたり次のように大きく三つに分類できよう。

第一の経路として、議会を通したコミュニケーションがある。選挙を通じた行政の制御は、いうまでもなく間接民主主義の根幹である。特に大臣や自治体の長のリーダーシップは、行政の変容について大きな影響を及ぼしうる。ただ行政が肥大化して久しく、選挙と議会のみによって民主主義を実現するというのは極めて難しい状況にある（cf. 辻 1966）。圧力団体やロビーストの存在は、間接民主制の機能の限界を傍証するとともに、社会の利害調整が投票行動によってのみ達成されていないことを物語っている。

第二の経路として、マスコミュニケーションがある。特に行政の不祥事の発覚に際しての影響力については改めて論じるまでもなかろう。この分野については、社会学も多くの労力を割いてきた。出資者の多くの者が行政を監視する余裕がないとすれば、職業としての行政監視の存在は世論を形成する重要な役割を担うことになる。ただマスコミュニケーションが醸成する世論もまた、全ての成員の見解を代理＝表象できないことはいうまでもない（cf. Derrida 1991）。したがって、一部のメディア資本によって行政が左右される第四の権力をめぐる議論も起こることになる。

第三の経路として、住民による直接的な行政への働きかけが存在する。その働きかけは、前述した二つの経路による行政の制御の限界から噴出していると考えることができよう。議会制民主主義とマス・メディアによる批判だけでは不十分であることを踏まえるならば、その効果、課題について検討することは欠くことのできない課題である。とりわけ安定した所属団体を持たない住民にとって、そのコミュニケーションの在り方は極めて重要な位置を占めると考えられる。それゆえ社会学においても従来、社会運動論を中心にもっとも論じられてきた領域でもある。本書でもまた、この第三の経路に焦点を当て、住民と行政とのコミュニケーションによる行政の変容に着目し、両者のずれを埋める作業を組み立てていきたいと思う。

ところで、こうした検討に先立って踏まえておく必要があるのは、いうまでもなく社会全体における趨勢である。この趨勢について現在、一見、正反対に見える次の二つの主張が存在する。すなわち一方で、現代の日本の社会における個人化の進行が指摘される。個人化とは、個人の生活を重視する観点から社会関係を構成する傾向と定義できよう。そのため家族、地域、職場など中間集団の存在が希薄化する。社会学においても、デュルケーム以来アノミーとして、この個人化については論じられてきた。日本では特に、七〇年代前半からの若者を中心とした社会からの撤退が論じられ（片桐 1991）、それらの若者は「カプセル人間」と名付けられた（中野 1989）。その後、八〇年代のバブル経済の「生活保守主義」を経由して、情報化社会の深化と連動する形で直接的な人間接触は減少し、とりわけ都市については「都会のロビンソン」（清水 1996）の出現と比喩的に語られもする。事実、現代の人々の意識をみれば、中間集団に対する関わりは希薄化している[2]。こうした個人化と並行して、政治的に無関心な層を増大していることとは、たとえば投票率の低下（図1）などからも推し量ることができよう。

ところが他方、同時に新しい「市民」の誕生が声高に語られている。すでに述べたように国内的にはNPO、国際的にはNGOを中心にボランタリーな団体の活躍が注目され、その活動は住民の行政への働きかけにおいても重要な役割を担っており、このような新しい「市民」活動の働きが期待されることは十分に納得できる。したがって、こうした「市民」の誕生が政治的無関心を生む個人化の対抗として語られもするのである。とはいえ、それは本当に新しい「市民」社会の誕生であったり、また社会全体の趨勢であったりするのだろうか。というのも一方で、前述した個人化が、いまだ進行中の現代社会における事態のひとつであることを忘れるわけにはいかないからである。実際、「市民」活動に参加する人々

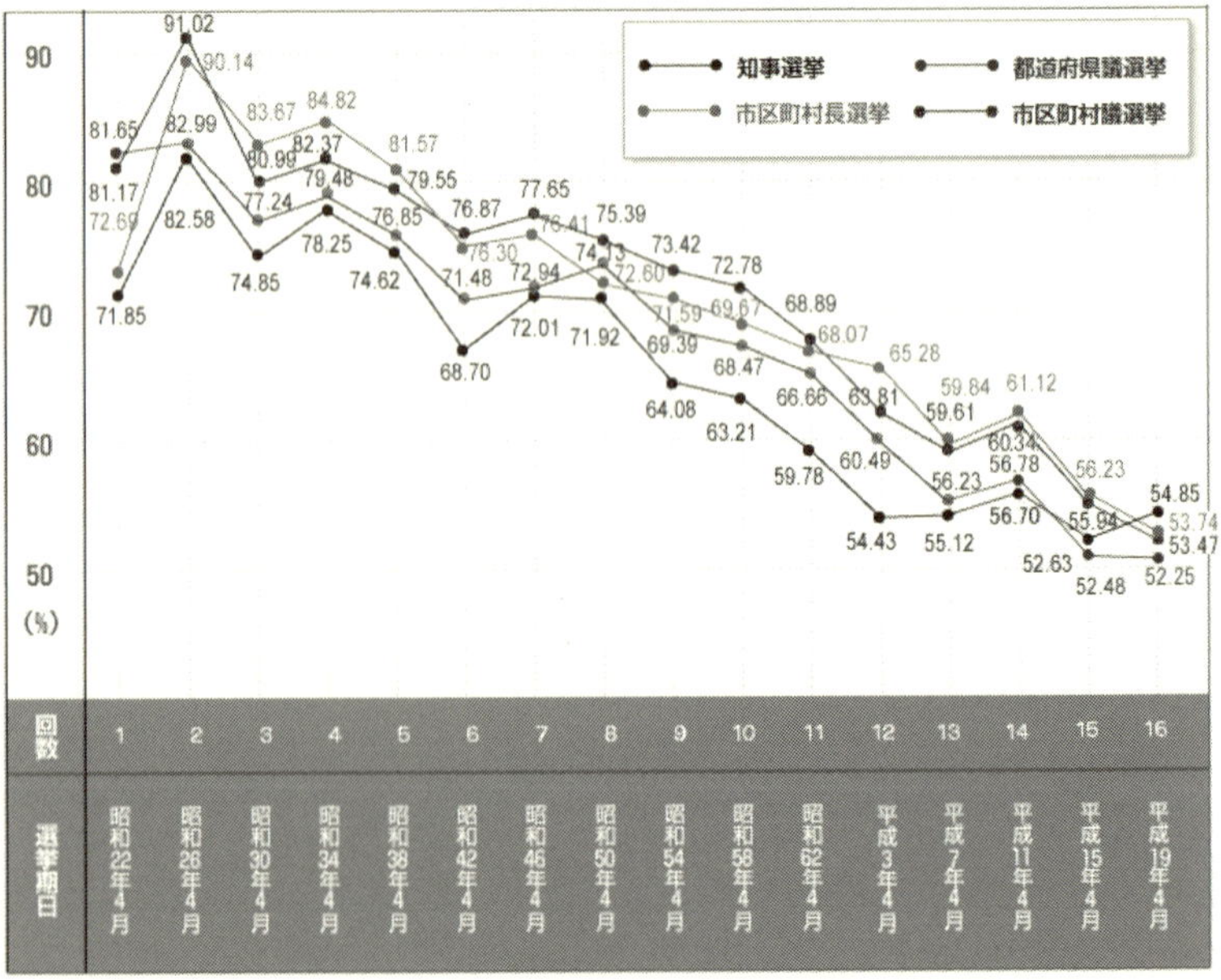

図1　統一地方選挙の投票率推移

（HP「財団法人 明るい選挙推進協会」、http://www.akaruisenkyo.or.jp/070various/tihoug.html, 2009.1.20. 確認）

の割合は、決して大きいとはいえない（図２）。

ここで、このような新しい「市民」の活動が革命のような一元的な目的を持つのではなく、要約不可能に多様化した指向をもつ集合行為である点は重要である。それらの運動は福祉、子育て、環境、まちづくりなど、極めて個人的な生活への関心を通して達成されたコミットメントだといえよう。それゆえ、そこには他から与えられた抽象的なイデオロギーへの参画ではなく、自らの経験を通して得られた切実な志向を読みとることができるのである。だとすれば、これらの「市民」は極めて私的な経験に基づいている限りにおいて、個人化と同じ方向を持っているのではないか。むしろ私的経験の深化こそ社会的コミットメントを可能にしており、新しい「市民」の誕生と個人化とは対抗しているのではなく、実は同じ方向の異なった種類の現象として把握できると考えられるのである。

このことは本書の課題にとって、その議論の前提として重要な意味を持ってくる。社会的コミットメントが個人化における「選択」に関わっている限り、多くの成員に共有されることは必ずしも保証されない。そのことは、あるいは新しい「市民」社会の誕

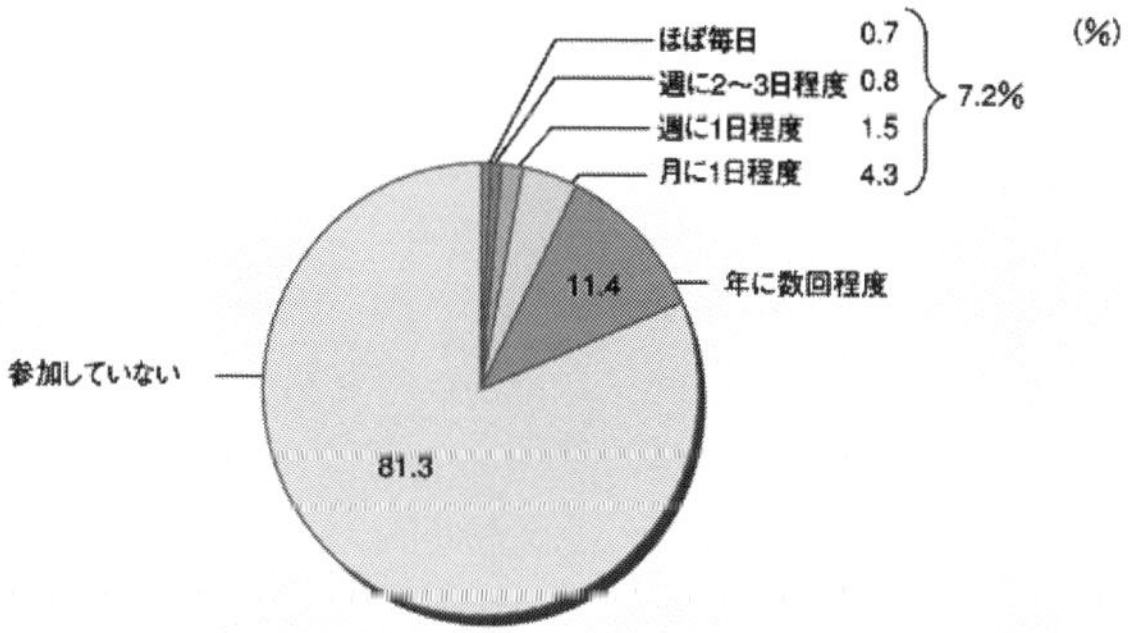

（備考）1. 内閣府「国民生活選好度調査」（2007年）により作成。
2.「あなた自身の地域における活動についてお聞きします。あなたは現在、＜A欄＞のような活動に参加されていますか。参加の頻度についてお答えください。（○はそれぞれ1つずつ）」という問に対し、NPOなどのボランティア・市民活動について回答した人の割合。
3. 回答者は、全国の15歳以上80歳未満の男女3,355人（無回答を除く）。

図２　NPOなどのボランティア・市民活動への参加頻度

（『平成19年度版 国民生活白書』内閣府2007：70）

生を期待する者に対して悲観的に響くかもしれない。だが、むしろ加速する個人化の進展と、新しい「市民」活動の出現とに二極分化する、この社会全体の趨勢をこそ踏まえておく必要がある。重要なことは、こうした事実がわれわれの社会のあらゆる側面に、どのような影響をもたらすかを念頭におくことであろう。では、この二極分化は本書の中心的課題である、住民と行政とのコミュニケーションにどのような検討を求めるのか。

第一に個人化の進展はウルリヒ・ベックが指摘するとおり、個人に対する直接のリスクと責任を負荷する結果となることを踏まえておかなければならない（Beck 1986; Beck & Beck-Gernsheim 2002）[3]。「世間」を解体していく、この現実自体は必ずしも悪いことではない。直接的な人間接触の希薄化は、家族的な拘束からの解放でもあろう。また職場からの過度の拘束からの解放をも意味している。したがって、そのメリットを保持したまま、このリスクを最小にすることを求める必要があると考えられる。もちろん日常生活を政治とは無関係に営めるために存在するのが選挙制度だといってもよい。だが、前述したとおり選挙でのみ行政を制御することはもはや難しい。したがって個人が行政自身から受けるリスクはもちろんのこと、地域や職場でのリスクをも回避する何らかの方策が必要となるのではなかろうか。この点を踏まえれば、住民と行政との関係は、従来の社会学において往々にして論じられてきた、社会運動の観点からの分析だけでは十分だとはいいがたい。むしろ個人と行政との関係をもまた分析の対象としなければならない。そこで本書では、セーフティネットとしての行政の制度に注目し、その制度の現場における住民と行政との齟齬についても深く考えたいと思うのである。特にそこに、すでに述べた両者のリアリティのずれが端的に現れる。本書で広聴制度とオンブズパーソン制度という制度的セーフティネットの具体的現場において、「市民」的活動から遠ざかってしまった住民と行政とのコミュニケーションに注目するのは、そのためである。近年、福祉社会やグローバリゼーションの議論において、社会と国家の境界が揺らいでいると指摘される。その境界の揺らぎに着目しつつ、個人と行政との関係に焦点を絞った分析が重要だと考えられるのである。

第二に、本書の課題からは個人化が必ずしも「市民」的活動へと結びつくわけではないという点を、改めて踏まえておく必要がある。リオタールの指摘を待つまでもなく、もはやわれわれが社会に共通する「大きな物語」を持つことは難しいのかもしれない（Lyotard 1979）。直接民主主義もまた、この「大きな物語」のひとつにほかならない。だが、それでも行政に対する民主主義的制御の必要性がなくなるわけではない。だとすれば仮に行政に影響を与える活動を取り上げるとしても、新たな視点が必要だろう。その場合、多くの参加者を必ずしも必要とせず、それなりの効果を上げる社会運動こそ課題として求められるのではなかろうか。本書においても、特に7章、8章で市民オンブズマン活動を事例として取り上げるのは、この観点からである。その分析を通じて、社会運動による行政の変容の仕組みと可能性を追究してみたいと思うのである。

さて、こうした課題に取り組むためには、いうまでもなく安定した理論的視角が有効であろう。そこで本書の前半ではまず、事例分析のための理論的作業を行いたいと思う。その理論的バックボーンをあらかじめ述べておこう[4]。

第一に本書ではプラグマティズム、とりわけリチャード・ローティの会話理論をその中心に据えたい。プラグマティズムには直接的なコミュニケーションを重視する伝統が存在する。その伝統的指向が住民と行政との関係を論じる本書にとっては親和的であると考えられる。もちろん、プラグマティズムがアメリカのイデオロギーだとする批判も存在する。だがプラグマティズムを行政工学だとする通俗的解釈は別にしても、本論で詳述するように民主主義的コミュニケーションを土台とするプラグマティズム、とりわけローティのスタンスにはアメリカのイデオロギーとして葬り去ることのできない論点が含まれている。またプラグマティズムは単なる批判にとどまらず、実践的指向を持つ哲学でもある。したがって住民と行政との具体的コミュニケーションの問題点とその解決策を考察する観点としてふさわしいと考えるのである。

第二に本書では、ニクラス・ルーマンのシステム理論を援用したいと思う。すでに述べたプラグマティズムの観点は、具体的な相互行為の分析に主に援用することになるだろう。しかし住民と行政との関係を考える上で、行政「内部」の分析が必要である。ルーマンのシステム理論、とりわけその初期の業績には、公式的行動期待と非公式的行動期待とを軸に行政「内部」のリアリティ、また「内部」と「外部」との関係について、それまでの官僚制研究にない独自の分析が行われている。その観点が、住民と行政との関係を検討する本書にとって適切な視角を提供するように思う。そこで社会学における官僚制分析の歴史を背景にしつつも本書では、とりわけルーマンのシステム理論に沿い、官僚制の問題点を整理していくことにしたい。プラグマティズムの限界を、このルーマンの理論の成果を踏まえつつ補完し、具体的な解決策に有用になるよう組み合わせることが、本書の課題にとって必要な理論的作業だと考えるのである[5]。もっとも本書は、プラグマティズムやシステム理論の文献的な詳細な解釈が最終的な目標ではないことはいうまでもない。したがって理論的な知見を抽出し、それらを行政をめぐる具体的な事例にあてはめ、その有用性を計測しつつ、具体的な解決策を探ることに主眼は置かれることになる。

こうした構想を踏まえ、本書の構成をもう一度まとめておきたい。まず1章では社会学を中心とした行政研究を俯瞰し本書のスタンスを定める。その整理を基に2章から4章までで理論的検討を行う。2章ではプラグマティズムのコミュニケーション理論、とりわけローティの「会話」の概念を中心に住民と行政とのコミュニケーションの原理的前提を明らかにする。続いて3章ではローティのプラグマティズムに含まれる問題点を、「理性」的コミュニケーションを逸脱した行為に対する寛容性の側面から検討したい。その上で4章ではルーマンのシステム理論に沿って、組織における成員同士のコミュニケーションの特質を抽出し、官僚制の「内」と「外」との関係についての理論的観点を得たい。

このような前半での理論的な検討を受け、後半の5章から8章までで事例を用い、具体的に住民と行政のコミュニケーションについて分析する。まず5章では、行政に対する苦情・要望が集中する広聴の現場を事例として、制度的機能を分析し、その意義とともに、寄せられた情報に対する行政の解釈を通した権力作用を見出す。6章では、5章で指摘した問題への対策案として地方自治体におけるオンブズパーソン制度を取り上げ分析する。ここでは、ひとつの事例を集中的に検討することで、コミュニケーションにおける第三者の意義を指摘するとともに、それに伴う社会学的課題を示したい。次に7章では、住民と行政とのコミュニケーションを社会運動の観点から検討したい。そのため、行政を対象とした社会運動である市民オンブズマンの活動を事例として取り上げ、社会運動によるリアリティの提示を通した、行政の変容の可能性について明らかにする。8章では、この市民オンブズマン活動が情報活動である点に着目し、インターネットを使った社会運動と行政組織とのコミュニケーションを分析し、両者の関係の新たな可能性を試論的に論じることにしたい。5章、6章の二つの事例は情報の制度的解釈の問題である。7章、8章では社会運動による行政内のコミュニケーションの変容の可能性を探ることになる。こうした具体的な分析を踏まえ最後に9章では、本書の理論的検討と事例分析の成果をまとめ、その上で今後の研究の方向を示したいと思う。

以上のように本書は単なる理論的研究でもないし、単なる事例分析でもない。むしろ、その目標を本書は理論と事例の相互作用に定めたい。その分析によって、個人化社会を背景とした住民と行政とのずれを埋める道筋が少しでも明らかになれば、成功であると考えている。

【注】

1 もっとも社会学が、政府以外の秩序に着目してきたことはいうまでもない。たとえばクロード・サン・シモン、フランソワ・フーリエなどは国家ではなく産業に注目し、エミール・デュルケームは労働の現場に秩序維持の期待を寄せた(Durkheim 1893)。アルフレッド・シュッツやハロルド・ガーフィンケルもまた日常的な現実に秩序問題の解決を図ったことは、よく知られているとおりである。さらにラディカルにいえば労働組合であれ、共同体であれ、相互行為であれ、孤立した個人であれ、国家以外に秩序の根拠を求める考え方を無政府主義と呼べるであろう。この無政府主義的指向が、無制限の行政批判には暗黙のうちに内在されているともいえる。だが「代替的な解決策を提示できないような戦略には効果がない」(Luhmann 1964: 313=1996: 228)というのは妥当であると考えられる。なるほど、すべての行政の政策は余計であるという批判は起こりうる。だが、その場合にはコミュニティ、市場、ネットワークなど行政の担っている問題がどこで解決されるのか明示すべきであり、無政府主義を前面に押し出し立論すべきだろう。この点について本書では、次のような立場をとる。すなわち国家政府、地方自治体を社会全体のすべてを覆い尽くすものではないが、その一部を担う重要な要素として取り扱う。したがって国家政府、地方自治体を批判的にとらえながらも、その執行機関である行政の存在を存在すべきものとして扱おうと考える。

2 平成一九年度版「国民生活白書」によれば、たとえば家族そろって夕食をとるのが毎日の人は一九七六年では三六・五%であったのが、二〇〇四年には二五・九%に減少しており、週三日以下の割合が五三・九%に達している(内閣府 2007: 40)。また望ましい付き合い方を一九七三年と二〇〇三年とを比較すると、地域では「全面的」が三五%から二〇%に減少し、「部分的」が五〇%から五四%に、「形式的」が一五%から二五%に増加し、職場では「全面的」が五九%から三八%に減少し、「部分的」が二六%から三八%に、「形式的」が一一%から二二%に増加している(内閣府 2007: 7)。私生活主義による政治的無関心については、たとえば菅澤(2002: 95)を参照。

3 ウルリヒ・ベックとエリザベス・ベック・ゲルンシャイムは、次のように述べる。「個人化は、たとえば階級、社会的地位、ジェンダーの役割、家族、近隣などのようなカテゴリーの脆さが増大するといった、以前に存在した社会的形式の縮小を意味する。……(中略)……近代社会においては、新しい要求、制御、束縛が個々人に課される」(Beck & Beck-Gernsheim 2002: 2)

4 前半の理論的分析は、基本的には西欧産の民主主義を出発点にした検討である。その点から、西欧産の尺度によって日本社会を切るという啓蒙主義的な分析に過ぎないという批判が生まれるかもしれない。だが、そのことは分析の実質的な意義についての限界では必ずしもないと考えられる。

第一に、後半で検討する民主主義制度自体が西欧産である点を指摘することができる。5章で検討する広聴制度、6章で取り上げるオンブズパーソン制度は西欧産の制度である。7章、8章で検討する市民オンブズマン活動も、西欧の民主主義思想とオンブズマン制度を出発点としている。もちろん、その制度を利用する者も運用する者も高度に日本的な「文化」を身に付けた者であると推測される。しかしながら、その制度自身の是非を検討するのに、同じく西欧産の思考法を用いても十分な成果が得られうると考えられる。

第二に西欧産であれ日本産であれ、尺度は尺度に過ぎないという点を指摘しておくことができる。西欧産の尺度を使ったとしても日本産の尺度を使ったとしても、日本の現状を分析するのにどちらが有効であるかどうかは一概にはいえない。確かに西欧産の尺度では日本独自の特徴を把握できないという批判が可能かもしれない。だがその分析で、もしはみ出るものがあれば、むしろそこに日本の独自性を見出すこともできる。尺度は尺度に過ぎず、分析の糸口に過ぎない。むしろ理論的な検討が後半の具体的分析にどれほど有効であるかどうかこそ、重要な論点であると考えられる。

第三に西欧、日本とそれぞれひと括りにはできないという点を指摘しておきたい。確かに大雑把な分類はできるだろう。とはいえ思想的な点から言えば西欧においても2章、3章の議論でも明らかになるように多様である。もちろん日本産の思想もまた多様であろう。具体的社会についても地理的に区別を施したところで、異なると思われる部分が存在しても共通する部分も多かろう。このように思想的な側面についても、具体的社会についても西欧と日本を完全に二つに分類することはできない。とすれば日本社会には日本産の尺度を使い、西欧社会には西欧産の尺度を使うべきであるという主張は、さほど根拠があるとは考えられない。

5

ローティとルーマンを取り上げることは、両者の見解からして理論的に無理なことではない。プラグマティズムにとって理論は道具でしかない。システム理論で具体的社会を分析し、その分析が有用であればその理論は「真理」ということになる。また、ルーマンのシステム理論において社会が多数の「観察」から成り立っていることは周知のとおりである。したがって、同じ出来事に対してプラグマティズムからの「観察」と、システム論からの「観察」が存在することは不思議ではない。それらは、互いに否定することになるかもしれないが、補い合うこともあるだろう。なお両者を接合しようとする試みのひとつとして、北田暁大(2003)がある。

Ⅰ　本書の方針

第1章　行政に対する社会学の射程

1　行政へのアプローチ

二つの関係を論じる場合、その関係が良いか悪いかが、ひとつの軸となることに異存はなかろう。だが誰もが知るとおり、社会における行政の評判はそれほどよいものではない。むしろ住民と行政との関係はよくないというイメージが、恒常的に社会に存在している[1]。抵抗と権力とがセットだとすれば、行政が権力である限り抵抗がなくならないのは当たり前であるということもできる。だが今後も、社会におけるその役割が重要性を失わないとすれば、住民と行政とのこのずれは社会にとって決して有益なものではありえない。したがって、こうしたずれを最小化する努力は必要である。では社会学を中心とする行政をめぐる研究は、この点についてどのように取り組んできたのであろうか。本章では、その歴史をごく簡単に振り返り、その上で本書での基本的スタンスを示しておくことにしたい。

いうまでもなく、行政を社会学的に研究する分野として官僚制研究が存在してきた。官僚制をめぐる議論には、おおよそ三つの系譜が存在すると考えられる。その全貌を振り返ることは本書の課題からは逸れてしまうが、ここでは本書自体のスタンスを確定するため、それぞれを組織論的アプローチ、運動論的アプローチ、相互行為論的アプローチと名付け、ごく簡単に概観しておくことにしよう。

第一に組織論的アプローチにおいては、官僚制がいかなるものであるかという「内部」における問題が焦点となってきた。こうしたアプローチはマックス・ヴェーバー以来、官僚制研究の中心的な位置を占めてきたと考えられる。そこでは、官僚制におけるパーソナリティや組織の在り方についての法則が、理論的に実証的に見出されてきた。なるほど近年の組織論においては、ゴミ箱モデルのようにきわめて緩やかな組織形態のモデルも存在する（March & Olsen 1979）。また日本の組織自体が流動化し、個々人の生活も組織と距離をとり始めているともいわれる（佐藤 1993）。したがって古典的な官僚制についての見解は、現在の組織において必ずしもそのまま当てはまらないだろう。しかし日本の行政は古典的な意味での近代的官僚制の特質を維持しているようにも思える。成員の多くがいまも終身雇用であるということ、また市場に直接さらされないため新たな組織形態に変更する必要性が相対的に少ないことなどが、その理由だと考えられる。逆にいえば、そこにこそ行政という官僚制の大幅な変容の困難さを認めることもできるのだろう。いずれにせよ従来の組織論的アプローチは限定的であるとしても、いまだ有効であるといえる。

さらに、このような組織論的アプローチは、二つに分岐しているように思える。まず経営者側の立場にたった議論が存在する。この方向の議論においては、官僚制の運営の効率性がまずは目指されている。規則による運営はもちろんのこと、成員の満足やインフォーマルなグループの存在もまた効率性の観点から語られる。いわば最小のインプットで最大のアウトプットを得ることこそ、その課題にほかならない。このアプローチはフレデリック・テーラーの経営論に代表されるような管理技術論に典型を見出すことができるであろう（Taylor 1911）。だが、その場合、組織の「外部」は相対的にブラックボックスとなりやすいことに注意しておかなければならない。すなわち技術革新、顧客のニーズなどさまざまな、ブラックボックスとしての環境に適応しつつ、組織は維持、拡大されるととらえられるのである。

次に同じ組織論的アプローチでも、成員の立場にたった議論を行うことができる。たとえばカール・マルクスのように分業の結果としての労働を疎外ととらえ（Marx 1844）、経営の効率性のため成員は搾取されるとみることが可能である。このアプローチは、まさしくヴェーバーの指摘した「資本主義の運命」をより悲観的にとらえた観点にほかならない。いうまでもなく、この「運命」を社会学が見過ごしてきたわけではもちろんない。そのひとつの解決として考えられたのが、組織内の組合やインフォーマルな集団によって労働の疎外、および搾取を最小にすることであろう。クロード・サン・シモン、フランソワ・フーリエなどの労働者への注目や、エミール・デュルケームの分業論における同業者組合に対する希望は、その典型的な例といえよう。だが、もしそうした組合やインフォーマルな集団が時代的に欠落したとしたら、たとえばウルリヒ・ベックが明らかにしているように成員は個人としてリスクを負うことになる（Beck 1988）。また社会全体での法制度でそのリスクを最小限にすべきだとしても、心理的な疎外感は完全には解消されないだろう[2]。したがって社会学は、この管理社会の典型というべき組織における労働者の立場を、管理から逸脱する戦略としても語ってきたのである（e.g. 長谷 1994）。

こうした組織論的アプローチに対して第二に、運動論的アプローチが官僚制について多くの知見を蓄積してきたことは周知のとおりである。組織論的アプローチが組織の「内部」に着目するとすれば、このアプローチは官僚制に対する官僚制の「外部」におけるリアリティを明らかにする議論であるといえる。とりわけ行政をめぐる研究には、民主主義的観点から官僚制の変容を求めている場合も多い。たとえば、その古典的な例ともみなせるペーター・ブラウの官僚制に対する次の記述を見てみよう。

「われわれが能率的な官僚制を活用したいと思うならば、われわれを奴隷化させないようにそれを制御する民主的な方法を発見しなければならない。……この達成には、これまで知られているよりもはるかに広汎な民主的な参加を必要とするといってよいのである。官僚制化によって提起されたこの挑戦的課題の解決は、全市民がその社会の政治生活上の活動にその余暇と精力のかなりの部分をささげることができ、またそうした気持ちを持っている場合にのみおそらく可能である」(Blau 1956: 118＝1958: 140-1)

ブラウが典型であるような、こうした民主主義的な観点は、市民による官僚制の制御こそ重要であると主張する。そうした主張は行政の民主主義化に大いに貢献してきた。同時に、この考え方が日本の市民社会論において中心をなしてきたこともいうまでもなかろう。近年では、たとえば環境問題などをめぐる議論においては、市民による行政の変容が多かれ少なかれ、その目的のひとつとなっているのではなかろうか。だが組織論的アプローチの「外部」がブラックボックスになりやすいのとは逆に、この場合、組織の「内部」が相対的にブラックボックスとなりがちであることに注意しておかなければならない。

官僚制についての議論、特に行政をめぐる社会学における議論の多くは、以上のように二つの観点から主に語られてきたとはいえないか。確かに、このことを社会学における、ある種の分業ととらえることもできる。だが、「内部」と「外部」が互いにブラックボックスにならないことがよいに越したことはない。

このことを踏まえた場合、第三に、その観点のひとつとして官僚制とその環境との接点に着目するというアプローチが考えられる。すなわち相互行為に焦点を置き、官僚制とその変動要因としての「外部」の環境を同時に射程に収めるという方向である。この分野には日本の社会学において、社会運動論の立場からの卓抜した先行研究がいくつかある。たとえば塩原勉の『組織と運動の理論』(1976)は、組織と運動の両方向から戦後日本の実態に接近しようと試みている。また梶田孝道は生活者とテクノクラートとに対抗的相補性を指摘し、両者の分業を切り出してみせた（梶田 1988）。こうした作業に共通する関心は住民と行政との総合的把握であり、その相互作用にある。ここで両者の総合的把握とは、自らのイデオロギー的な観点との関係に注意深くありながら、まさにその両者の接合に接近することにほかならない。舩橋晴俊の「政府の失敗」の議論も、官僚制との接点に社会運動をとらえている（舩橋 1998）。また近年のストリートレベルの官僚制研究が、同じ関心から出発していることも付け加えておかなければならないだろう（Lipsky 1980; Goodsell 1981; 畠山 1989）。

では本書は、どのような観点をとるべきなのか。住民と行政とのずれを対象とするゆえに、序論でも述べたように、この分類でいえば第三の観点、すなわち「内部」と「外部」の両方を見渡せる視点を構成する作業がとりわけ重要だと思われる。いうまでもなく社会学の歴史の中にも、このような視点がなかったわけではない。それはどのような研究か。本書の基本的立場を明らかにするために次節以降でこの点について、もう少し検討しておくことにしよう。

2　逆機能としての官僚制

官僚制の「内部」と「外部」の接点に着目した古典的研究として、まずはロバート・マートンの官僚制分析を挙げることができよう。よく知られているように、マートンは官僚制の否定的な側面を逆機能と位置づけ、それらの逆機能を克明に記述しようとした。ただ、ここではむしろ、その際、マートンが行政の「内部」と「外部」のリアリティのギャップをいちはやく指摘した社会学者であったことに注目したい。そのことを思い起こすためにマートンの官僚制について議論を、本章に必要な範囲で手短に振り返ってみよう。

周知のとおりマートンは、「行為の各系列が組織の目的と機能的に結びつくのが」「合理的に組織された形式的な社会構造」(Merton 1949: 151＝1961: 179) の理想であると考える。では、この「目的」とは何か。それは、組織にとっての目的である。すなわち社会構造の手段として官僚制の出来不出来は、いかに効率良く作動するかどうかにかかっているというわけである。言い換えれば、インプットに対してより多くのアウトプットが可能な組織こそ機能的なのである。逆に、それを阻害するものこそマートンにとっての逆機能にほかならない。たとえば、それは何か。規則主義として著名な例に挙げ、マートンは次のようにいう。「もともと規則を守ることは一つの手段だと考えられていたのに、それが一つの自己目的にかわる」(Merton 1949: 155＝1961: 183)。その主張にしたがえば、規則を遵守するという組織の「目的」に機能的な官僚的規範が、規則主義という逆機能としてのパーソナリティを生み出すことになる。こうした同調過剰をマートンは次のように定式化している。

「(1)ビューロクラシーが効果を発揮するためには、反応信頼性と規律の厳守が要求される。(2)かかる規則の厳守はやがて規則を絶対的なものにしてしまう。すなわち、規則はもはや一連の目的と関係なきものと考えられるようになる。(3)このため、一般的規則の立案者がはっきりと予測していなかったような特殊な条件の下では、臨機応変の処置がとれない。(4)かくして、一般に能率工場に資すべきはずのものが、特殊な場合にはかえって非能率を生み出すことになる」(Merton 1949: 156＝1961: 184)

こうした官僚制の非効率性をその「構造」に求めることは、ひとつの有効な手立てであろう。すなわちマートンの分析によれば、「規律ある行為と服従規程への合致に対する刺激剤として工夫された」「勤続年数による昇進、年金、昇給など、組織的処置」が「臆病、保守性、技術主義を誘致する」(Merton 1949: 156＝1961: 184)。またインフォーマルな仲間意識が醸成され「自分たちの利害を擁護」(Merton 1949: 156＝1961: 185) し、自分たちの専門技術への誇りによって「仕事の変更が加えられると、それに抵抗」(Merton 1949: 157＝1961: 185) する。さらに「もともと技術的な理由で規範が採用されたのに、それが次第に厳重となり神聖なものになっていく」(Merton 1949: 157＝1961: 185) のである。このように官僚制において効率的なパーソナリティが同時に、特有の非効率的なパーソナリティを生み出すとマートンは考える。さて、そうであれば、非効率的なパーソナリティを生み出さない方策を考える必要もあろう。たとえば現場では「研修」などがその処方箋のひとつとされるであろう。だが本書の課題にとってむしろ注目しておくべきことは、こうした官僚制の逆機能の考察においてマートンが、官僚制の「外部」である第一次的集団 primary group と、「内部」である第二次的集団 secondary group との区別について指摘していることである。

たとえばマートンは「人間関係の非人格化」について次のようにいう。「官僚制は、第一次的手段の基準をもってしては十分に遂行できないある種の活動を営むために案出された、第二次的な集団構造である」(Merton 1949: 159＝1961: 188)。そこでは「職員は人格的な関係を最小限にとどめ、範疇に訴えるので、個々のケースが持つ特殊性はしばしば無視される」(Merton 1949: 157-8＝1961: 186)。さらに「職員は、官僚制の階層の内部でどんな地位を占めていようとも、余りそれには係わりなく、構造全体の権力と威光の代表者として行為する」(Merton 1949: 158＝1961: 186) と指摘する。したがって「顧客にとっては時に大いにパースナルな意義を持った事件も、官僚制の職員によってインパースナルに取り扱われるので、彼らは『横柄』で『尊大』だという非難が起こる」(Merton 1949: 158＝1961: 186)。というのも「役人は今この場で偉そうな顔をしているが、社会的には俺の方が上位にあるのだと顧客が考えるからである」(Merton 1949: 158＝1961: 187)。しかし「この構造の中でインパースナルな取り扱いをすべきところをパースナルな取り扱いをすれば、必ずこれを否認する声が方々でおこり、汚職、情実、えこひいき、御機嫌とり呼ばわりされる」(Merton 1949: 159＝1961: 188)。「この種の悶着は第二次的集団の態度が要求しているところに第一次的集団の態度が介入したために生じる」(Merton 1949: 159＝1961: 188) とマートンはいう。

官僚制の逆機能は、第一義的には組織の「内部」の問題であるかもしれない。しかし、このようにマートンにおいては、その逆機能が個々のパーソナリティにのみ依存しているわけではなく、「第一次的集団」と「第二次的集団」の態度の違いにおいて「悶着 conflict」にまで発展することが指摘されている点に、その独自性があろう。例としてパーソナルな取り扱いが公平性の原理に抵触するといった行為の両義性が挙げられているが、このことは他の行為についてもあてはまるだろう。たとえば前述した規則主義についていえば、それだけで官僚制の機能を阻害する逆機能となる場合もある。だが、「内部」の運営において機能的な場合も「外部」にとっては杓子定規と批判されることになりうる。「内部」の運営において機能的な規則が「外部」と接するとき批判の対象ともなりうるというこの論点は、本書の課題にとって重要である[3]。

とはいえ「第一次的集団」と「第二次的集団」の態度のこの違いを、行政の効率性に合致するフォーマルな行為規範と、「日常」的なインフォーマルな行為規範に単純に分けることはできない。たとえば官僚制の中でインフォーマルな関係が重要であるという点はホーソン実験などで指摘されていることである[4]。逆に、第一次集団からの批判が汚職の防止や行政の効率性の向上など、官僚にフォーマルな行動を要求することもしばしばである。したがって、この「第一次的集団」と「第二次的集団」の態度の違いについてここでは、より広く、官僚制の「内部」と「外部」のそれぞれのリアリティの違いという程度のゆるやかな定義にとどめておかなければならない[5]。この観点から以上のマートンの指摘を、次のように言い換えておく必要があろう。すなわち官僚制における行為の両義性が官僚制の「内部」と「外部」のリアリティの違いによって生じ、その齟齬は両者の接触場面においてしばしば明らかになると。

3　システムとしての官僚制

マートンと同様に組織の「内部」と「外部」のリアリティの違いに着目した社会学者は、本書でも中心的に取り上げるニクラス・ルーマンである。よく知られているようにルーマンは、おそらくは行政での実務経験を活かしつつ社会システム理論を展開した。後期においては極めて一般的な理論を結実させたが、初期においては具体的な官僚制の実態を相互行為の観点から記述している。そこには官僚制の「内部」と「外部」の関係に着目したい本書にとって、極めて重要な理論的示唆が内在する。その十分な展開は4章で行うこととして、ここでは本書の基本的スタンスを定めるため、「外部」とは異なった公式組織の「内部」のリアリティという側面からルーマンの観点を、あらかじめ概観してみたいと思う。

周知のとおりルーマンは、すべての理論においてシステムと環境の二分法から始める。ルーマンによれば、システムは自らが存続するために環境の複雑さを縮減することによって適応する[6]。本節では、さしあたり官僚組織がシステムであり、環境とは官僚組織の「外部」のことととらえておこう。とりわけ『公式組織の機能とその派生的問題』(1964)では、マートンのいうところの「第一次的集団」と「第二次的集団」との関係が、より詳細に論じられている。たとえば組織批判について次のような議論が展開される。すなわちルーマンによれば、システムは環境からの批判を無視することはできない。なぜか。「組織目的としてかかげられるのは、組織に何らかの利益をもたらすと同時に、組織の環境に承認を受け入れられるような組織作用」(Luhmann 1964: 109＝1992: 153) だからである。ここでは組織目的に対する逆機能に関して、住民と行政のリアリティの違いだけでなく、組織と「外部」環境との関係を軸に考察が施されている。

その考察の中でルーマンは、行政とのやり取りでの「ちょっとした指摘や観察」「表現上の逸脱といったことが、行政との間に一般化されて信頼関係ないしは不信の関係をつくる要因となり、したがってまた、その行政の決定に対するそうした人々やシステムの態度を規定するようになる」(Luhmann 1964: 111＝1992: 156) という。ここで注目しておきたいのは、その結果、公式組織にとって「外部との関係では理想化が必要になる」(Luhmann 1964: 113＝1992: 157) とルーマンが述べている点である[7]。ゴフマンのパフォーマンス論の官僚制への適用ともいえるこの「理想化」についての議論は、住民と行政との関係を分析する上で重要な論点であると思われる。そこで、やや長い引用であることを厭わず、詳しく見ておくことにしたい。すなわちルーマンは次のようにいう。

「望みどおりの印象をあたえることとは十分な技巧があってはじめて可能になるが、それがうまくいくかどうかということは、とりわけ矛盾する事実をどの程度まで隠蔽できるかということにかかっている。失敗や初期段階の誤り、さらにはそれを修正するために必要とされたあらゆる努力は、可能なかぎり文書に残さないようにしなければならない。もし残されたとしても、すくなくとも公になるようなことがあってはならない。なぜなら、同じ誤りであっても、公表された誤りは、公表されないものに比べはるかに損害が大きいからである。しかしそれにもかかわらず、思いもよらぬ失敗が公になってしまった場合には、それを担当した成員の個人的な過失にされてしまう。組織はその失敗とは何のかかわりもないというわけである。また、抜け道や一時しのぎの方法、仕事を軽減するための秘策などといったことも外に漏れるようなことがあってはならない。同じことは、本来持ちあわせていなければならないはずの情報を事後的につくりあげたり、口述に先立つ模擬練習で弱点を強化したり、あるいは、圧力をかけて影響を行使しようとするさまざまな団体代弁者から意見を聴取したりするといったことにもあてはまる。こうしたことは何の痕跡も残してはならない。概して、理想化をするためには途中経過だとか発展だとかいったことは邪魔になる。発生的な見方は抑えられ、修正への要求は拒絶される。さらに、組織内での意見のくい違いをほのめかすようなあらゆる兆候や、その対立を克服するために必要とされた努力は、傍聴者に知らされることはない。というのは、他の決定もまた可能であるという示唆を許さないものだからである」(Luhmann 1964: 114-5＝1992: 158-9)

このいささか担当者のマニュアルめいたやや長めの引用を読んで、多くの者は不謹慎であると嘆くかもしれない。もちろんルーマンの指摘がすべての場面において成り立つかどうかは、ただちに断定はできない。ただ、われわれが官僚制に抱く否定的イメージのひとつが、ここで見事に描かれていることは確かである。にもかかわらず、善悪の価値判断を越えてこうした事実がシステムの存続の条件だとルーマンは冷静に指摘するのである。さらに、ここで着目しておきたいのは、こうした問題は成員の振る舞いにおいて克服できる問題ではないと述べられている点である。なるほど「もしその気になれば、成員はもっともらしくとりつくろわれた表現の欠点を指摘したり、機密文書を暴露したりすることもできるだろう」(Luhmann 1964: 118＝1992: 162)。ただし「この種の逸脱、すなわち『漏洩』に対して、社会システムはとくに敏感であり、単なる表現上の脱線に対してさえも過敏に反応する」(Luhmann 1964: 118＝1992: 162-3) のである。もし「思いもよらぬ失敗が公になってしまった場合には、それを担当した成員の個人的な過失にされてしまう。組織はその失敗とは何のかかわりもない」(Luhmann 1964: 114＝1992: 158) というふうに装う。したがって「組織に加入する者はやがて、すべてのできごとにはこの二重の側面 (組織内的な側面と組織外的な側面) があるということを学ぶことになる」(Luhmann 1964: 116＝1992: 160) (括弧内、筆者) とルーマンはいうのである。

このように初期のルーマンの分析を概観してみれば、官僚制は「外部」からの批判に適応するため理想的な印象の形成に努力を払い、「成員」を犠牲にしてでも自らの存続を図ろうとするのだという分析を、そこに見出すことができる。もし、この分析が正しいとすれば、ここで少なくとも次の二つの問題を提起しうるであろう。第一に、民主主義的な観点からの問題である。組織の「外部」に対する「理想化」は、アカウンタビリティとの齟齬をきたすことになることはいうまでもない。第二に、成員にかかわる問題である。組織は、組織が存続するためだけに存在するわけではない。この点を考慮すれば成員をスケープゴートにしつつ、組織だけがそのまま存続する結果にも問題が残るのではなかろうか。

確かに「外部」からながめれば民主主義の徹底こそ、その解決の最短距離のように思えるかもしれない。そう考える立場からは、こうしたルーマンの分析が悲観的に響くかもしれない。だが民主主義的解決を日指すことを大前提にするとしても、一方でルーマンの指摘がもし組織の強固な特質だとすれば、こうした分析は民主主義的な解決の楽観性に一定の異議を提起し、「内部」のリアリティをも検討すべきことを示唆しているのではなかろうか。そのより詳しい検討は4章で行うこととして、「内部」と「外部」のリアリティの間の、このディレンマに分け入ることこそ本書の課題であることを、さしあたりここでは確認しておきたい8。

4　私企業との違い

2節、3節でそれぞれ、マートンとルーマンにしたがって、官僚制の「内部」と「外部」との関係に着目する意義を指摘してきた。だが本書が課題とする行政は、いうまでもなく官僚制のひとつに過ぎない。とりわけ、しばしば比較される私企業とは共通する論点も多いが、大きく異なる点も存在する。すでに見たマートン、ルーマンの指摘も、行政組織にあてはまることが多いとはいえ、私企業を含めたより広い意味での官僚制にもあてはまる。では本書で対象とする行政は官僚制の中でも、どのような特徴を持つのか。この点は、とりわけ本書の分析にとって重要な論点である。そこで本節では後の議論のためにも特に本書に関連のある範囲で、①労働者としての行政職員、②代弁者としての行政職員、③民主主義政体としての行政——という三点から、この点についてあらかじめまとめておきたいと思う。

第一に行政の企業と異なる特徴を、労働者としての行政職員という観点から確認しておきたい。私企業において労働者は、経営者を介して資本家と対抗する。したがって対「支配」という観点から、たとえば労働者側の立場に立つことも社会学として可能である。すでに述べたマルクス主義的組織論は、そのひとつであろう。公務員もまた戦後、労働者としての権利を持つことは強調され続けてきた（e.g. 辻 1969: 269）。だが行政の場合、私企業での資本家に当たるのは住民である。すなわち出資者は社会の一部の支配者ではなく、社会全体である。このことは、次のような複雑な要素を加える。まず確かに行政の成員は労働者として住民の支配にしたがうべきであるという論理的な整理が可能である。それが民主主義の原則である。だが同時に、行政の成員は労働者として管理される存在でもあるという点に留意しなければならない。この場合、経営の効率性に対する労働者の対抗は、経営者や資本家とではなく住民の意向との闘いともなる。ここで管理に対抗する組織の成員の戦略を、経営と労働との単純な対抗ではとらえられないという問題が生起するのである。それゆえ労働者としての行政の成員に社会学が専ら荷担することもできない。

もっとも行政の成員といって、それは一様ではない。とりわけ管理業務を担うテクノクラートを、事務業務を行う他の行政職員と区別し議論することも可能だろう。とはいえ、テクノクラートが管理される者ではないと一概にいえるのだろうか。テクノクラートに対する現場職員による影響については、マートンが指摘していることでもある。すなわち専門職である現場の職員に、ある点でテクノクラートはかなわない場合が存在する。加えて、たとえばルーマンの分析するような組織的特質はテクノクラートをも拘束する。したがって、程度の差はあれテクノクラートもまた管理される者であることを念頭に分析することは必要なことであろう。こうした論点は当たり前のようではあるが、とりわけ社会学ではあまり論じてこられなかったように思う。もちろん本書は、行政職員を労働者として擁護しようとするところに主眼を置きたいわけではない。むしろ、その批判の実質化のためにも、このような視点を踏まえた分析が必要であると考えるのである[9]。その上で、さらに管理される労働者としての職員のリアリティは住民の意思に反するだけではなく、実は行政の「内部」的慣習を突き破り組織を変容させる可能性も秘めていることを明らかにしていきたい。

第二に、ある住民の対抗する行政の見解が他の住民の利害でありうるという点を指摘しておきたい。いまや一般化した受益圏と受苦圏という用語は、この点を象徴している。梶田孝道はたとえば次のようにいう。「テクノクラートは、国民の欲望の『集約的代弁者』にすぎないのであって、こうしたテクノクラートそれ自体に、問題発生の究極的根拠を求めることはできない」(梶田 1988:24)。私企業でいえば資本家の利害は資本の増大というシンプルなものとみなすことも可能である。だが、行政に対応する社会の利害は多様である。そう考えると、たとえば行政へのクレームを住民と行政の対抗という構図だけで把握することはできない。もちろん、そうしたクレームは選挙によって選ばれた代表者が民意を反映していないことに基づいて生じ、経営における出資者の考え方、ここでは住民の考え方に修正することを意味する。だが、行政のリアリティは当の住民以外の他の住民の利害であるという可能性が存在するならば、住民対行政という対抗は住民対住民という対抗でもありうるという点を念頭に置く必要が出てくるだろう。こうしたことは何もテクノクラートについてのみ、あてはまるわけではなかろう。他の行政職員もまた、現場で権力を行使する点において同様である。したがってたとえば行政へのクレームを考える場合、住民のリアリティの検討だけでは、他の住民の利害をも含む考察が必要である。このことも当然のように思えるのだが、この点を踏まえた分析は意外と見出せないのではあるまいか。

第三に行政においては、「外部」からの情報への対応が私企業以上に求められる点を最後に確認しておきたい。さまざまな要望・苦情は企業にも寄せられる。この場合、その対応は経営戦略全体の中で天秤にかけられることになる。ある要望・苦情に応じないからといって、アクチャルな争点でもない限り、社会全体から批判されることはない。その決定による結果は、企業自身が負う。だが民主主義を前提とした組織である行政の場合、すべての要望・苦情について対応するにせよ、しないにせよ、そのアカウンタビリティが厳しく求められる。企業でいう資本家が住民であり、経営者が住民の代表である限り当然であろう10。このことに関連して考えておかなければならないのは、それらの要望・苦情として寄せられた情報はひとつの解釈に収斂するものではないという点である。要望・苦情自体、ある観点からの解釈にほかならないが、その対応においては、また新たな解釈が必要となる。寄せられた要望・苦情を実際の政策に変換するためには、「内部」のリアリティによる解釈が求められる。だが、それだけでは十分なのか。対応の内容も当然、その解釈が行政によってだけではなく、「外部」の存在によって施されることで異なってくるだろう。したがって住民からの行政への情報のフローに対する解釈が、「内部」のリアリティによるのか、あるいは「外部」のリアリティによるのかという点は大きな争点だといえる。

このように見てくると、①労働者としての行政職員、②代弁者としての行政職員、③民主主義政体としての行政——という観点から少なくとも行政と私企業との違いを指摘することができる。①②の観点からいえば、行政の現場においては個々の問題が具体的な作業と民主主義の理念にはさまれた「成員」のディレンマであるという可能性も浮上してくる。また③の観点は、行政の「内部」と「外部」との相互の関係が、やはり本書の課題にとって分析の重要な鍵になるということを示しているのではなかろうか。

5　官僚制に対する立場

われわれの多くは、いくつもの官僚制の「外部」にあり、また官僚制の「内部」にもある。日常的な記憶を辿ってみれば他の官僚制に対しては、その非効率性、無責任さに腹を立てることが多い。けしからん、誰の税金で、あるいは誰の支払いで飯を食っていると思っているんだと。だが逆に自らの所属する官僚制については「外部」の無理解、野放図な苦情に、うんざりすることがあるかもしれない。こっちだって管理された労働者で自分の考えで必ずしもやっているわけではないし、こうしなければならないのは組織なりの事情があるわけで、なぜ分かってくれないんだと。すなわち「内部」と「外部」の齟齬、住民と行政との齟齬といって、その観点によって二つの意味を持ちうるといえる。本書の課題である行政の分析についていえば住民の側から、あるいは行政の側からの特化した分析は確かにインパクトがある。それらを学会での分業ととらえ、対抗しつつ、その緊張の中で社会が動態的に変化していくという観点に半分は同意できる。だが、その緊張を過度に先鋭化させることは、われわれ自身がいくつもの官僚制の「外部」にあり同時に、ある官僚制の「内部」にあることの忘却ではないかとも思うのである。

こうした両義性は社会理論の援用にも存在する。たとえば本書でも取り扱うミシェル・フーコーの提起した「監視」、そこから派生した「管理」という概念を思い起こしてみよう。それらの概念は、概して否定的にとらえられることが多いのではなかろうか。それらは学校、工業、企業における振る舞いを制御する束縛であり、できれば最小化されることに越したことはないのかもしれない。だが、たとえば行政批判がなされる場合、その逆のことが主張される。すなわち行政職員の「監視」「管理」こそ重要であるのだと。

本書が「内部」と「外部」の両方を見渡せる視点を目指すことは1節で述べたとおりである。さらに本章のここまでの分析を踏まえれば、次の二つの点を重視しなければならない。まず、行政の「内部」と「外部」との接触、なかでも住民と行政との直接的な接触場面から両者の関係を考えていくというスタンスをとりたい。なぜなら、その接触場面においてこそ「内部」と「外部」とのリアリティの差が明確に顕示されると考えるからである。そのことで前節で挙げた私企業とは異なる行政官僚制の特徴をも考慮し、分析を行うことができるように思う。次に本節で述べた両義性の存在を念頭に、官僚制の「外部」にあり同時に「内部」にあることを踏まえるというスタンスを重視したい。住民であり組織の一員であり社会運動家であり、さまざまな側面をわれわれは持つ。それゆえ、一方の側面からだけ云々することでは不十分であると考える。他の官僚制に対して、その非効率性、無責任に腹を立てること、自らの所属する官僚制に対する「外部」の無理解、野放図な苦情にうんざりすることのどちらかではなく、両方を視野に入れ分析を進めなければならない。実際、こうした分析は結果的に、たとえば社会運動にとってもまた有用ではなかろうか。

とりわけ二つめのスタンスは、あるいは現役の官僚や行政職員には難しいかもしれない。その主張は保身に響き、批判の殺到が予測もできる。またマス・メディアにとっても荷が重いかもしれない11。そのことで、批判のインパクトは確かに失せてしまうと思われる。当然、社会運動家にとっては、そのような生ぬるい「中立」は運動目的の達成にとっての障害となるだろう。したがって、いまさらながら、このような作業は研究者に課せられた役割ではないかと考えられる。確かに「価値中立」はひとつのイデオロギーであることはいうまでもない。したがって、もし左右というものが仮にあるのだとすれば、その両方のイデオロギーに違和感を持つ本書は、さしあたり、この「中立」というイデオロギーにくみしてみたいと考えるのである12。

【注】

1　たとえば三浦恵次は、次のようにいう。「行政体と住民との関係改善の基礎には、憎悪や対立の感情、それに新しい均衡への切望が入り混じり、その動揺は止まるところを知らない」(三浦 1984:3)。住民と行政とが融和的に協力する事実がないわけではないが、マス・メディアにおいても日常会話においても両者の間に「憎悪や対立の感情」の途絶えることがない点は、確かに妥当性を持つと考えられる。

2　沢田善太郎はフーコーとマルクスを比較しつつ近代組織を論じ、とりわけ「成員の利害対立が支配関係を通じて処理される諸組織では、規律は服従者にとって疎外とむすびつく可能性が高い」(沢田 1997:48)という。

3　ヴェーバーによれば、官僚制においては「個人が、彼の持つ固有の権利のゆえに、服従されるのではなく、制定された規則に対して服従がおこなわれ、この規則が、誰に対して、またいかなる範囲まで服従されるべきかを決定する」。「命令者自身も命令を出す場合、一つの規則に、すなわち『法律』または『行政規則』に、形式的に抽象的な規範に、服従しているのである」。さらに「行政の理想は、『怒りも興奮もなく』、個人的動機や感情的影響の作用を受けることなく、恣意や計算不能性を排除して、なかんずく『人による差別をすることなく』、厳に形式主義的に、合理的規則にしたがって、あるいはこれが不可能なときは「没主観的」な合目的性の見地にしたがって、処置するということである」(Weber 1956:551＝1960:33-4)という。これらの著名な諸定義を改めて再読してみると、そこに官僚制に対する良きイメージと悪しきイメージとがともに混在していることを理解できる。すなわち、「怒りも興奮もなく」「形式的に」「規則に対して服従」する官僚のイメージが浮かび上がってくる。このような官僚制に対して、両義的な批判が可能である。第一に、主に人間主義的な、つまり官僚制以外の対人関係において良いとされる可能性を持つ「温かさ」という観点から批判することが可能である。たとえば「怒りも興奮もなく」というイメージにおいては、情緒を持たぬ冷淡さが批判されるだろう。「形式的に」というイメージにおいては、その融通のなさが批判されるだろう。また「規則に対して服従」するというイメージにおいては、それを権威主義的なものとして批判することが可能であろう。しかしながら第二に、それらからの逸脱がなされたとき、そのイメージに沿って同じく批判することが可能であることは重要である。たとえば「怒りも興奮もなく」というイメージから逸脱が行われると、情緒的であるという批判が可能であろう。「形式的に」というイメージからの逸脱が行われると、恣意的であるという批判が可能である。また「規則に対して服従」するというイメージから逸脱すると、場当たり的であるという批判が可能である。この批判の両義性は、その批判の実質化を困難にし、担当者のディレンマを惹起する可能性がある。

4　規則によるのではなく、日常的な業務の遂行の中で組織が構造化されていくという視点については松戸（1994）を参照。

5　もしこのように定義すれば、この構図は「住民」対「官僚」に対してだけではなく、官庁同士の関係も同様に扱えることになるだろう。

6　もちろん、いかなるシステムも存続させる必要があるわけではない。たとえば近年話題になる第三セクターなどの問題は、システムの自己存続を阻止できなかったことに問題がある。

7　そのことは公式組織だけでなく、パーソナリティ・システムにもあてはまることをルーマンは指摘している。すなわち「人は誰でも自分のパーソナリティをある種、理想的で社会的に好ましいものとして発展させ、他者にはその一端だけを伝えるようにしなければならない。もしそうしなければ、その人は適応困難に陥ることになる」（Luhmann 1964: 113＝1992: 157）。ゴフマンのパフォーマンス論の追認ともいえるが、官僚的パーソナリティと呼ばれるたとえば秘密主義のようなパーソナリティが、官僚制とは無関係なパーソナリティ・システムにおいても存在する、この点が、ここで指摘されていることを確認しておきたい。

8　官僚制の「内部」と「外部」の調整について、ルーマンは「投票行動」を通しての「政治」による「行政」の制御に求める（Luhmann 1965）。しかし、それは「投票」の低下による制限があり、さらに「政治」が「行政」を制御しているのかどうかという疑問が存在する点で限界を持たざるをえない。裁量権や行政立法に関するこの種の限界は数々、指摘されている。たとえば西尾（1993: 171, 192）を参照。

9　なるべく小さな労働でなるべく大きな稼ぎを得るのが労働者の「合理的」な選択であろう。これは、職員の合理的経済人の側面としてのリアリティと言い換えることもできる。公的機関の職業人として「私的」利害を最小にすべきだとしても、なお、行政職員にもまた管理される労働者としての側面が残存する。この経済的職業としての行政職員のリアリティをも明らかにしない限り、住民と行政との関係の改善も十分には望めないと考えられる。

10　マートンもまた、市場と行政の違いについて論じている。すなわち、すれ違いは「私企業の場合だと最小限に食い止められる。というのは、顧客は互いに競争し合っている他の組織の方へ商売を移して、抗議の意思を有効に表明することができるからである。ところが公共の組織となると、その独占的性質のためかかる便方を用いる余地が全くない」（Merton 1949: 158＝1961: 187）。

11　マス・メディアによる批判の限界については、たとえば足立（1971:236）を参照。

12　その分析によって住民はもちろんのこと個々の成員に過度に帰責せず、社会システムの改良に問題の解決を委ねることができれば、それに越したことはない。もちろん場合によっては次回は方向を転換し、闘争の社会学を構想することになるのかもしれない。

II　理論的検討

第2章「会話」的合理性

1　民主主義的思想としてのプラグマティズム

プラグマティストのひとりであるジョン・デューイは民主主義の根幹を、直接的なコミュニケーションに求めた(Dewey 1927: 184, 213)。この民主主義的側面を前面に押し出し、自らデューイ主義を名乗りつつ、プラグマティストとして積極的に発言を続けたのがリチャード・ローティであることは周知のとおりである。本書が課題とする住民と行政とのコミュニケーションに関しても、直接的なコミュニケーションである「対話」が重要であるという指摘は絶えず行われてきた。もちろん、すべての行政決定が「対話」を通じて達成されるのは困難であり、それゆえに議会等の制度的な工夫が施されてきたことはいうまでもない。しかしながら、一方で直接的なコミュニケーションである「対話」の重要性を強調することは、民主主義制度には欠かせない自省的な態度であることに異論は少なかろう。間接的なコミュニケーションによる行政的決定においては、当然のことながら直接的な民意が必ずしも反映されるわけではない。その不十分さを十分に埋め尽くすことは不可能ではあるが、可能な限り埋めること、また埋める方向に制度を差し向けることは重要である。したがってコミュニケーションの観点から民主主義を考察し、さらには「対話」を、住民と行政との関係を論じていくための糸口とすることは、本書のスタンスのひとつである接触場面において両者のリアリティの違いを考察するというアプローチとも合致する。そこで本書では理論的な検討の出発点として、自らデューイ主義を名乗り、また社会理論の中で現在、何かと話題に上ることの多いローティの思想を中心に、直接的コミュニケーションの意義を考察することから始めようと思う。

本書でプラグマティズムを取り上げる理由は、すでに述べた。第一に伝統的にコミュニケーションを重視する思想だということがある。とりわけ本書の後半において取り上げる広聴制度、オンブズパーソン制度、市民オンブズマン活動などが、住民と行政とのコミュニケーションを重視した、アメリカでの制度や活動に深く関連している点も単なる偶然の一致ではなかろう。したがって、その分析においてもアメリカの伝統であるプラグマティズムが親和性という点で有効であろうと推測できるのである。第二に、プラグマティズムが具体的な問題に対する取り組みを重視する思想だということがある。本章で検討するようにローティはコミュニケーションの在り方について、多くの議論を行っている。そうした議論の中で明らかになるように、その姿勢が具体的な指向性を持っており、現実の社会を分析しようとする本書にとって有効であると考えられる。この二つの点から本書では住民と行政との直接的コミュニケーションの理論的視点として、プラグマティズム、とりわけローティの思想を基礎に据えたい。とりわけ本章では、ローティの「会話的合理性 conversational rationality」の概念を明らかにし、住民と行政との具体的なコミュニケーションの分析のための原理的な手がかりを得ようと思う。

ローティの思想的進展は、主に三つの時期に区分されると指摘される（渡辺 1999:289）。この区分によると、第一期は初期の言語哲学に従事した時期、第二期は形而上学からの離脱を図るために、哲学の社会学化を民主主義的観点から再構成した時期、また第三期は、より政治哲学的色彩を強め、社会民主主義を積極的に打ち出した時期である。この区分にしたがえば本書では、具体的な分析の理論的観点を得るために、第二期について主に扱うことになる。とりわけ本章では哲学の社会学化という点に着目してみたい。周知のとおり、この第二期での論文の中でローティは、自らの立場を「ポストモダニスト・ブルジョワ・リベラリズム」と呼ぶ。ローティのスタンスを読み解くことは、この呼称の意味を読み解くことでもあるように思う。この時期にローティはいくつかの論争を行っているが、ユルゲン・ハーバーマス、ジャン・フランソワ・リオタールとの論争を糸口に、本章ではまず「ポストモダニスト・ブルジョワ」あたりまでの検討をしよう。

こうした課題のため本章では、以下の構成で議論を行いたいと思う。まず次節では、やや哲学的な議論にまでさかのぼり、ローティの提起する「会話」的合理性の概念の含意を検討することにしたい（2節）。この検討によって価値が多元化した社会における「合意」の条件のひとつを明らかにし、後半の具体的な検討の理論的な背景を形成したい。次に八〇年代に行われたハーバーマスとの論争を通して、「会話」的合理性の持つ形而上学批判の内容を吟味し「ポストモダニスト」の意味を明確にする（3節）。この節での検討で、後半の行政の分析における具体的な考察の方向性を明らかにすることになる。さらにリオタールとの論争を出発点として、「ブルジョワ」の意味について検討する（4節）。この論争では、まさに住民と行政との間にも起こりうるコミュニケーションの齟齬の様相が理論的に示されるだろう。こうした考察を踏まえ、ローティのコミュニケーション論の問題点を具体的水準で検討するための予備的考察を行っておくことにしたい（5節）。最後に、本章で示された検討の内容を踏まえ、次章以降の課題を示しておこうと思う（6節）。

2　「会話」的合理性

ローティが著名となったのは『言語論的転回』(1967) の編著者としてであった。題名となったフレーズが日本の学会に与えた影響については、いまさら指摘するまでもないだろう。だが後にローティは、自らが提唱した「言語論的転回」に対して『哲学と自然の鏡』(1979) で「解釈学的転回」(Hiley, Bohman & Shusterman 1991) を主張し、当時のアメリカの哲学の主流を占めていた言語哲学の形而上学的指向を徹底的に批判した[2]。この時期が、哲学の社会学化を目指した第二期の始まりだといえる。その内容の中で特に重要とみなされるのは、第一に二元論的真理観、すなわち何らかの実在と一致する観念が真である、という実在論を根底から否定した点にある。また第二に「対話」ではなく「会話」という概念が提示され、合理性が「会話」を通してのみ可能であると主張した点にある。社会学的に引きつけていうならば第一の点は方法論的な側面に、また第二の点はコミュニケーション理論に、それぞれ深く関連する内容だと考えられる。本節では、まず第一の方法論的側面に焦点を絞り、科学哲学的議論にまで若干立ち入り、その合理性の意味をやや詳しく検討しておくことにしたい。

ところで、この時期に「会話」的合理性を説明するためにローティは、合理性一般についての考察を行っている。すなわち合理性を「より強い」合理性と「より弱い」合理性との二つに分ける。それぞれの合理性の意味は何か。その基本的スタンスを知るために、この点は重要である。

まず「より強い」合理性から見ておこう。ローティにしたがえば、それは、たとえば科学者の持つ合理性のことだという。その特徴は「予測を行えること、そしてそのことで、世界のある部分を制御可能にしうること」(1991a:36 = 1988:5) という規準を一見持っているようにみえる点である。だが科学者の合理性だけが、この合理性に含まれるわけではない。裁判官、ビジネスマンが持っているようにみえる合理性もまた、ここに含まれるという。なぜなら裁判官やビジネスマンも、判決の妥当性、あるいはビジネスの成功についての規準を持っているようにみえるからである。すなわち「より強い」合理性の条件は、「成功の規準を持っているようにみえる」ことだという。ここで科学、裁判、ビジネスにおける合理性が同列に置かれることに、やや戸惑うかもしれない。もしそうだとすると、それは、それぞれのジャンルが異なると考えるからだろう。だが、その連続性はこの点にとどまらない。さらに、それらはもうひとつの合理性、すなわち「より弱い」合理性とも連続しているのだという。では、この「より弱い」合理性とは何か。

「より弱い」合理性とは、ローティによれば「正気の sane」「分別のある reasonable」といった概念と同義である。すなわち「寛容であること、周りの人々の意見を尊重すること、人の言うことに喜んで耳を傾けること、力よりも説得を頼りにすること」(Rorty 1991a: 37＝1988: 6) という「一群の道徳的徳目 moral virtues」のことだという。それは、ある文明社会が存続するため、その構成員が身につけていなければならないものだとされるのである。

このように、ローティは合理性を二つに分ける。だが、よくよく見れば、ここでの意図は合理性を二つに分割することにあるわけではない。むしろ、その主眼は「より強い」合理性と「より弱い」合理性との連続性を指摘する点にある。「より強い」合理性も「成功の規準を持っているようにみえる」というからには、「より弱い」合理性と同様に実際には「成功の規準」はない。それどころか、むしろ「より強い」合理性は「成功の規準」が明らかに存在しない「より弱い」合理性に依拠すべきだとローティは結論を下す。

「われわれは、第二の『より弱い』合理性の観念で満足すべきであり、第一の『より強い』合理性の観念を退けるべきである。自分が満たそうとしている基準が何であるかを予め知っていること、進歩を計る標準を手にしていること——

こういったことが、ある特別な徳目をなすなどと、考えてはならない」(Rorty 1991a: 37＝1988: 7-8)

意図的に科学者の合理性の規準から始められている、この議論の標的が科学的合理性であることはいうまでもない。科学がもっとも合理的であり、裁判、ビジネス、議論、雑談といった順位で合理性は希薄になる。そうした構図への、それは問題提起だといえる。それに対しローティにおいて、おのおのの合理性は同列だとみなされ、さらには、それらの順位は逆転されてしまう。

「『客観性』への願望とは、煎じ詰めれば、別の信念を持っている人々との自由な開かれた戦いを通して、強制によらない合意が最終的に得られるような信念を獲得したいという、そういった願望なのである」(Rorty 1991a: 41＝1988: 23)。

すなわち、ここで実在の模写を基盤とする科学における「客観性」が否定され、それは科学者間相互の間の意見の一致への願望に置き換えられる。同時に、この科学への批判はもっとも合理的なものは何かという科学哲学的な発想への批判をも構成する。

「『客観的』とか『認識的』といった尊称を用いるのは、探究者相互の間の意見の一致、もしくは一致への期待があることを表しているにすぎない」(Rorty 1979: 335＝1993: 389)

いうまでもなく『認識的』といった尊称への批判は、哲学に向かってなされている。ここで「鏡の理論」と名指される観念と実在の一致という、長年にわたる認識論的な問題が、哲学者たちの「会話」の中に収斂されてしまう。このようにローティは科学、哲学双方における合理性を、論理的な論証の中にではなく、われわれの相互行為の中に見出していく。言い換えれば、それは科学の、あるいは哲学の社会学化であるといえるだろう。

こうした主張は、どのような理論的な帰結を導くのであろうか。第一に、この合理性の定義の変更は、客観性の定義の変更を導く。注意すべきは、ここで客観性が全面否定されているわけではないことである。ただ、それを保証するものが普遍的な認識論ではなく、相互行為におけるコミュニケーションへと変更されている。もっとも社会学において、こうした主張はそれほど目新しいことではないかもしれない。たとえば科学の社会学化ならば、ルートヴィヒ・ヴィトゲンシュタイン（Wittgenshtein 1953）に影響を受けた、たとえばペーター・ウィンチ（Winch 1958）の主張がすでによく知られている。したがって逆に、この主張は社会学などにとっては、容易に受け入れられる主張だともいえるだろう。だが、ここまで考察した「会話」の概念の特徴は、科学を越えた合意にも広く適応される点にある。すなわち、その主張の第二の帰結はジャンルの境界が消滅してしまうことである。

すでに見たように科学的合理性が、成功の規準の比較的明確な裁判官やビジネスマンの合理性と同種に扱われ、一般的な寛容性、説得といった相互行為における徳へと還元される。ここではもはや科学と人文学との境界はもとより、科学と日常生活との区別もまた明確なものではなくなっている。こうした既存の区別に慣れ親しんだ者にとって、その主張は確かに奇異に感じられるかもしれない。だが、このジャンルの消滅という帰結は、この「会話」の概念が前期プラトンにおけるソクラテスの方法から導かれていることから見れば、それほど不思議なことではない。

よく知られているとおり前期プラトンの対話編では、哲学、数学、科学、政治など、いまではジャンルが異なる世界のさまざまな話題について、ソクラテスと他の登場人物との対話が繰り広げられている。そこでは対象について思索しつつ、解決に辿り着かない無方向な発話が展開している。『ソクラテスの弁明』において著名なように、この無方向な「会話」についてソクラテスの役割は、さまざまな専門家の持つ固い信念、あるいは方法に疑問を提起し、その信念をぐらつかせ新たな思索を求めるものである。それゆえ、それが目指すものは新たな解決にあるというよりも、むしろ新たな思索の導入であり、いま下さざるをえない解決が、とりあえずのものであるという絶えざる指摘である。ローティの主張は、まさにそのような「会話」への回帰を目指しているといえる。それゆえに、それは第一義的には科学の優位性に対する批判であるとしても、同時に専門分化した現代への批判ともなりえているだろう。こうしたソクラテス的「会話」の明確な定義は、ローティ自身の解釈学の定義に求めることができる。

「解釈学は、さまざまな言説相互間の関係を、一つの可能な会話を織りなす繊維の間の関係と見なす。こうした会話とは、話し手を統一するような専門母型を何ら前提しないが、それでも会話の続く限り、決して一致への希望を失わないような会話である。一致へのこの希望は、先行的に存在する共通の地盤が発見されることへの希望ではなく、単なる一致への希望、あるいは少なくとも刺激的で実りある不一致への希望なのである」(Rorty 1979: 318＝1993: 370)。

この「会話」の概念の意図を、野家啓一は、語源を辿ることによって明らかにしようとしている。すなわち野家によれば、その語源であるラテン語の conversari[3] は「共に生きること」であり、言語的実践を通じての「共生」を意味している。「会話は『一致』を要求するのではなく、むしろ異質な他者との出会いを求め、その異質性を異質性のまま共に生きることを目指す。『一致』はあくまでもその結果であって、あらかじめ定められた目標ではない」(野家 1994: 297)。ここで野家が強調するのは、この「会話」と「伝統的な概念である対話 dialogue」との違いである。すなわち「対話」の目的は、二つのロゴスが互いに強力に自己を主張しながら、その対立をへることによって、本質的な真理に到達することにある。それに対し「会話」はその外部に目的を持つことではなく、「会話」の継続だけを目的とし、異質性とも共存しようとする。ローティにとって確定した「合意」は存在しない。それは「会話」の継続の中に希望としてのみ想定されるものにほかならない。すなわち「会話の『成功』とは、たんにそれを『つづけること』以外にはありえない」(Rorty 1982: 172＝1985: 379)のである。野家はこの「会話」を方法というよりも、ひとつの「生のスタイル」だと位置付けている。

哲学が世界におけるさまざまな信念をぐらつかせる自由な発話をめぐらすことは、確かに重要なことであろう。また科学において、いまの結論がとりあえずのものでしかない点は、すでにデューイの科学的方法論で指摘され、日本の社会学においてもすでに定着しているところでもある。だが本書の主眼は、もちろん哲学や科学の方法論的な側面にあるのではない。ここでの検討が、本書後半のコミュニケーションにおける合意の具体的検討を導く観点を提供しているかどうかに着目しておくことである。形而上学として哲学を解体するために、また客観的な科学的真理を相対化するために「会話」に基づく合理性の議論は確かに有効である。では民主主義における「対話」に、それはどこまで援用可能なのであろうか。この点を明らかにしておかなければならない。

この「会話」概念に基づいてローティが論陣を張って以来、数多くの批判が寄せられ、いくつもの論争が行われていることは、すでに述べた[4]。なかでも「ポストモダニズム・ブルジョワ」の意味を解明する本章にとって、ハーバーマス、リオタールとの論争には重要な論点が含まれており、本書後半の分析にかかわる民主主義的な「合意」の側面にもとりわけ関連が深い。その検討は本節で示したコミュニケーションにおける「合意」についての観点の特徴をより明らかにし、同時にその限界をも露わにするであろう。したがって次節以降では順次、両者との議論について検討してみることにしたい。

3　「対話」か「会話」か

よく知られているようにハーバーマスは「未完の近代」という持論に基づいて、コミュニケーションにおける対話の重要性を指摘してきた（Habermas 1980）。その意図は、社会批判の規準となるべく強固な理論的基礎を構築しようとする点にあった。ハーバーマスの多くの精力も、対話が合理性を持つにはどうあるべきかという問いへと注がれてきたことに異論はなかろう。その成果が社会学に与えた影響については、いまさら述べるまでもない。このコミュニケーションの理論的作業において、ハーバーマスは、ジョージ・ハーバード・ミードやデューイのプラグマティズムにも影響を受けている（e.g. Habermas 1988）。この点を考えれば辿ってきた道は違えど、その結論がプラグマティストであるローティの見解と近似したとしても、それほど奇異なことではないかもしれない。実際ローティは、コミュニケーションにおける合意を重視するハーバーマスの対話理論に共感を表明する。だが、それは留保付きなのである。では前節で述べたローティの「会話」概念を中心とするスタンスにとって、とりわけ八〇年代におけるハーバーマスの理論のどこに問題が存在するのか。両者の議論を手がかりにローティのいう「ポストモダニスト」の含意を本節では明らかにしてみたいと思う。

まず確認しておくべきことはハーバーマスに対するローティの批判点が、コミュニケーションを「合意」の可能性の前提とするという、その内容にあるのではないということである。ただハーバーマスが合意を基礎付ける理論的作業を重要であると考える点、その対話理論を通じて「超越論へとすすみ原理を提示する」（Rorty 1982: 173＝1985: 381）形而上学的な志向の残存する点を批判するのである。確かにハーバーマスもまた形而上学を否定している（Habermas 1988＝1990）。だが他方で、ハーバーマスの作業が語用論などを援用した理論的確証にその多くの勢力が費やされてきたことは周知のとおりである。ローティにとって、それは大文字の哲学の延命にしか受け取れない。

「〈真理〉について考えても真なる何かを言う役には立たないし、〈善〉について考えてもよい行動をとる助けにはならないし、また〈合理性〉について考えてもだからといって合理的でいられるわけではない」(Rorty 1982: xv.=1985: 12)。

確かに対話的合意のアイディアは重要である、とローティはいう。だが、「対話」の方法の理論的基礎付け作業はリベラルな社会を保証するわけではない。つまり「啓蒙時代以来の西欧民主主義の歴史を特徴づけてきた様々な改革を正当化するのに使用され、そして今もなお自由世界と共産世界双方の社会・経済的諸制度を批判するのに使用されているような諸観念」(Rorty 1991b: 165=1986: 127)はリベラルな政治の要件ではない。こうした観点からすれば「普遍主義的」な立脚点をリベラルな政治の核心とし、「理想的発話状況」の検討を行っていたハーバーマスは、「痒くないところを掻いている」というわけである。

この批判によって、もちろんこの時期のハーバーマスの成果のすべてが否定されるわけではないだろう。また、それ以降のハーバーマスの議論に踏み込んで、この批判の妥当性を深く探ることが、本節の課題でもない。むしろ、この批判において明らかになっているローティ自身のスタンスにこそ本書は注目しておきたい。すなわち、それは第一に「対話」における「合意」が「痒くない」形而上学的な方向にあるのではなく、「痒い」現実にこそその立脚点を見出すべきだという点である。このことは、後半を具体的分析に当てる本書自身の構成にも関わってくるだろう。また第二に「対話」概念との比較によって「会話」概念の寛容性の意義が、この論争によって明らかになっている点である。さしあたり、ここでは、この二つ目の点について整理しておこう。

「対話」における討議が合意にいたる過程であるという点は、民主主義の原則のひとつであることはいうまでもない。それゆえ、たとえばハーバーマスの描き出す「公共圏」を、さまざまな水準で確保することが日本を含む民主主義社会にとって重要な存立前提であるといえる。「対話」に必要なのは、いうまでもなく「対話」をする能力のある人間である。ハーバーマス的「対話」には、ロゴスを前面に押し出す「討議」が必要である。ただ「討議」の能力差はさまざまである。たとえば議論を専門とする法律家とそれ以外の者との能力は異なる。裁判などでは代理人同士の争いにもなる。だが、どのような状況でもそうというわけにはいかないだろう。にもかかわらず「対話」が、どちらかの正当性を決定することにあるとすれば、「対話」はロゴス的強者による強制を現出させる恐れが残存する。したがって基礎付けを行う八〇年代のハーバーマスの「対話」は、ローティのいう「強い合理性」になりうる可能性を残しているということになる。

もっとも、この批判は、やはり言語を使った「会話」概念を推奨するローティにもそのまま投げかけられるであろう。だとすればローティの「会話」の概念には、そうした難点を克服する道が包摂されているのだろうか。「対話」の目的が前節で見たとおり、二つのロゴスが互いに強力に自己を主張しながら対立をへることによって本質的な真理に到達することにあるとすれば、「会話」においては、その「一致」は目的ではなく希望に過ぎなかった。「会話」は外部に目的を持つことではなく、その継続だけを目的とするものであった。この「より弱い」合理性がめざすのは「討議」の勝ち負けではなく、確定したひとつの解答に収斂することでもない。むしろ異なった二つ以上の見解の並立が前提とされている。たとえ見解が異なったとしても、「会話」的合理性においては「力より説得」が用いられる。「プラグマティズム的寛容」に基づく「会話」の継続の中で、この「説得」という技法を通した「一致」が結果としての「合意」にほかならない。

もしこの主張に同意するとすれば、この立論は次のような利点を持つだろう。第一に、個人的な現実を擁護するという利点が存在する。すなわち「対話」において敗北した見解に対する配慮を必然的に要請するであろう。また第二に、勝敗が生じないとすれば、「対話」において敗北した見解が敗者復活できる可能性を開く、という利点が存在する。このことは、取りうる選択肢を保存するという社会的な有用性を示すであろう。「対話」と「会話」の、こうした対比について哲学史的な文脈に即していえば、体系的な理論化が進む後期プラトンのソクラテスの「対話」に対し、それは無方向な「会話」が並立する前期プラトンのソクラテス的「会話」の復権という意味合いを持つといえるのではなかろうか。

以上のように、本節ではハーバーマスとの論争を糸口に、ローティのいう「ポストモダニスト」の意味を明らかにすることに努めてきた。コミュニケーションを通して「合意」を求めることにおいて両者に対立点はない。だがハーバーマスの理論的な基礎付け志向を批判する、この点がどうやらローティのいう「ポストモダニスト」の含意らしい。その批判の過程で、ローティの「会話」概念の二つの特徴も同時に明らかになっていた。ひとつには、「会話」の概念の具体的指向性であった。このことは本書が後半で具体的分析を行う必要性を示す。また二つには「会話」概念に勝敗のないことが、個人的現実の擁護と取りうる選択肢の保存という機能を持つことであった。こうした点は確かに魅力的なメリットだといえる。とはいえ、その主張に、ややもすれば牧歌的であるという印象を持つ者がいたとしても不思議ではないかもしれない。すなわち実際に、勝敗のない「会話」など存在するのだろうか。プラトンの前期の対話編においてすら、常勝ソクラテスが論理的矛盾に陥って狼狽えるといった記述は、私の知る限り存在しない。同時に「会話」に勝敗がないならば、そこには際限のない「プラグマティズム的寛容」が必要なはずである。そのことがなければ、「会話」概念の目的である「会話」の継続は不可能である。こうした点を踏まえれば、ローティと同様に「合意」に希望を持つハーバーマスよりはむしろ、その主張に懐疑的なリオタールとの論争の方に、具体的な文脈における「会話」をめぐる議論にとって、より重い課題を見出しうるようにも思われる。

4　説得は強制か

周知のとおり『ポスト・モダンの条件』(1979) でリオタールは、ハーバーマスの合意理論に対して次のような痛烈な批判を行っている。

「ハーバーマスが行っているように、正当化の問題を、普遍的コンセンサスの追究、彼が言うところの《論議》すなわち論証間の対話という手段によるその追究という方向に練り上げられることは可能ではないし、また慎重さを欠くようにも思われる」(Lyotard 1979: 105-6＝1986: 160)。

このような「正当化」「普遍」「コンセンサス」「《論議》」などに対する疑念は、いわゆる「ポスト構造主義」の特徴を明確に表しているといえる。リオタールにとって「合意」は仮にあったとしてもローカルなものでしかありえない。すなわちコミュニケーションを行おうともそこに何らかの「争異」が残る、むしろその「争異」の必然性をこそ前提としなければならない。これが、その立論である。さて、こうしたリオタールの疑念は前節までの検討した「会話」概念に対しても生じるのではなかろうか。確かにローティは「正当化」「普遍」に疑念を示す点で、リオタールの立場と共通した側面を持つ。それゆえにこそ、それは「ポストモダニスト」であった。しかし「合意」については前節で見たように、ローティはその意義を認めている。したがって、リオタールがそこにハーバーマスと同様の楽観性を見出すとしても奇異なことではないかもしれない。本節では、両者の論争を検討することで、「会話」概念の特性をさらに深く掘り下げて明らかにしていくことにしたい。

リオタールが直接、ローティへの批判を展開しているのは、八〇年代の半ばの『クリティーク誌』においてである。

その批判の焦点は、ローティが用いる「説得」という方法にある。ローティが「会話」の中で「強制より説得」に頼ることはすでに述べた。しかし、リオタールは「説得はひとつのレトリック[5]の操作」ではないのかと指摘する。それゆえ「この操作は策略を用い、精神的暴力を用いる」(Lyotard et Rorty 1985: 582) のだという。もしそうであるなら、この「説得」という方法は強制の一方法に過ぎなくなるだろう。こうした方法を是とする点において民主主義は、リオタールにとって「全く専制のような政治形態」(Lyotard et Rorty 1985: 583) なのである。この観点からすれば、ハーバーマスの形而上学性を批判するローティもまた「説得」という方法に頼るなら、民主主義という大きな物語を信奉しているに過ぎないというわけである。

とはいえ、民主主義国家においてはたとえば司法制度が保障されている。その制度によって「説得」という精神的暴力は覆される可能性はありうるのではなかろうか。しかし司法制度すらリオタールは、コミュニケーションというイデオロギーによって「不当な被害」を生み出す制度にほかならないという。周知のとおりリオタールは、法廷において救済される「係争 litige」と、法廷で救済されない「争異 différend」とを区別する。「係争」とは、その「損害 dommage」が規則にしたがって償われうる場合であるという。それに対し「争異」とは、規則によって償うことが不可能で「告訴人が論議する手段を奪われ、そのために犠牲者となる場合」(Lyotard 1983: 24=1989: 24) だと定義する。その上で、この「不当な被害 tort は、判決の拠り所となる言説ジャンルの規則が、判決を受ける側の言説ジャンルないし諸ジャンルの規則とは異なることから生じる」(Lyotard 1983: 9=1989: 1) と述べている。この「被害」は制度的な保障では決して償えない。したがって司法制度もまたリオタールにとって、保障制度として十分なものではないというわけである。

このような民主主義に対する強い不信はどこから生まれるのか。このリオタールの見解が前提にしているのは、当時のヨーロッパに現れた、ホロコーストのガス室の不存在を主張する見解である。その見解は被害者に対してその被害を立証するよう主張する。そうすると、立証できない被害に保障は生じないことになる。そこにリオタールの「係争」に対する不信は生じるのである。ただ、それだけではない。リオタールにとって、より重要なことは、いまだ社会的な話題とはなっておらず人知れず殺されていった人々が存在するだろう点である。その数はどれだけに上るのであろうか。むしろ、このいまだコミュニケーションの水準にまで上らぬ「被害」にこそ着目していかなければならない、それがリオタールの力点をおく「争異」の意味である。

確かに、この指摘は重要な論点を含んでいる。ホロコーストはもちろんのこと、「係争」に至らない「争異」による「被害」が他にも存在するだろうことは容易に想像できる。それは、これまでの歴史を見れば明らかであろう。環境やジェンダーの問題など例を挙げるまでもなく現状を見渡せば、後に「被害」と認定された具体的例には事欠かない。そのことは、後年にならなければ分からないし、そもそも見出されない「被害」も多かろうとも推測できる。こうした想像力の前に既存の制度は無力かもしれない。

では、既存の制度は全く無力なのか。ローティの応答は、この点に集約される。すなわち、リオタールの見解に対し次のようにいう。

「〈制度を回避することは、何であろうとよいことである、なぜならそのことは、これらの諸制度を『吸収』してしまった邪悪な権力によって人が『使用』されることはないであろうということを、保証するからである〉という考えを保持している」(Rorty 1991b: 175 = 1986: 138)

確かにリオタールにも一理ある。しかしローティにとって、このような考え方は「左翼のもっとも愚かな考えのひとつ」に映るのである。なるほどコミュニケーションにいまだ上らない「被害」の存在は否定できない。だが、ポストモダニズム的思考に強く同意することが必ずしも権力や制度を全面否定することではないとローティは考える。そうしなくても、現在における「不在」を話題にすることは可能だと。すなわち「争異」と「係争」との区別を認めるとしても、むしろその「争異」を「係争」に変えていく、言説のジャンルが噛み合っていないならば新しい語彙を使ってその調整を目指し、「合法性」を認めていないものがあるならばその「合法」化に手を貸す、それは具体的な社会的実践だとローティはいう。当然、そこに「残酷さの回避」のためとなりうる既存の制度があれば、あえて否定はされないだろう。ここに後年の「文化左翼」批判の萌芽を見出すことは容易い。重要な論点なので、もう少し、その論理的根拠を追っておくことにしよう。

リオタールがローティに対して、相変わらず民主主義という「大きな物語」に依拠していると批判していることは、すでに述べた。それに対してローティにも、リオタールの立論がリオタール自身放棄したはずの形而上学的な区別にとらわれていると映る。メタ物語、すなわち「確実な人間の主体がいかにそれらの諸幻想やそれらの諸偏見から解放されるかを語るメタ物語」を放棄しているにもかかわらず、「レトリックとロジックという伝統的なギリシア的区別を保持できる」(Lyotard et Rorty 1985: 584)はずはないという。この点は、2節で見たジャンルの消滅の議論と深くかかわっている。そこでの合理性についての議論では、科学と芸術あるいは人文学との境界はもとより、科学と日常生活との境界もまた明確なものでなかった。その議論を敷衍させれば、われわれはどれが正しいかという普遍的な規準の存在する論理的「法廷」を持っていないという見解に辿り着く。すなわち「より強い」合理性を持っているようにみえる制度的な裁判所ですら、誰にも納得できる結論が必ずしも出せるわけではない。そうした観点からすればリオタールはいまだ、論理的な「法廷」という形而上学を保持し、その有効な「法廷」との対比で、そこに上らない「被害」を特定しているというわけである。

だがレトリックとロジックとの区別をなくしてしまえば、合意が強制であるかどうか判断できるのだろうか。こういう疑問が当然、生じる。その判定は一体どのように下されるのか。この疑義に対するローティの主張も、ハーバーマスに対するものと同じ論法である。

「あなた方が近づける区別は、秘密警察が存在するかどうかの区別、ジャーナリストが存在するかどうかの区別、テレビが存在するかどうかの区別など、だけなのである。いつ諸言説が自由かを知るのかという質問に対する回答は、深遠な哲学的解決の中にあるのではなく、自由に関する多数の具体的な兆候についての検討の中に存在する」(Lyotard et Rorty 1985: 584)

この論争によって明らかになっていることは何か。一方のリオタールは論理的に「説得」が「強制」であることを論証しようとする。確かにリオタールの指摘はもっともな懸念である。とはいえ同時にそのことでリオタールの主張は、ハーバーマスの主張に劣らず普遍主義的であるようにも映る。強制によらない説得など何ひとつ可能ではない、と「普遍的」に断言しているようにみえるからである。他方のローティは、説得が強制であるかどうか知る方法は具体的な例における検討しかないと考える。その具体性への志向は、極めて穏当な見解にとどまっているようにもみえるし、そもそもこの「会話」的合理性を「民主主義」という「大きな物語」による強制ととらえることもできるだろう。ただここで重要なのは、どちらが「大きな物語」かという両者の水掛け論にこれ以上、付き合うことではないだろう。むしろハーバーマスとの論争においてもみたように、ローティの主張が哲学的作業を指し示しているというよりも、社会学的解釈を要請している点に注目しておかなければならない。とすれば以降の課題は、両者の論争の判定を具体的な現実の中に見出すことが可能なのかどうかを見極めることである。その本格的な作業は本書の後半において行うが、本章では、その予備的な考察として、まず具体的な例を用いながら理論的な水準でハーバーマスを含む三者の見解がどのように異なるのか、検討しておくことにしたい。

5 「会話」の継続の意義

哲学の議論において、ローティの見解はひとつの主張として成功している。真理に到達するのではなく、つかの間の真理に絶えず疑念を示しつつ「会話」を不断に継続させるという手法は、哲学の唯一の方法ではないにしても、有力な社会的役割であると考えられる。終着点を持たず、一見、社会的には無用にも思える議論を継続させることが、遠回りであっても思考の柔軟化という機能を持ち、社会でのコミュニケーションに幅を持たせることもできる。しかし、その見解が実践的な出来事に移行されるときに問題も生じるだろう。そもそも実践的な出来事において必要なのは、いずれかの時点での決定なのである。このことは、ローティの主張である「会話」の継続と矛盾するとも思える。具体的に検討してみよう。本書が課題とする行政について考えてみても、何らかの決定がなければ施策は遂行されない。たとえば、ある場所にダムをつくるという計画が立てられるとしよう。だが、いうまでもなく、その実際の遂行に対しては大きく分けても、少なくとも推進と阻止の二つの見解が存在しうる。その対立は政治家、官僚、また実際にダムが建設される地域の住民や社会運動家などの間に生まれるだろう。それが世論の対立に発展することもある。このとき果たして、「合意」はどのように達成可能なのか。前節までで整理した範囲で三者の見解を、この例にあてはめ、後の分析のために私なりの考察をここで簡潔に述べておくことにしたい。

社会学者ならまず、こうした状況においてハーバーマスの提出した「公共圏」という言葉が浮かぶかもしれない。

とりわけ八〇年代におけるハーバーマスの「合意」の哲学は、この場合「討議」を要請するだろう。では、その議論は具体的な事例にどのような関連を持つだろうか。もちろんハーバーマスの「理想的発話状況」が直接、参照され問題の解決が図られるとは考えられない。現行の実際の議論は形而上学に基づいて起こりうるのではなく、まさに決定をめぐる対立から生じる。ここにローティのハーバーマス批判の要諦もあると考えられる。だが、それは全く意味のないことなのか。必ずしも、そうではないようにも思う。少なくとも二つの意義がそこには存在するのではなかろうか。第一に、現在の形而上学的な営みが将来の制度のイデオロギーとなりうることは、歴史的事実である。たとえば社会契約論がホッブスやルソーの哲学から生まれたこと、また社会主義思想がマルクスの哲学から生まれたことなどから、それは明らかである。同様に、たとえば語用論的な記述について、そうした可能性がなくはないだろう。少なくとも現行の制度を強化、改善するといった役割は、たとえば『事実性と妥当性』(1992)といった議論の延長線上に望見できるのかもしれない。第二にハーバーマスの「形而上学」の存在は、何か具体的な対立があった場合「合意」へと継続的に努力すること、またそのためには了解のない決定ではなく議論こそ重要であること、そうした原理的な事項を主張するための思想的バックボーンとしての意義を持つだろう。確かにいかなる民主社会においても、こうした主張が相変わらず有効な場面は存在し続けている。その意味で事実とは一見、無関係に見える形而上学的な営みが、ある者にとっては具体的な行為への心理的なきっかけとなりうる側面を持っているだろう。

しかし全員一致の「合意」は、多くの場合、想定しにくい。その「合意」への敵意が本章で取り上げたリオタールの主張であった。むろんリオタールの差異の哲学は、異質者が棲み分けている限り問題とはならない。自らの理解できない「他者」が存在しないなら、そもそも「差異」は生じないだろう。だが「他者」が存在するとき差異は生起する。さらに集団的決定が必要となるならば、その差異は「争異」をも生む。ダム建設計画が策定されたとき、「合意」をめぐる議論を含むどのような過程をへたにせよ、それでも不満は残存するであろう。もしダムをつくる決定がなされたときダムの建設に反対する者は、その決定に対し程度の差こそあれ何らかの不服が残る。逆に中止が決定されたときも、賛成者にとって不服が残るのは同様であろう。確かにハーバーマスによる「対話」における「討議」の推奨は、開放的で民主主義的なものへと決定の過程を変更する。とはいえ、その過程こそ不服者に有無をいわせぬための装置ともなろう。とりわけ議論において決定をへた譲歩は、合理的な承認とみなされてしまう。そうした決定はリオタールにとって、「暴力」でしかありえないのである。そこには、たとえ小さかろうが必ず「争異」が生じうる。この点を踏まえたとき、むしろリオタールの見解は論理的に極めて的確であると考えることができる。

これらの二つの見解のうちローティは、コミュニケーションに期待するハーバーマスにより親近感を持っていた。なるほど異質者が棲み分ける限り、「差異」も「争異」も生じない。そのためには、なるべく集団的決定を避けることが望ましいと私などは考える。しかし、そうした集団的決定をことごとく回避することは難しいだろう。たとえばダムの建設という争点が生じた限り、それは遂行されるか中止されるかしかない。とすれば、どちらの方向への決定になるにせよ、強制という「暴力」しか帰結しないというリオタール的な見解は、問題解決への志向性を放棄することにつながってしまうのではないかとも思える。むしろ決定が避けられないものであれば同じ決定をするとしても、よりよい決定である方が望ましいことはいうまでもない。そう考えるとき、穏当にもみえるローティの構想は妥当な判断にも映る。「合意」により生じる不服は形而上学的な分析などによって消滅するのではなく、「合意」が「希望」でしかない限り、むしろ不一致は必ず残るという認識が、そこには存在する。この点にこそ、「会話」の継続という哲学への処方箋を民主主義的問題解決に応用する意義は求められるのではなかろうか。すなわち、その不服の残存をめぐって必要な作業は、そこに「会話」が継続しているかどうかを吟味することになろう。もし、そこで「会話」が継続していないということになれば、それは強制ということになる。しかし、もし「会話」が継続しているのならば、それは「刺激的で実りある不一致」である可能性を持ちうる。

こうした「不一致」に対する認識には、二つの意義を認めることができた。第一に「会話」が継続していれば、たとえダム建設が決行されたとしても、ダム建設に不賛成の者が存在するという了解は残る。逆に中止されるとしても、賛成していた者の不満の存在が確認され続ける。場合によっては、その不服な者に対する配慮がなされる可能性もあろう。第二に継続的「会話」は、結果がどちらになろうとも、「会話」の内容に含まれている問題点を消し去らないだろう。不賛成な者が存在するということを前提としたダム建設の決行において、そのダム自体の意味を不断に問い直させることになる。それは将来の他の地域のダム建設の是非についての議論において、参照せざるをえない論点ともなるのではなかろうか。

この例において、特にリオタール流のパラロジーの問題点、あらゆる合意が不可能だという主張の問題点が明らかになっているように思う。すなわちリオタール流のパラロジーは、実現された利害を黙殺するとともに、そこに含まれている問題をも覆い隠してしまう。この例でいえば決行、あるいは中止のどちらになろうとも、抑圧された側の利害を重視するあまり、実現された利害の存在を無視する結果となっているからである。決行された場合は決行した側にも、中止された場合は中止した側にも利害は存在する。リオタール的観点では、この点が見逃されてしまうのではなかろうか。さらにリオタール流のパラロジーを突き詰めていけば、抑圧された利害を全面的に肯定することによって、むしろ抑圧された利害を実現された利害の側に提示し続ける可能性を遮断してしまうだろう。つまり、どうせ分かってもらえぬ「争異」なのだといったパラロジーを安易に肯定してしまえば、利害対立の問題点をも覆い隠してしまう結果となる可能性がある。この二つの点に、「会話」的合理性の意義が見出せるのではないか。すなわち、それは実現された側の利害の存在の肯定と、残された問題の継続的な顕在化を要求する。そして、それらを可能にするものこそ「会話」の継続だと考えられる6。

もっとも、ここで何が一体「会話」の継続なのか、その継続の規準は何か、また、それは誰が一体判断するのか、といった疑問が次々に浮かぶ。こうした点が明らかでないとすれば、たとえば一方からみれば明らかに「会話」は遮断されているにもかかわらず、他方の立場からは継続が主張されるといった事態も生じるだろう。そうした規準を固定化しない「ポストモダニスト」の立場は利点なのか、あるいは限界なのか、理論的なさらなる検討が必要だろう。また、その規準が4節で述べたように具体的な事例の中にしかないならば、具体的な事例の中でどう判断可能なのかどうかを検討する必要も生じてくる。

6　「会話」的合理性の課題

以上のように本章では、本書での分析の原理的な手がかりを得るため、プラグマティストを自称するローティの「会話」的合理性について検討してきた。その主張にしたがえば、われわれは「会話」によってのみ「客観的」であることができることになる。こうした主張は、ハーバーマス的な理論的明快さを拒絶するとともに、リオタール流のパラロジー的明快さをも拒絶しようとする。確かに何らかの社会的決定のすべてに対して耐えられないと断言してしまうことは、価値の多元化という前提自体を否定してしまうことになろう。価値の多元化の中には、社会的決定をよしとする価値が当然含まれているからである。そう考えれば社会的決定を全面否定することは、普遍化の一方の極に過ぎないといえるだろう。とはいえ、これらの価値の調停に関しての最上の方法を理論的に演繹できるとも考えられるわけではない。なぜならば、そうした理論的立脚点もまた、すでに述べたように普遍化の他方の極に過ぎないからである。したがって「会話」的合理性は、理論的な研究にとどまるのではなく、むしろ実際的分析へと指向していた。

この本章の検討を振り返ると、「ポストモダニスト・ブルジョワ・リベラリズム」の意味の前半は明らかになっている。要約すれば、「ポストモダニスト」とは、客観性に哲学的基礎付けはありえないという立場をとる者のことである。この観点は主に、ここではハーバーマスの対話理論に対して使用されていた。他方「ブルジョワ」とは、現状の批判に終始するのではないという立場だといえる。それは、本章ではリオタールに対して使用されていた。「ポストモダニスト」を忌避する者に「ポストモダニスト」という立場を、「ブルジョワ」を忌避する者に「ブルジョワ」という立場を戦略的に主張する、その内容をここではさしあたり肯定しておこう。

だが、この見解を、そのまま受け取ってよいのだろうか。確かに「大きな物語」が終焉したあと、「われわれ」が連帯に希望を見出すとすれば、地道な「会話」的合理性にしか、その希望を見出すことはできない、という結論は妥当なように考えられる。しかし、なお次のようなリオタールの疑問も根深い。そもそも「リベラル」であることの義務は説得の対象でありうるのか」(Lyotard et Rorty 1985: 582)。それは論理的限界を突いた揚げ足取り的な批判ともとれる。だが前節の例で見たように、不服は絶えず残存する。決行であれ中止であれ、負けた者は民主主義的な決定を納得しうるのであろうか。やはり、そうした疑問は消えない。本書後半の検討においても、この点こそ重要なポイントになるであろう。

本章ではここまで、半ば意図的にローティのコミュニケーション理論の希望的側面に光を当ててきた。だが具体的な検討のためには、その限界を原理的な側面から検討しておかなければならない。その検討は、「ポストモダニスト・ブルジョワ・リベラリズム」の後半の意味を明らかにすることでもある。

【注】

1　ポストモダニズムとは、リオタールによれば「大きな物語」の終焉したあとの「思考、陳述、感受性における様式 mode」(Lyotard et Rorty 1985: 6) のことである。リオタールにとってモダニズムとは「普遍的人間」を中心に据えた思考の様式であり、逆にポストモダニズムは「普遍的人間」を基礎としない思考の様式といえる。「普遍的人間」とは、たとえば「生物としての人間、理性としての人間、労働主体としての人間」などのことである。ポストモダニズム自体がひとつの「大きな物語」であるという論理的な自己言及性を指摘することで、その無効性を指摘する見解もあるが、いたずらにポストモダニズム的発想を無効にすることは、それが持つ意味を見逃してしまうことになるだろう。

2　この書物の反響については、邦訳に収められた野家啓一の「訳者あとがき」を参照。

3　『カレッジクラウン英和辞典』(1964 三省堂) の conversation の動詞形 converse の項で、その語源がラテン語の conversari であると示されている。conversari は conversor の不定詞で、Oxford Latin Dictionary (1982) の conu(v)ersor の項には「To consort, associate (with)」とある。なお野家は、この解釈について井上達夫 (1986) のオークショット解釈から示唆を受けたという。社会学においてはガブリエル・タルド (Tarde 1901) が「会話」の重要性を指摘しており、今後、比較検討する必要があろう。

4　たとえばアペールのローティ批判については冨田 (1994: 201-6) を参照。

5　ギリシア哲学におけるレトリックとロジックの分析については、Lyotard (1983) を参照。そこでリオタールはいわゆるソフィストの言説をレトリックとして分析している。このローティとの論争においては、リオタールは他者の働きかけを、レトリックによる「説得 persuader」と、数学的、論理学的な証明による「立証 convaincre」とに分ける。ローティは、この区別について異論を唱えているのである。なおリオタールは「法廷 tribunal」を実際の法廷というよりも、「説得 convaincre」が実現されるより広い意味での争いを裁く規則の比喩として用いている。したがってローティの批判もまた、そこまで射程を広げて考える必要がある。

6　ハーバーマス (Habermas 1985) とリチャード・バーンシュタイン (Bernstein 1986) との間で、ローティが「観察者」の立場に立っているのかどうかという議論が交わされている。ただ「参加者」か「観察者」を区別すること自体、テキストではなく「主体」を前提とした議論である。

第3章　リベラル・デモクラシーの境界

1　リベラル・デモクラシーの勝利

かつてフランシス・フクヤマ（1989）は「歴史の終わり」という命題で、リベラル・デモクラシーの「勝利」を提起した。周知のとおり、その主張についてさまざまな議論が起こった[1]。いまとなっては、そこに含まれるイデオロギー的な問題点は指摘するまでもないが、その議論が社会主義に対する信憑性の喪失した現実をうまく言い当てていたこともまた事実である。一方で、その後の現状を見れば、この「勝利」が悲観的な意味でも当たってしまったことを否定することはできない。闘争がなくなるどころか、新しい社会への夢が持てないまま、より多くの論争、闘争が残存する、この点こそ、その「勝利」の意味といえるであろう。そのことは相次ぐテロ事件で一層、明確になった。ただ国際的な問題や他国の例を挙げるまでもなく、実際われわれの身近においても、そうした「争異」は容易に見出しうる。格差をめぐる諸課題はもちろん、とりわけ本書の課題である、住民と行政との間に「争異」が噴出し続けていることはいうまでもない。価値が多様化する状況の中で何らかの集団的決定と、それをめぐる論争、闘争の局面は今後ますます避けられないものとなるであろう。この点を踏まえると、こうした時代の流れと、本書が課題とする現実の行政的問題とが必ずしも無関係なものではなく、むしろ密接な関連性を持っているということがいえる。

前章で取り上げたリチャード・ローティは、リベラル・デモクラシーの「勝利」に伴って闘争が噴出する状況と並行するかのように、『アメリカ　未完のプロジェクト』(1998) において、政治的スタンスを前面に押し出した。そこでは、とりわけアメリカのリベラリズムの立場が明確に擁護されている。こうした行動をとらえて、ローティがアメリカのイデオローグになったとみなされることも多い。ただ、そうした姿勢は同書で始まったわけではなく、『アメリカ　未完のプロジェクト』が出版される以前から存在する。前章では、その問題点を括弧に括って「会話」の概念の意義を論じてきた。本章では、前章で分析したローティの「会話」的合理性についての議論を『アメリカ　未完のプロジェクト』以前の「哲学的」な第二期を中心にさらに考察することで、その限界点について原理的な側面から明確にしたいと思う。では、どこにその問題のポイントがあるのか。

前章で述べたローティの「会話」的合理性は、ハーバーマスの「討議」でもなく、リオタールの「争異」でもなく、不断に継続される「寛容」的な「会話」にこそ、その特徴があった。だがジョン・ロールズの正義論を論じた論文において、そのことと矛盾した主張を見出すことができる。それは、次のような一文である。

「ニーチェやロヨラのようなリベラル・デモクラシーの敵を狂っているとみなす」(Rorty 1991a: 187＝1988: 184)。

後により詳しく述べるように、ここで「ニーチェやロヨラ」とは、ロールズの正義論において、「リベラル・デモクラシー」の価値を共有しない者のことである。相手を「狂っているとみなす」ことは、「会話」の相手とはみなさないことを意味する。なぜ、そのことが正当性を持つのか。その理由を、ローティはこう述べる。

「彼らをわが立憲民主国家の仲間の市民——すなわち、利発さと善意志とがあれば、自分の生活設計を他の市民のそれとうまく調和させうるであろうような人々——とみなす術がないからである」(Rorty 1991a: 187＝1988: 184)

ここでは、もはや「会話」による合意への希望は放棄されている。それは明らかに前章で明らかにした継続する「会話」に基づく理論の破綻であり、まさに、それはリオタールの指摘した「争異」の現出である。この点を十分に分析しておかないまま、そのアイディアを具体的な分析に援用するわけにはいかない。

この理論的限界が明らかになっているのがロールズの正義論についての論文であることは、たいへん示唆深い。なぜか。第一にロールズの正義論が、さまざまな批判はあるものの、自由と平等を基礎にしたリベラル・デモクラシーの原理的探求のひとつであることはまちがいないからである。確かに後年ロールズは視野を国際政治へと広げ、自らの理論に普遍性を持たせようとしていた(Rawls 1999)。だが、その営みが西欧のリベラル・デモクラシーを出発点としているとすることは異論のないところであろう。したがって、このロールズの正義論に対する見解は、前章で述べたローティの「ポストモダニスト・ブルジョワ・リベラリズム」の、とりわけ後半に含まれた立場を十分に明らかにすると考えられる。

第二にロールズに関するこの論文が示唆深いのは、その議論の中心のひとつが自己の概念を巡ってのものだからである。周知のとおり自己については、その複数性の指摘がもはや定説に近い感もある[2]。そのことと並行してロールズの正義論への批判のひとつもまたは、その統一された自己論に集約されてきた。ローティの再解釈は、これらの批判に対して自己論自体を検討することで正義論の擁護を試みているのである。あらかじめいえば、その解釈は自己論という基礎付けの放棄を軸としている。この基礎付けの放棄が「ポストモダニスト」のひとつの特徴とみなされることについては指摘するまでもない。したがって「ポストモダニスト・ブルジョワ・リベラリズム」における「ポストモダニスト」と「ブルジョワ・リベラリズム」とを結びつける観点がそこに見出せるはずである。

ところでリベラル・デモクラシーをめぐる議論に引き付けていえば、この複数の自己が社会における「市民」とどう関わりを持つのかが、重要な論点となろう。この点からいってローティの再解釈で、いわば「市民」の敵対者として「ニーチェやロヨラ」といった存在が明示的に取り上げられていることは、本書にとっても注目すべき事柄である。ロールズの正義論がリベラル・デモクラシーのイデオロギーのひとつだとすれば、その敵対者のより詳しい考察によって、その「市民」概念を相対化することができるのではないか。さらに「会話」的合理性にとって破綻とみられる論点をより深く考察することで、新たな理論的な展望を得られるようにも思う。

このような議論は、もちろん抽象的な話にとどまるわけではない。すでに述べたように、本書の課題である住民と行政との関係を思い起こすとき、極めて具体的で身近な問題であることに思い当たる。たとえば前章で取り上げた例では、ダムの建設をめぐる異なる立場の齟齬について考えた。ダムの建設を推進するにしても、また中止するにしても、そのように行政が決定するならば、その決定に反対の者は満足しないことはいうまでもない。こうした不満に対して継続的な「会話」で補足がなされ続けるべきものであることが前章で明らかになったことである。だが、その不満がたとえば抗議という形で発露する場合がある。その場合、手続きを踏んだ行政職員にとっては、その抗議を非「合理」的と感じ、もう終わってしまった問題として「会話」を拒絶するかもしれない。他方で反対派は、その行政職員こそ非「合理」的と映り、「会話」を継続しようとしない行政こそ「ニーチェ・ロヨラ」的な存在だと感じるかもしれない。そう考えると、本章で取り上げる理論的課題は、決して抽象的でなく、具体的で身近に起こりうる問題に引きつけてとらえることができる。とりわけ住民と行政とのコミュニケーションの検討を課題とする本書にとって、有用な論点を含むと考えるのである。

こうした問題意識を基に、本章では以下のように議論を進めていこうと思う。まずロールズに対するローティの再解釈を検討することで、リベラル・デモクラシーにおける「市民」の定義を摘出するとともに、同時にリベラル・デモクラシーの敵対者としての「ニーチェ・ロヨラ」的存在がその限界として現出することを示す（2節）。次にロールズの正義論への批判として特にシャンタル・ムフの見解を取り上げ、そこで問題となっている自己の複数性の観点から、ロールズ、ローティ的な「市民」概念を相対化する（3節）。さらに個体に着目することで、そこから発せられるベクトルと「市民」あるいは「ニーチェ・ロヨラ」的存在との関係を明らかにし、それらの関係に基づく社会イメージを提示する（4節）。その上で「市民」概念の評価について考察し、その問題点を指摘する（5節）。こうした分析に基づいて「会話」的合理性の限界点を明らかにしつつ、まずはその理論的な水準での対応を示しておくことにしたい（6節）。

2　信念としてのリベラル・デモクラシー

本節ではまず、前章で考察した「会話」的合理性によるコミュニケーションの内容をさらに吟味するため、ロールズ（1971）の正義論に対するローティ（1991a）の再解釈を検討することから始めたい。もっとも、このロールズの変容を詳細に追うことは、ここでの課題ではない。むしろ本節では、ローティがこのロールズの変容に加えている、独自のプラグマティズム的な解釈に注目する。そのことでローティの「会話」的合理性に基づくリベラル・デモクラシー的観点とその限界を、理論的に分析しておくことにしたい。

周知のとおりロールズは、『正義論』で「平等な自由原理」「格差原理」「公正な機会均等原理」に基づき正義の規準を提示している[3]。この『正義論』を見る限り、ロールズが、ホッブス・ロック的な契約思想と、カント的なアプリオリな自律的な個人を前提に、正義の規準を理論的な真理として擁護していると解釈することは可能であろう。だが、よく知られているように後の論文でロールズはやや態度を変更し、原初状態が「フレームワーク」を形成するための「モデル概念」(Rawls 1980: 571) であるとする。さらに正義の規準が「形而上学的なものではなく、政治的なもの」(Rawls 1985: 223) であり、それは哲学的に擁護されるのではなく「よく秩序づけられた社会 well-ordered society」のための政治的概念であると主張する[4]。このロールズの変容に対して、ローティは独自のプラグマティズム解釈を加える。

「ロールズが試みているのは、アメリカのリベラリズムの超越論的演繹を行うことでも、民主制度の哲学的基礎を与えることでもない。彼はただ、アメリカのリベラル派が典型的に持っている原理や直観を、体系化しようとしているにすぎない」(Rorty 1991a: 189＝1988: 187)

ここでは、少なくとも二つのことに注目しておく必要がある。第一にローティによれば、このロールズの正義の規準は哲学的に基礎付けられるものではなく、ひとつの信念であること、第二に、その信念は「かなり局地的で、自文化中心的なもの」(Rorty 1991a: 176＝1988: 167)、すなわち、ここでは「アメリカのリベラル派が典型的に持っている原理や直観」(Rorty 1991a: 189＝1988: 187) であること、この二つである。その信念を持つ者こそ『正義論』の再解釈で再定式化された「市民」の条件だということになる。すでに述べたように、ここで問題にしたいのは、このロールズについてのローティの解釈が妥当かどうかではない。むしろ課題は、このローティの再解釈を吟味することで、ロールズの正義論にもたらす理論的な利点と問題点を抽出すること、そのことで、ローティ的な「市民」概念の特徴を明らかにすることである。では、その特徴とはいったい何か。

第一に正義の規準がひとつの信念に過ぎないとするならば、正義論に付きまとう「形而上学的」な問いは免れうることになろう。たとえば原初状態で合意する自己の存在とは何か、といった問いを考える必要はなくなる。形而上学的な批判に対する、この防御は理論的に大きな利点だといえる。この論点は、前章で見たハーバーマスの「対話」概念に対する基礎付けについての批判と軌を一にしている。だが、そうした主張に伴なって新たな疑問も生じてくることになる。すなわち、もしロールズの立てる正義の規準がひとつの信念に過ぎないのであれば、なるほどアプリオリな正当性を証明しなくてもよい。だが、その代わりに、それはアプリオリな正当性を持つこともできない。とすれば他でもありうるようなその信念は、いかにして擁護されうるのか。さらにロールズ的な正義の規準が、ロールズ自身のいうようにたとえ「解釈」から派生しているものであったとしても (Rawls 1971: 118＝1979: 93)、もし、その一般化を目指しているのであれば、「西欧」的価値の普遍化ではないのか。すなわち、ここで「西欧」の「リベラル・デモクラシー」に対するイデオロギー的な擁護に関する問題が生じることになる。

この難点についてのローティの解決策も、第二期の著作の中に見出すことができる。それは「アンチアンチ自文化中心主義 anti-anti-ethnocentrism」(Rorty 1991a: 203) の立場といわれるものである。まず自らが自文化中心主義者であることを明言し、自らのイデオロギー性を、たとえば自らの見解が「西欧」思想に立脚していることを積極的に認めた上で、自らの主張をし行動する。「普遍」を放棄するためのこの論理構成は、悪くいえば開き直りと呼ぶことができなくもない。もっとも、誰しも確固とした「真理」に支えられるわけでなく、いくつもの文化を自由に横断できるわけでもないという自覚に達すれば、自らの立場から出発するしかないという主張はそれなりの説得力を持つかもしれない。こうした二枚腰の自らの態度を、後にローティはアイロニーと言い換えている。すなわち、次のようにいう。

「アイロニストとは以下の三つの条件を満たす者であると定義してみよう。第一に、自分がいま現在使っている終極の語彙を徹底的に疑い、たえず疑問に思っている。なぜなら、他の語彙に、つまり自分が出会った人びとや書物から受けとった終極の語彙に感銘を受けているからである。第二に、自分がいま現在使っている語彙で表された論議は、こうした疑念を裏打ちしたり解消したりすることができないとわかっている。第三に、自らの状況について哲学的に思考するかぎり、自分の語彙の方が他の語彙よりも実在に近いと考えてはいない」(Rorty 1989: 73＝2000: 154)

このように「自分がいま現在使っている終極の語彙を徹底的に疑い、たえず疑問」(Rorty 1989: 73＝2000: 154) を持ちつつ、「新しい語彙を旧い語彙と競わせることによって語彙のあいだの選択を行う」(Rorty 1989: 73＝2000: 154)。その姿勢は、「アンチアンチ自文化中心主義」のスタンスだとみなすことができるだろう。こうした態度でアイロニストは「見ず知らずの人々、見ず知らずの家族、見ず知らずのコミュニティを知ろうとするのである」(Rorty 1989: 80＝2000: 167) とローティはいう。本節の文脈からいって「終極的な語彙」とは具体的には、さしあたり「アメリカのリベラル派が典型的に持っている原理や直観」(Rorty 1991a: 189＝1988: 187) ということになる。確かに、それは「かなり局地的で、自文化中心的なもの」(Rorty 1991a: 176＝1988: 167) である。

この論点は議論が生じるだろう。ただ、こうした態度がロールズの正義論に第二の利点を与える点をまずは確認しておこう。すなわち、もし正義論がアプリオリに正しいと主張するとすれば、それが「西欧」あるいは「アメリカ」に立脚した「西欧」中心主義であるという批判を避けられないということはすでに述べた。しかし、「西欧」の価値を信じつつも、そうでない「他者」と接していこうというアイロニカルな態度は、自らの立場がひとつの信念に過ぎないことを明確に認めてしまうことで、「西欧」的価値の普遍化であるという批判に留保を付けうる可能性が存在する。

どのようにか。それは2章で検討した「会話」的合理性に基づいて行われるということになろう。「会話」的合理性の特徴は、どのようなものであったのか。まずそれは「討議」ではないので確定したひとつの解答に収斂する必要がなかった。むしろ異なった二つ以上の見解が並立することが前提とされている。このことは「討議」で敗北した見解の敗者復活を可能にするとともに、敗北した見解に対する配慮を要請することになった。この立論はさしあたり魅力的ではある。第一に個人的な現実を擁護するからであり、また第二に取りうる選択肢を保存するという社会的な有用性を持つからであった。しかし問題は、この「会話」の継続において調達すべきものにある。前章で述べたように、それは「プラグマティズム的寛容」の精神、すなわち「寛容であること、周りの人々の意見を尊重すること、人の言うことに喜んで耳を傾けること、力よりも説得を頼りにすること」(Rorty 1991a: 37＝1988: 6) という一群の道徳的徳目 moral virtues であった。なるほどリベラリズムを前提とした民主主義的な信念を有する者にとって、この「寛容」は少なからず共有されているのかもしれない。逆に、その共有こそ、この信念の条件であるといってもよい。だが、もちろん全ての者がリベラル・デモクラシーの信念を共有しているわけではない。「会話」に価値を置かない考え方は存在しうるだろうし、そもそも、「会話」によって構成されない文化的振る舞いはどうなるのか。

ここで、「リベラルであることの義務は説得の対象であることができるのか」というリオタールの提起する問題に再び辿り着く。もし、たとえば、その相手が「普通選挙」に「低級な人間の支配」を見出すだけの「ニーチェ」的存在であればどうだろう (cf. Nietzsche 1887 → 1996: 582-3＝1998 (2) : 323)。これが本章の冒頭で取り上げた問題である。

この問題に関連して、ロールズは『正義論』の中で次のように述べている。

「上位ないし下位の役割を演じたいという人間の願望が、独裁的な制度を受け入れるほど大きいか否か、といった問い、また、人間が他人の宗教的実践を見て良心の自由を認めなくなるほど動揺することはないか、といった問いは正義の規準に入り込む余地がない」(Rawls 1971: 261-2＝1979: 205)

ロールズによれば、独裁の是非を問う前者の「ニーチェ」的問いも[5]、宗教的非寛容の是非を問う後者の「ロヨラ」的問いも、正義の規準においては存在しえないことになる。だが「変容」後のロールズ、いや「変容」後のロールズを肯定するローティにとっては、必ずしもそう断言はできないはずである。

ローティが指摘するとおり、こうした相手にもまた「寛容」を「期待」できる。だが、その「期待」が実現する必然性はもちろんない。ここにリベラル・デモクラシーの原理的なディレンマとでも呼ぶべき問題が存在することになるだろう。すなわち、この「寛容」を理論的に突き進めれば、「市民」の敵対者である「寛容」を共有しない「ニーチェやロヨラ」の非寛容をすら認めざるをえないことになる。このディレンマに対する、ローティの提示する回答は冒頭に述べたとおりである。すなわち、『正義論』でのロールズの主張を踏まえつつ、「ニーチェやロヨラのようなリベラル・デモクラシーの敵を狂っている」(Rorty 1991a: 187＝1988: 184) とみなす[6]。そして、このような相手に対しては「われわれは行為と寛容を停止させなければならない」(Rorty 1991a: 190＝1988: 188) という。なぜか。

「ニーチェやロヨラを狂っていると結論するのは、彼らがある『基本的な』話題について変わった見解を持っているからではない。われわれがこの結論を出すのは、政治的見解のやりとりを広範に試み、その結果、(われわれがどこにも至りそうもない)とわかった場合にのみ、そう結論するのである」(Rorty 1991a: 191＝1988: 190)

したがって、

「彼らをわが立憲民主国家の仲間の市民――すなわち、利発さと善意志とがあれば、自分の生活設計を他の市民のそれとうまく調和させうるであろうような人々――とみなす術がないからである」(Rorty 1991a: 187＝1988: 184)。

このように、ローティのいう「会話」の継続はうち切られる場合がある。ここでは、確かに「会話」による合意への「希望」は放棄されている。したがって、この点において「会話」理論が論理的に破綻していることを指摘する、幾人かの論者の見解は妥当だといえる(e.g. 渡辺 1991; 伊藤 1993; 盛山 2006)。

それにしても、それはローティの理論の破綻に過ぎないのだろうか。いささか逆説めいていえば、ロールズの正義論とローティによるその再解釈は、リベラル・デモクラシーが証明しうる理論ではなく、ひとつの「政治」的信念であること、それゆえ結果的にその限界、言い換えれば、リベラル・デモクラシーにおいて「市民」の敵対者である「ニーチェ・ロヨラ」的存在が不可避であることを詳細にあからさまにしてしまっているのだといえるのではなかろうか。

ローティのものに限らず合意についての理論は、合意がいかに可能か、あるいは合意にいかに「希望」が見出されるかという点に注目しようとする。それは、もちろん当然かもしれない。けれども、この「会話」理論の破綻で、われわれが見出すのは、ひとりローティの論理的な破綻にとどまらない。むしろ、リベラル・デモクラシーというひとつの信念が持つ理論的な限界だといえる[7]。すなわちリオタールのいうとおり「リベラルであることの義務は説得の対象でありうるのか」(Lyotard et Rorty 1985: 582) という示唆は理論的に正しい。だとすれば、そこには「争異」が存在し、ひいては「闘争」のみが用意されるべきなのかもしれない。

3　差異に貫かれた自己

ロールズの正義論への批判のひとつが、統一された自己論に集約されてきたことは、すでに述べた。この点から厳しい批判を展開しているひとりは、ラディカル・デモクラシーを標榜するシャンタル・ムフである。ムフはアメリカの民主主義の伝統に立つ点でロールズを高く評価しながらも、『正義論』のおけるロールズの政治性の欠如を痛烈に批判しつつ、その根拠としてロールズの自己についての議論にローティとは異なった位相で異議を唱えている。その批判には、この「ニーチェ・ロヨラ」的問題を考える上で重要な示唆が含まれており、また本章の課題のひとつである「市民」概念について重要な論点が提示されているように思う。そこで本節では、前節までで述べてきた「ニーチェ・ロヨラ」的問題についてさらに考えるため、ムフのロールズ批判に注目し、ロールズ、ローティ的な「市民」概念の相対化を試みてみよう[8]。

さて、ムフの批判の要諦はどこにあるのか。ムフはいう。ロールズの正義論は「政治的なるものの理念が、不十分なものにとどまっている」(Mouffe 1993: 48＝1998: 96) のだと。その理由を次のように述べる。

「ロールズが出発点とする二つの主たる直観的理念とは、以下の事項である。第一は、社会とは社会的協働に基づく公正なシステムであるという直観的理念である。第二は、市民は、(1)正義の感覚への能力と、(2)善を構想する能力という二つの道徳的力を所持しているがゆえに、自由で平等であるという直観的理念である。以下の定式化は依然として道徳の言説の内部にとどまるものであり、彼のシティズンシップの構想はほとんど政治的な構想と呼ぶことはできないといえよう」(Mouffe 1993: 49＝1998: 98)

ここでムフが言いたいのは、ロールズの正義論が「政治」の欠落した理論であるという点である。社会の「公正なシステム」も「善を構想」する「自由で平等」な市民も、道徳レベルで議論されており、現実の不平等、不自由をアジェンダとする契機を欠落させているというわけである (Mouffe 1993: 49＝1998: 98)。すなわち、さまざまな具体的な立場間の差異を無視し、同型の自己を前提とした政治理論を立ち上げるなら、その理論は闘争を欠落した保守的な政治理論とならざるをえない[9]。人々の「差異」は、どこへ行ったのかと。それに対してムフが主張するのは、カール・シュミットのいう「政治」概念を中心とした理論構成である。その概念は「抗争的な意味を持つこと」(Schmitt 1932: 18＝1970: 22) と定義され、その概念はまた「結局は、友・敵結束であるような具体的状況に結びついている」(Schmitt 1932: 18＝1970: 22)。そうした「政治」概念を念頭に、ロールズのいう「市民の不服従」(Rawls 1971: chap. 6) などという概念を糾弾するのである。なるほど前節で取り上げた「ニーチェ・ロヨラ」的存在を排除して、もっぱら「自分の生活設計を他の市民のそれとうまく調和させうるであろうような人々」が構成するとき、その「市民」たちの社会は比較的、穏やかに進展するであろう。だがムフは、抗争的な「政治」がない「市民」社会などありえないと断言する。さらに一様な自己を前提とできないゆえに、さまざまな信念同士の間の「抗争」が各所で浮かび上がることを主張する。その上で、「市民」社会におけるそれらの「政治」が、極めて分散的で多様であるというのである (Mouffe1993: 127-8＝1998: 255)。

確かにアイデンティティは多様である。それはロールズも、またローティも認めるところであろう。だが、それらの多様なアイデンティティは、ロールズのいうように単純には重なり合わないだろうし、また百歩譲って重なり合ったとしてもローティのいうように、「アメリカのリベラル派が典型的に持っている」信念というわけには必ずしもいかないだろう。この事実を前提にしてもなお重なり合う信念をリベラル・デモクラシーだとみなせば、「ニーチェ・ロヨラ」的存在の出現は必然となる。したがってムフの批判はロールズに対してだけではなく、ローティの解釈にも関わってくるのである。

もっとも、これだけでは、すでに述べたリオタールの指摘の詳細な記述の域を、それほど越えていないかもしれない。だが、ムフがロールズの正義論の「政治」の欠落を指摘する理由は、互いのアイデンティティが異なっているからだけではない。さらに、現実における「自己」が「差異性に貫かれ」ていることを等閑視しているからである。以下の議論にとって重要な点なので、やや長文であることを厭わず引用しておきたい。

「われわれは、社会的行為主体を、次のようなものとして考えることができる。つまり、必然的な関係のない多様な言説によって構成された差異の閉鎖系のなかにけっして完全に固定され得ない、種々の『主体位置』の集合によって構成されたものとして、しかしむしろ重層的な決定と置き換えの絶えざる運動として、考えるのである。したがって、そのような多様で矛盾するような主体の『アイデンティティ』は、つねに偶然的で不安定なもので、いくつかの主体的位置の交差する場所にあって一時的に固定されたものであり、帰属意識の特定の様態に依存するものである。したがって、社会的行為主体というものを、何か統一的な、単一の存在であるかのように語ることは、不可能である。社会的行為主体にアプローチする場合、むしろわれわれはそれを、多元的なものとして、また主体位置——それを通じてその行為主体は、さまざまな言説的構成のなかで構成される——に左右されるものとして、考えなければならない。同時に、異なった主体位置を構成する諸言説のあいだには、ア・プリオリで必然的な関係はないのだということを、認識する必要がある。だが、先に指摘した理由から、この多元性は、主体位置の多元性の『共存』をではなく、むしろ他の主体位置による絶えざる破戒と重層的決定を含むものである。それは、開かれた、不特定の地平によって性格づけられる場において、『総合的な効果』の生成を可能にするのである」(Mouffe 1993: 77＝1998: 156-7)

このようにムフによれば、「自己」は性別、人種、階層、性的嗜好などさまざまな立場によって構成される。その「多元性は……他の主体位置による絶えざる破壊と重層的決定を含むものである」(Mouffe 1993: 77＝1998: 157)。それゆえ、さまざまな側面を持った自己は、それ自体、葛藤の場にもなりうるのである。

こうした観点から見れば、ローティの考え方もまた不徹底だといえるかもしれない。確かに、自己の多元性についてローティもまた決して無関心であるわけではない[10]。だがそれは文化的な側面に限られており、政治的にはむしろ「ニーチェ・ロヨラ」的存在を「彼ら」と個体の統一名称で記述し、正義の規準を「アメリカのリベラル派が典型的に持っている」信念であると定義するとき、その言い方は徹底性に欠けているといえるのではなかろうか。ここでは、いまだ「アメリカの典型的なリベラル派」という個体としての固定的な「市民」対、それに対する個体としての固定的な「ニーチェやロヨラ」という構図は維持されている。

さて、本節での検討から何が明らかになっているのか。第一に、リベラリズムの前提となる「アメリカのリベラル派」の信念が必ずしも共有される必然性はないこと、第二に、その信念を共有している個体であったとしても、いつも「アメリカのリベラル派」として安定して存在しているわけではないことである[11]。それゆえ以降では、本節で取り上げたこのムフの「差異性に貫かれ」た自己という観点を参照にしつつ、ロールズ・ローティ的な「市民」概念を再度、検討しつつ、前節で指摘した「ニーチェ・ロヨラ」的問題について、さらに考察を進めていくことにしたい。

4　ベクトルとしての「市民」性

「市民」＝個体と考えている限り、前節で述べたように、自己の複数性というリアリティは十分に表現されないように思われる[12]。奇しくもロールズもまた、「市民」とはひとつの「役割」であるとも述べている点は示唆的である[13]。すなわち、この指摘は「市民」が可能態であり、必ずしも現実態ではないということを意味する。そのことは一見、当たり前のように思えるかもしれない。だが通常の使用法を見ても、あるいは研究レベルの使用法においても、この点が必ずしも十分に配慮されているとはいいがたい。たとえば、われわれにより身近な日本の社会の分析を見てみたい。

「市民政治は、情報と専門的知識を得て自ら機能的市民に成長することによりはじめて実現する。市民が、自らの生存基盤であり、共通の財産である環境を自ら調査し、認識することにより、それらを守り、管理・創造することが可能となる。環境創造の第一歩は、市民が自らの環境を自らで守り創出する主催者であると再認識することである」(宇都宮 1985:210)

「われわれ市民は、職業によってそれぞれ独立の生活を営んでいる。大部分の市民は政治を職業に選んでいるわけではない……」(久野 1996:28)

ここでは、明らかに市民権を持つ各個体が主体としての「市民」そのものとみなされている。こうした例のように、「市民」概念が「個体」と往々にして同一視されていることが多い。しかし前節での分析を踏まえ「ニーチェ・ロヨラ」的存在について分析するには、「市民」概念の徹底的な脱実体化を図る必要がある。では、そのためにはどのようなとらえ方が可能か、本節では検討してみたい。

まず仮にここで、「市民」を個体とイコールのものとして考えてみよう。この考え方にしたがって「市民」社会を図に描いてみる。そのとき、社会はおそらく**図3**のようなイメージで描きうるのではなかろうか[14]。この図では、多くの個体は常時、実体的な「市民」とみなされている。すなわち、ある個体は「市民」か非「市民」かである。この図において「市民」は政府と関係を持ったり、他の「市民」と関係を持ったりする。逆に、この図における非「市民」とは、本章でいうところの「ニーチェ・ロヨラ」的存在にほかならない。もし、すでに見た市民概念が、こうした社会イメージを喚起するとすれば、それは「市民」＝個体ととらえられているからである。ロールズを解釈したローティの「市民」概念もまた、個体がある信念を持っているかどうかという区分けをする点を踏まえれば、その意味で、この定義に近い面を持っているといえる。

では仮に「市民」を脱実体化し、可能態として考えてみるとどうなるだろうか。まず、個体のレベルから考えてみよう。いうまでもなく、個体の行為はさまざまな方向を持つ。そこで、その方向の各々をそれぞれのベクトルと呼んでみたい。それらのベクトルは方向性と、強度を持つだろう。その内容は具体的には仕事であったり、趣味であったり、恋愛であったりするだろう。われわれは、ある個体からそれらのベクトルが発せられると考えるかもしれない。だが、こうした構図を前提にすれば実は、このさまざまな

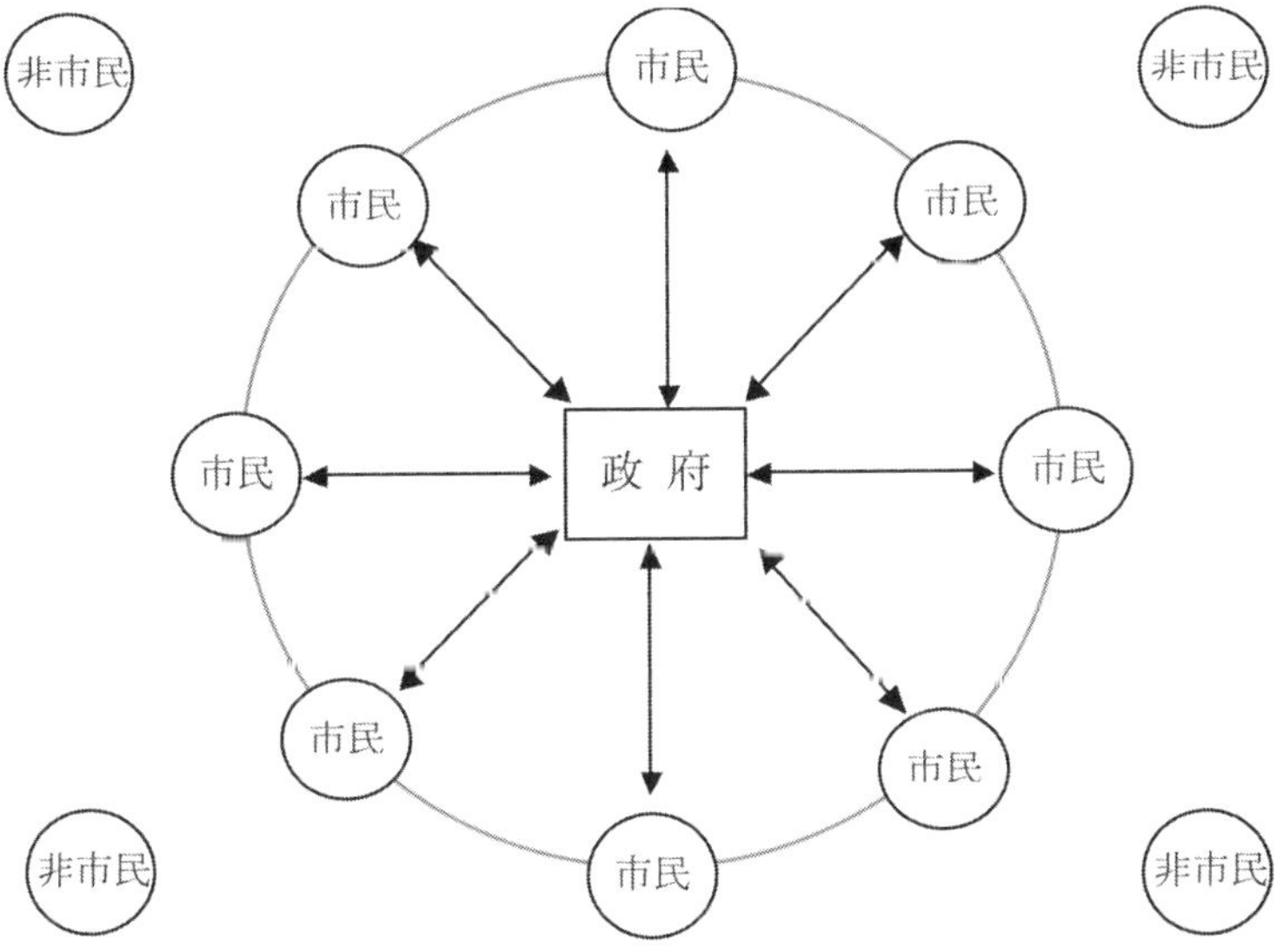

図3　個体が形成する社会

ベクトルの始点こそ逆に、われわれが個体と呼ぶ概念の定義であると考えることができるのではなかろうか。もし、そう考えるならば次のような論理的帰結を導くことができるだろう。まず前節でのムフの見解でも示唆されていたように、個体が複数のベクトルから構成されること、また、それらのベクトル同士は整合性を持つことも矛盾することもありうること、さらに、いつも同じベクトルが存在するとは限らないし、あるベクトルが発生したり消滅したりもすることである。それらのベルトルが共在する空間を仮に描いてみるとすれば、**図4**のようになる。ここに存在するとすれば、それは「市民」ではなく「市民」性である。この「市民」性もまた、点滅するベクトルのひとつに過ぎない。

ではここで、いったい何が「市民」性なのか。たとえばローティが「会話」概念を借用したオークショットは、「市民状態」を「市民的行為の諸条件を明記した周知で、強制可能な法体系の権威を承認する、そうした要件の下での主体 agents 間の交際」(Oakeshott 1975: 175＝1993: 99) と定義している。いま仮に、このオークショットの定義に沿って、「法

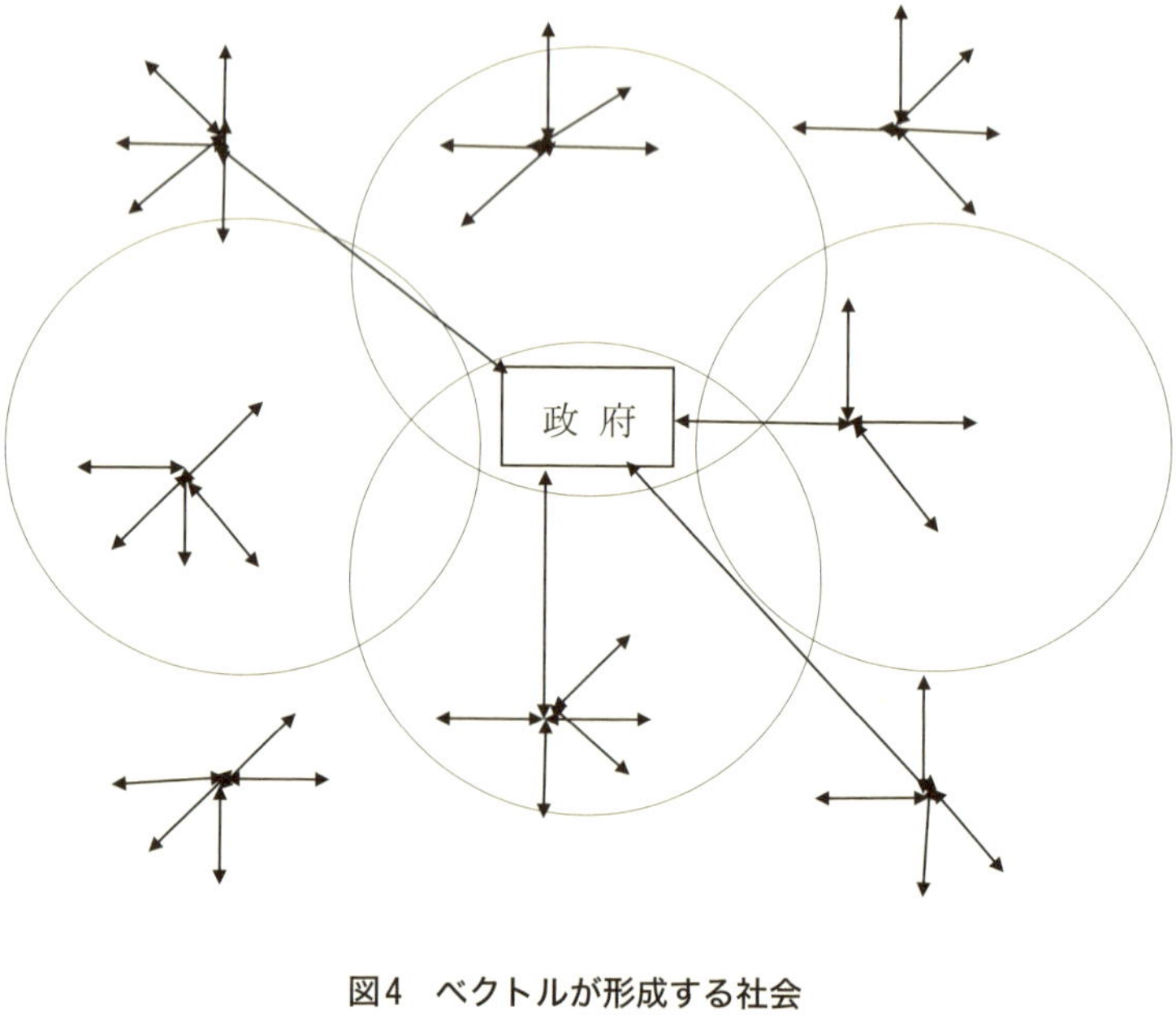

図4　ベクトルが形成する社会

体系の権威を承認」した個体同士の関係を仮に「市民」性とし、図を参照しながら考えてみることにしよう。すると図4のうちのいくつかのベクトルは「市民」性と呼ばれることになる。また、その始点である個体は「市民」と呼ばれるだろう。だが、いうまでもなく「市民」性は他の論者によっても定義が施されている。前節で取り上げたロールズへの批判からなされたムフの定義を例に挙げてみよう。ムフは「数々の民主主義的な欲求の間での、集団的な形の同一化」(Mouffe 1993: 70＝1998: 142) という「政治的アイデンティティ」として「市民」概念をとらえている。もちろん、そのとき図4においては、オークショットの場合と異なって社会運動を指向したベクトルが「市民」性を帯びることになる。同様に、そのベクトルの始点である個体は「市民」と呼ばれうるであろう15。

さて、むろんオークショットの「市民」概念の定義と、ムフの「市民」概念の定義とのどちらが妥当かどうかを議論することが、ここでの課題ではない。いま挙げた例のように「市民」概念にはさまざまな定義が存在する。むしろ、その定義が変われば「市民」性を表すベクトルも変わってしまうことに注目しておかなければならない。もう一度、まとめておくと以下のようになる。個体は複数のベクトルの始点であり、また、その一定の方向が「市民」性を帯びる。だが、それ以上に重要なことは、ある個体は何が「市民」性であるかによって「市民」であるかどうかが決定されるという点にある。したがって反対に、それぞれの「市民」概念にしたがって、それ以外のベクトルが非「市民」的とみなされることになる。

では、こうした観点から前節で問題化したローティの「市民」概念を振り返ると、どうなるだろう。まずローティが「典型的なリベラル派」とみなす者も、絶えずリベラルとしての性質を顕在化させているわけではない。他のリベラルにあてはまらない行為も多数行っており、リベラルを示す行為はそれらの行為の部分にしか過ぎない。そう考えると、もし、それでも「市民」性を「アメリカのリベラル派が典型的に持っている原理や直観」だと定義してしまうならば、そうではない非「市民」性、すなわち各々の個体における非「市民」的行為の側面を必然的に生み出してしまうことになるだろう[16]。したがって、ここでは同じ個体がある定義によって「市民」的側面と非「市民」的側面を潜在的にしろ併せ持ってしまう点に注目しておかなければならない。そして、そのことを前提に、われわれは「ニーチェ・ロヨラ」対「市民」について考えていくことが必要なのである。

5　「市民」概念の評価

前節では「市民」概念と、その敵対者である「ニーチェ・ロヨラ」的存在を個体レベルにまで遡り相対化した。そのことで、まず「市民」概念が定義の争いにさらされていること、また同一の個体に「市民」的ベクトルと非「市民」的ベクトルとが共存可能であることを示した。ところで、もしある住民が「市民」性をどの程度、帯びているのかによってその住民のとらえ方が変わるとすれば、「市民」概念の内容もさることながら、「市民」概念の評価によっても個体の位置付けは左右されてしまう。だとすれば「市民」概念について議論するには、「市民」概念に対する評価にも触れておく必要があるだろう。それゆえ、やや歩をゆるめて本節では、前節での問題の解決の糸口を探るために、まず「市民」概念の評価について、とりわけ批判的な観点から整理しておくことにしたい。

たとえば次のような記述がある。ここでは「市民」概念に対して、どのような価値が付与されているだろうか。

「貧困、開発、環境、資源などの問題に、市民が、市民のために取り組んでいくことは、実は高度に政治的な民主化運動なのだ。それは、紛争や戦争をなくし、核廃絶に進むための第一の条件を実現するという意味を持った、市民の行

動にほかならないのである」(坂本 1997:195-6)

ここで「貧困、開発、環境、資源などの問題」の解決や「核廃絶」は良いこととみなせるであろう。それらの問題を解決する条件となるのがここでは「市民」の行動だとされる。また「高度に政治的な民主化運動」も、良いイメージがある。その「担い手」になるのが「市民」であるのなら、こうした表現に「市民」概念の肯定的評価が端的に表れているといえるだろう。すなわち、良いことをする者が「市民」なのである。「市民」が実体化されている点については、いまはおこう。ここでは「市民」概念が無条件に肯定されていることに注目しておきたい17。

こうした「市民」の肯定的評価の在り方について、たとえば佐伯啓思は次のように批判している。

「言葉の使い方は人によって随分違うし、またそのいわんとするところも違っている。それにもかかわらず、『市民』という言葉には、多くの場合、あるプラスのイメージがついており、『市民』は常に正義の側に立っているというニュアンスが醸しだされる」(佐伯 1997b:12)

確かに「市民」概念を全面的に否定するには及ばないことはいうまでもない。それが自由で平等な社会のためのキー概念として機能してきたのは、まちがいないだろう。だが手放しの称賛に問題が残ることは、ここで指摘されているとおりかもしれない。対国家における「市民」権の肯定が非「市民」への排除性を歴史的に生み出してきた事実は確認するまでもないし、本章で議論しているような、より抽象的な意味での「市民」概念にもその問題は妥当するのではないか。実際、前節での分析において「市民」性の定義により非「市民」性が生み出されることは明らかにされたのであった。

このように「市民」概念を無批判に称揚することの第一の問題は、良い者である「市民」に対し良くない者としての非「市民」を生成することであろう。この点を十分に理解するためには、次のような例が有用であろう。マス・コミュニケーション研究の観点から岡田直之は、テレビ報道におけるイデオロギー作用について以下のように述べている。

「テレビ報道は既成の政治社会体制を正当化し、社会の中核的価値体系への統合を企図し、現状維持を助長する方向に政治的イベントと争点を共同主観的に形成し社会的に認知・了解させて、共通の政治的準拠枠を構築すると同時に、政治社会体制の構造的矛盾を被覆するために融通無碍の『政治的暴力』のシンボルとその象徴作用を最大限に利用し、ラディカルな民主的異議申し立て、抵抗を懐柔・馴化したり差別・排除したりする二重の働きをしている」(岡田 2001: 148)

ここで指摘されているのは、テレビの報道が現体制での「政治的イベントと争点」を軸に、現体制の正統性への共感を醸成しようとしているということである。その結果、現状維持を了解させ、ラディカルな民主的意義申し立て、抵抗を懐柔しつつ、排除する。ここで「市民」という言葉は直接、用いられていないものの、このことはテレビ報道に限らない理論的な含意を持っている。その含意を「市民」という言葉を使いつつ本章の課題に沿って言い換えれば、以下のようになろう。すなわち現体制における政治的争点に参加する「市民」を無批判に肯定することは、そこに隠れた「争異」をうやむやにする。たとえば反抗的な「ニーチェやロヨラ」に対し「会話」を中断した「アメリカのリベラル派が典型的に持っている」信念を維持・正当化することをも意味する。その結果「ニーチェ・ロヨラ」的態度を排除し、その態度に含まれうる「異議申し立て」の意味を黙殺してしまう。文脈は違えどそうした理論的含意が、ここではテレビ報道を例に的確に指摘されていると考えられる。「市民」概念の評価についてはまず、この排除の側面に注目しておかなければならない。

だが、この第一の点と関連し第二に、「市民」概念を安易に肯定してしまうことの問題として、「市民」概念自体がよりソフトに支配の効率のよい装置として機能してしまう可能性がある点を指摘しておきたい。とりわけ行政を対象とした本書にとって、それは重要な観点である。この点に関して中野敏男の、ボランティアをめぐる以下のような議論を参照することができる。

「今日、ボランティア活動の意義をひときわ声高に宣揚している者とは、誰なのか。もちろんそれは、決して市民社会の可能性をポジティヴに見ようとする論者だけではあるまい。例えば、むしろ日本の文部省が、市民社会が対峙するはずの当の国家システムを代表する位置から、とりわけ精力的かつ組織的にボランティア活動の推進に努めているということがある」（中野 1999 : 75）

ここではボランティアという行動が、国家政府によって称揚されうる事実が指摘されている。その可能性が現実として起こっているならば、確かに中野のいうとおり「ボランタリーな活動というのは、国家システムを越える」どころか、むしろ国家システムへの「コストも安上がりで実行性の高いまことに巧妙なひとつの動員のかたち」（中野 1999: 76）ともなりうる。つまり、主体的な行動が統治にとって好都合になりうるというわけである。このボランティアが「市民」参加のひとつであることに異論はなかろう。現在、福祉を含むさまざまな分野でボランタリーな活動について行政は積極的な推奨を行っている。たとえば住民参加によるまちづくりなどを、自らのＰＲ材料として活用していることとは周知のとおりである。それらの「市民」性もまた安価なシステムの動員として統治の補完作用に機能的であるという側面を持つことになるのではないのか[18]。行政が「市民」の評価に肯定的なのも、それが効率のよい支配のためのキー概念であるからだという点は、ぜひとも押さえておかなければならない。もちろん行政が「市民」を語ることに、全く意味がないというのではない。ただ、こうした文脈を踏まえれば無批判に「市民」の概念を称揚し、「市民」参加を安易に肯定してしまうことには慎重でなければならないと考えられる。そのことは第一の点と同様に、「市民」概念とセットとなった非「市民」概念の、この場合で言えばボランティアをしない個体の、あるいはまちづくりに参加しない個体の非「市民」性の否定的定義を肯定してしまう可能性にもつながる。

このように「市民」概念の評価について分析すれば、安易に「市民」概念を肯定することに問題があることは明らかである。第一に「市民」概念を肯定することで、非「市民」性の持つ主張を見逃してしまうからである。第二に「市民」概念を利用することで、それが国家への安価な動員に機能しうるからである。こうした分析から、冒頭で挙げたローティによる「市民」対「ニーチェ・ロヨラ」の単純な二分法による構図の問題が、抽象的な話ではなく極めて身近なものでもあることが分かる。では、どうすればよいのか。前節で見たように「市民」性を行為のベクトルのレベルにまで遡って再考し、本章の議論をまとめつつ、その対策について検討してみたい。

6　制度的アイロニー

本章の考察を振り返ってみれば、ロールズの正義論は場合によっては「ニーチェ・ロヨラ」的ベクトルを閉め出してしまおうとする営みにもなりかねない。またロールズを批判するムフの対抗権力としての「市民」概念の再定義さえ、もし「友・敵」関係である「政治」を「市民」的行為に限定してしまうなら似た結果となるだろう[19]。もっとも、これらの営みが政治の合理化であるという点は理解できないわけでない。それぞれの定義に対する非「市民」性が、たとえば犯罪を指し示しているとすれば、犯罪がなくなること自体、望ましくないわけではなかろう。致命的な闘争が頻発するホッブス的状況を常態と考えれば、より闘争の少ない「合意」が可能かという問いに精力を費やす必要もある。だが同時に、それでもなお「市民」性に反する行為がなくならない事実を、われわれは眼の当たりにもしている。それらは、いうまでもなく統治への抵抗のひとつの形態である。だとすれば「市民」性への「政治」の合理化に対する過度の強調は、そこから抜け落ちる「政治」から眼をそらす結果となろう。「市民」社会における「合意」に苛立ったリオタールの論点もここにある。同じポスト構造主義に位置づけられる、たとえばミシェル・フーコーが、違法行為をめぐる一九世紀の言説に革命思想の萌芽を見出すのも同じ文脈である（Foucault 1975: 298-9＝1977: 289）。しかもリベラル・デモクラシーが「勝利」してしまったいま、明確に統治への不満であると分かる革命思想は衰退し、不満は潜在し散在するのである。しかし、だからこそ、むしろ理解できないものへの注目は、必然的で不断のリフレクティブ作用として、ますます重要度が高まっているように思える。

2節ではローティの「会話」概念が「ニーチェ・ロヨラ」的存在の出現によって理論的に破綻していることを指摘したが、こうした点を踏まえれば、その破綻のイデオロギー的な問題は明らかであろう。とはいえ、そのことによって、ここまで議論してきた「会話」の継続の意義は全く無効になってしまうのだろうか。むしろ私は、十分に言及されていないことの中にこそ、とるべき方向が含まれているように思うのである。ローティが自らのスタンスとしてアイロニストを自称していることは、すでに述べた。アイロニストは「自分がいま現在使っている終極の語彙を徹底的に疑い、たえず疑問に思っている」（Rorty 1989: 73＝2000: 154）存在であった。そのスタンスから「見ず知らずの家族、見ず知らずのコミュニティを知ろうとする」（Rorty 1989: 80＝2000: 167）。こうした態度が、「ニーチェ・ロヨラ」的とみなされる存在とのコミュニケーションにも活かされることはないのだろうか。

もっとも「会話」の断絶にも、さまざまなレベルがあろう。たとえば、いままさになぐりかかってくる相手に、その瞬間、寛容な者は稀であろう。あるいは一方的にこちらの発言を遮る相手を前に、その場を立ち去ることもあろう。また何の前触れもなくかかってきた営業電話のあまりにもしつこく続く勧誘に、こちらも前触れもなくガチリと切った記憶があるかもしれない。執拗な宗教の勧誘、セクハラまがい、ストーカーまがいの求愛など、その他さまざまである。このような「会話」の断絶にもまた、ひとつひとつの文脈がある。その具体的な検討については、行政を例に本書の後半で検討することになる。ここではむしろ、本節の分析の成果に基づいて極めて極端な例でアイロニーの意味を考えておこう。

たとえば近年、ときおり通り魔が出没するといったことを思い起こしてみよう。まさしく、通り魔が「市民」社会の敵であることに異論はなかろう。だが、その同じ者が近所で評判がよかったと報道がなされる場合も多い。ここまでの分析からは自己が複数であるならば、以上のアイデンティティが同時並行的に可能であることは、とり立てて不思議なことではない。いささか極端な例とはいえ自己の複数性は理論的には、ある者が近所で評判の良い者であり、かつ役割や立場ではありえない通り魔であることを可能にする[20]。確かにムフのいうとおり、「市民」的存在において多元的な自己は交差しながら共存している。しかしながら、そこで想定されていたように、それらは様々な立場の多元化にとどまるわけではない。自己の複数性はさらに理論的に、ある者が「市民」でありかつ、「自分の生活設計を他の市民のそれとうまく調和させ」られない「ニーチェ・ロヨラ」的存在であることも可能にしてしまうのである。

こうした事態に、一体どのように対処すべきなのか。ここでは、むしろ「ニーチェ・ロヨラ」的存在の複数性にこそ着目することが必要だろう。もちろん通り魔の存在は強く否定されなければならない。その制裁が免除されるとは思わないが、こうした極端な例ですら、その行為に対する批判とともに非「市民」的な行為を行った個体の他のベクトルにおける含意をも、分析的には同様に取り上げなければならないことを確認しておけるであろう[21]。こうした態度もまた、アイロニカルと呼びうる。このアイロニーの徹底こそ「会話」の断絶を肯定してしまうローティに対して主張すべきことではなかろうか。それは通り魔に限らず、すでに挙げた他の例についてもあてはまるだろう。

もっとも、こうした手法は学問的にさほど目新しいものではないかもしれない。たとえば逸脱研究は、犯罪が社会的に生成されることを明らかにしてきた。すなわち刑罰が他の個体へ危害を加える個体に厳格に履行されると同時に、研究レベルでは労働、教育や家族など、それとは異なった水準に焦点が絞られてもきた。そのことに関連していえば、なるほどローティもまた「リベラルなアイロニストは、別様の終極の語彙についての可能なかぎり多くの、想像力を介した交際・知識を必要とする」(Rorty 1989: 92＝2000: 188) と述べている。しかしながら「アイロニストの理論家は、……こと政治に話が及ぶと、ほとんど無用である」(Rorty 1989: 83＝2000: 172) といってしまう。むしろ「非抑圧者」「犠牲者」の「状況を言語に表現する作業」に長けているのは「リベラルな小説家、詩人、ジャーナリスト」であると結論する (Rorty 1989: 94＝2000: 192)。そういう結論が下される理由は、あるいは、ここで「アイロニストの理論家」として哲学者が想定されているからなのかもしれない。こうした点については、他の学問分野は異議を唱えなりればならないだろう。だが、さらに注目しておかなければならないのは、こうしたアイロニカルな態度を、ローティが「理論家」「小説家」「詩人」「ジャーナリスト」などの「知識人」の態度であると限定していることである。

「理想的なリベラルな社会では、知識人はなおもアイロニストであるだろう。非知識人はそうではないであろうが」(Rorty 1989: 87＝2000: 178)。

「公共のレトリックがアイロニストのものである文化が存在しうるし、そのようなものが存在すべきだとまで主張することは私にはできない。若者に自分自身の社会化の過程についてたえず疑念をいだかせるような仕方で、彼らを社会化する文化などというものは、私には想像できない。アイロニーは、そもそも本来、私的な事柄であるように思える」(Rorty 1989: 87＝2000: 179-80)

「理論家」「小説家」「詩人」「ジャーナリスト」などのジャンルに属する人々に比べて、他のジャンルの人々が職業的にアイロニカルに振る舞うことは難しいという主張が、理解できないわけではない。たとえば政治家がアイロニカル過ぎれば、将来に対する公約を開示することはできないだろう。あるいは社会運動家がアイロニカル過ぎれば、効果のあるクレームは突き付けられないかもしれないし、教師は青少年の喫煙の禁止を確信を持って宣言できないだろう22。確かに、アイロニカルな態度が社会的役割の遂行を困難にしてしまう場合が多いことは同意できる。だが同時に、こうした現場でこそ本章で述べてきた「ニーチェ・ロヨラ」的問題が生じることもまた事実なのである。では、どうすればよいのか。

こうした事態に対処するためのひとつの方法は、たとえ職業人たちがアイロニカルになれないとしても、必要な場合はアイロニカルに振る舞わざるをえない仕組みを用意することではないか。すなわち制度にこそ、アイロニカルな機能を持たせればよいと思うのである。そうした制度が欠け、アイロニカルに振る舞うべきであるにもかかわらずアイロニカルに振る舞えない状況であれば、制度の設置を具体的に主張することが重要な課題となるだろう。もちろん本書の後半で見るように、そうした制度がすでに設置されてもいよう。その場合には実際にそれが十分に機能しているか、具体的に検証すべきではないか。実は最もアイロニーが求められているのは、「知識人」でもまた「非知識人」でもなく、むしろ職業人たちがアイロニカルに振る舞わざるをえないようにする制度だと考えるのである。

本章では「会話」的合理性の議論を引き継いで、リベラリズムについて考えてきた。さらに「市民」概念を個体のレベルにまで遡り、「会話」が断絶する「ニーチェ・ロヨラ」的問題について理論的に分析してきた。その分析を踏まえれば「市民」概念の議論に関しては、「市民」概念を肯定するだけでも遠ざけるだけでも、また新しくつくり出すだけでも、その主張は十分でない。そのいずれもが「政治」を合理化し、そこから抜け落ちる「政治」を等閑視してしまう可能性が存在するからである。むしろ否定されるべきことは、さまざまにありうる「政治」の方向を「市民」性に特定し、「友・敵」の関係に基づく「政治」を限定してしまう志向である23。重要なことは「政治」概念を「市民」概念から解放し、「市民」的ベクトルと「ニーチェ・ロヨラ」的ベクトルの混在の中で「政治」を分析することである。

ロールズについての論文においてローティは、冒頭で述べたとおり政治的・宗教的非寛容者との「会話」を拒絶することを明言した。確かに「われわれがわれわれのいる地点から出発せねばならない」(Rorty 1991a: 29) ということは正しい。だが、それは、あくまでも「スタート」の「地点」として正しいに過ぎない。したがって、そのような遭遇においても、やはり「会話」をうち切りつつ、その相手の見解の意義も考える、困難ではあるが、こうしたアイロニカルな態度こそが貫かれるべきなのである24。そして、それは個々人にであると同時に、それ以上に制度に対して求められるのではなかろうか。その成否こそ「争異」という主題でリオタールが示した違和感への反論を構成しうるかどうかの判断点になるだろう。

【注】

1　この議論に対するフクヤマの反論については、ナショナル・インタレスト誌 (Fukuyama 1989; 1989-90) を参照。

2　この複数性は、社会的な役割や地位などからなる多元性とは異なると考えている。また、個体同士の複数性でもない (cf. 齋藤 2008)。この点については、フリードリヒ・ニーチェの自己論に関するウィリアム・コノリーの記述も参照 (Connolly 1988: 162＝1993: 298)。

3　周知のように正義の規準は、次のように定式化されている。①各人は、すべての人々にとっての同様な自由と両立しうる最大限の基本的自由への平等な権利を持つべきであり (平等な自由原理)、②社会的、経済的不平等は、(a)もっとも恵まれていない人々の最大の利益となるよう (格差原理)、(b)公正なる機会の均等という条件のもとにすべての人に開かれた職務や地位にのみともなうよう (公正な機会均等原理)、配置されるべきである (Rawls 1971: 60, 82＝1979: 47, 60)。

4　その後もロールズは、この「変容」を維持していると考えられる (cf. Rawls 1993a)。ローティは、この「変容」をカント主義からヘーゲル主義への移行とみなすが (Rorty 1991a: 185＝1988: 174)、アプリオリな「格律」を前提としない点でカント主義からの離反だとしても、「世界史」を目的ある「精神の運動」とみるヘーゲルの歴史哲学と、ロールズ、ローティの見解とを同一視できるかについては疑問が残る (cf. Kant 1785＝1960; Hegel 1837 → 1986＝1994)。

5　『正義論』において功利主義と並ぶ論敵として「完全主義」とみなされるニーチェのテキストから、ロールズは次のような引用をする。「人類は常に偉大な個人を生み出すために働かなくてはならない……問題は……個人的人生はいかにしたら、最高の価値、つまりもっとも深遠なる意義を保有しうるか、ということである」(Rawls 1971: 325＝1979: 257)。この点が、「格差原理」と抵触することはいうまでもなかろう。

6　川本隆史は、ローティが「会話」の相手とみなさないのは「具体的には右翼と、ソビエト帝国主義の手先、『左翼用語』を手放さない奴ら」(川本 1991: 203) だとまとめる。

7　「ニーチェ・ロヨラ」的存在が「自分の生活設計を他の市民のそれとうまく調和させうる」ための「会話」を拒絶する人々であるなら、独裁者や宗教的な非寛容者だけではなく、政治的テロリスト、対象が不確定な通り魔、教室で突発的に暴力に及ぶ生徒なども また、そこに含まれるであろう。「会話」に応じず戦闘に至る他国の元首も、「ニーチェ・ロヨラ」的存在と考えられる。このことは、後年のロールズ (1993b) が正義論を国際社会へと拡張しようとする試みと無関係ではなかろう。いうまでもなく、これらの問題はひとつひとつわれわれにとって重いものである。それは「文明＝市民化 civilization」という概念が含む、非常に大きな射程を持った課題である。だが本章では、寛容性の限界についての理論的な検討を行うという問題に焦点を絞って考察を進めていきたい。そのため、誰が「市民」になりうるのか、すなわち市民権の承認の問題についても、それが重要な現代的課題であることを認めながらも、以下の考察の対象からは除いている。また、この点については、たとえば北田暁大（2003）は詳細な類型化を行うことで、リベラル・デモクラシーの境界を画定しようとしている。また北田は「自らの経験主義を正当化することを断念しつつも自らの言説の真理性を『実証する』ことができない、というラディカルな経験主義についてまわる避けがたいアポリアを抱え込んでしまっている」（北田 2001:63）ローティは、「他なるものへの感性が徹底して欠如し」（北田 2001:63）、「他なる規約を携えた他者との邂逅を抑圧してしまう」（北田 2001:64）と指摘している。その詳細な作業と的確な論理的整理に敬意を表しつつも、ここではやや異なった角度から、この問題にアプローチしてみることにしたい。

8　他の例としては、よく知られているようにアマルティア・セン（1982）が、自己に同等な能力を前提とし基本財の分配を考えるロールズの「フェティシズム」的観点を批判している。またマイケル・サンデル（1998）は中絶問題などを例に、道徳的問題を括弧にくくり「負荷なき自己」を前提とするロールズを批判する。

9　ここで、シュミット（1932: 33-5＝1970: 48-51）が指摘しているように、立憲国家が必然的に「排除」を含むという論点を思い起こすこともできる。

10　ローティは自己を徹底して「文化」的構成とみなし、言語ゲームとしての自己の分析から「社会」を語ろうと試みる（e.g. Rorty 1998: chap.2）。

11　ムフは、ロールズ流のリベラリズムに逆らうかのごとく、対抗的権力としての「市民」概念を積極的に提起し、次のようにいう。「政治的アイデンティティの創出は」「今日の多種多様な運動——女性運動、労働者運動、黒人運動、ゲイ運動、エコロジー運動——にも見出される数々の民主主義的な要求の間で、集団的な形の同一化が成り立つかにかかっている」（Mouffe 1993: 70＝1998: 142）

ここでは複数の立場、たとえば女性による、労働者による、黒人による運動を、ひとまとまりのものとしてとらえることが試みられている。確かに、自己の多元性を主張しつつ、ただ単に脱「政治」に向かうのではなく、むしろ「政治」の顕在化を主張する点に、このラディカル・デモクラシーの可能性を見出すことができる。それは自己を前提にした、卓抜した社会分析であり、アイデンティティの矛盾を集団的な活動に結びつけようとするすぐれた主張であると考えられる。そこに新たな社会運動の可能性も見出せるかもしれない。

とはいえ、問題点も指摘できないわけではない。すなわち、こうした主張もまた逆説的に、社会運動を志向するひとつの新たなアイデンティティではないのか、という疑問が生じる。第一に、このように「市民」という概念を再定義することは、社会運動というリアリティによる他のリアリティの隷属化を結果してしまうのではなかろうか。なるほどムフは「政治」に限ったアイデンティティを定義しただけで、他のリアリティを担保していると考えることもできる。とすれば社会運動的リアリティによって、すべての成員が拘束されるわけではない。だが、たとえそうだとしても第二に、その定義は「集団的な形の同一化」による「シティズンシップ」というひとつのリアリティによって、形態も手法も目的も多種多様であってよいはずの社会運動から、多様性を失わせる結果となるのではなかろうか。そのことは、まさにポスト構造主義が一貫して批判してきたアイデンティティ・ポリティクスの新たな形態のひとつにもなってしまう可能性がある。もちろん、それほど強力な連帯を志向しないという選択肢もありうるし、社会運動同士のゆるやかな連携という展望も考えられる。こうした点にムフの見解の意義も見出せるかもしれない。ただ一方で個人化が進むことが現代社会の見逃せない特徴のひとつだとすれば、社会運動に基づく連帯というリアリティのみに「政治」への希望を見出すことができるだろうか。

またムフは、自己の絶えざる更新というバトラーのポスト構造主義的な問い (cf. Butler 1990) を解決したとする (Mouffe 1993: 87＝1998: 174-5)。しかし、フーコーが「戸籍の道徳 une morale d'état-civil」としての自己の固定化に抵抗し (Foucault 1969: 28＝1981: 31)、ドゥルーズが自己の統一の虚偽を徹底的に批判するとき (Deleuze 1968: 330-3＝1992: 383-7)、それは「市民」的自己からの「自由」をも意味する。私的な争点を公的なものとするための「市民」概念の機能は否定されるものではないが、同時に、社会運動的でない側面も考慮しながら「政治」について議論する必要があるだろう。

12　たとえばコノリーは、計算可能性、予測可能性、主権的権力に効用を持つ「個人主義」を批判し (Connolly 1991: 74＝1998: 137)、「個体性」の差異の政治化が必要であると指摘する (Connolly 1991: 87＝1998: 159-60)。

13　ロールズは、「市民」を「自由で、平等な人間 persons」(Rawls 1985: 227) とみなすが、一方で「正義の原理は……全員について成立する市民という役割に適用される」(Rawls 1971: 472＝1979: 370) とも述べている。

14　図3の「政府」は、他のもの、たとえば「企業」「国際機関」などでもよかろう。図4も同様である。

15　あるいは、エティエンヌ・バリバールの「同一化をめぐる政治」という「市民」性の定義を例とすることもできる (Balibar 1997＝1999)。

16　ここでローティはいうかもしれない。なるほど人々の行為は多様であるが「ニーチェ・ロヨラ」的側面は、「公」にではなく「私」

の領域に限定してもらいたいのだと（Rorty 1989: 83＝2000: 171）。しかし「ニーチェ・ロヨラ」的側面を「私」に限定すべきだということもまた、リベラルであれということと同様、必ずしも論理的に説得することができない。したがって、その主張は「ニーチェ・ロヨラ」的問題を解決してしまうものではない。

17　この立論は、一九七〇年代の「シビル・ミニマム」（松下 1971）の議論以来、時代的な限界を指摘されつつも（e.g. 石田 1997: 38）、なお現在まで続く主張であろう。たとえば新藤宗幸は次のようにいう。「法律によって定められている市民としての権利とは別に、情報公開制度やオンブズマン制度などを定めている自治体もあります。ですから、自治体の主人公は私たち自身なのだという観点に立って、こうした権利を縦横に行使しまた充実させていくことが必要です。市民の力でまず自治体の政治を豊かにできるならば、中央政府に対する自治体の影響力が高まり、国全体の、さらにはグローバルなレベルでの豊かな政治につながるといえます」（新藤 1996: 34-5）。1章で述べたように確かに社会の現状をみればＮＰＯ／ＮＧＯやボランティア活動の興隆など、必ずしも運動的ではない「市民」が誕生し、その事態を日本における「市民」社会の可能性とみなせなくもない。だが、一方で個人化が現代社会の見逃せない特徴であるならば、積極的な「市民」論が持つその社会イメージは現状での社会の俯瞰図としては妥当しないだろう。もちろん個人化の進展を認めるとしても、それに対して自発的な『市民』の増加こそ、目指す価値であるという考え方は可能である。

18　「市民」のリーダーを白書によって指導している点は典型的である（経済企画庁国民生活局 1997）。

19　確かにムフは「暴力と敵対性という構成要素を敬遠するのではない」というが、ムフにおいては『そうした攻撃的諸力を緩和し転用すること』（Mouffe 1993: 153＝1998: 310）に力点がある。そのことは、すでに見たように、その自己論についての考察がさまざまな立場の多元性にとどまっており、複数性の観点にまで及んでいないことが示唆している。

20　「ニーチェ・ロヨラ」的存在についての考察が、この自己の複数性の問題に至ることは偶然ではない。ニーチェ自身、『私 Ich』――それは、私たちの本質の統一的な管理と同一のものではない！――それは一つの概念的な綜合にすぎない」（Nietzsche 1887 → 1996: 251＝1980 (1): 305-6）と述べる。だが、ここで挙げた例で示されるように、いうまでもなく同時にそれはニーチェの見解の持つ危うさでもある。

21　もちろん暴力といった「ニーチェ・ロヨラ」的ベクトルは体制側にも存在し、それを前提に「会話」の継続が図られもする。したがって体制的暴力にも着目する必要があると考えられるが、この点については今後の課題のひとつとしたい。

22　北田は勉強を例にアイロニカルな説得の不可能性について分析している（北田 2003：133-6）。

23　コノリーは「ニーチェの自己性のモデルが最初に発する命令は、偶発性 contingency を罵りたいという気持ちを乗り越えること（ある偶発性を本質的なものに代えるという誘惑に抵抗すること）である」（Connolly 1988: 162＝1993: 298）という。なお概念に回収されないことの社会学的意義については、藤谷（1999a）を参照。

24　もっとも、それが「会話」が可能ではないベクトルについてである限り自己準拠的な解釈でしかありえないし、新たな「正当化」である限り理解可能なものへの変換として統治を補完する作用のひとつに回収されてしまうといえなくもない。だが、明らかにそのベクトルは進展する統治の完成に絶えず疑問を投げかける準拠点にはちがいないだろう。

第4章　システムとしての官僚制

1　公式組織としての官僚制

本書の課題は、住民と行政との関係を直接的接的から出発し、双方のリアリティを踏まえつつ分析することであった。その分析のための理論的部分の中心のひとつは前節までで取り上げたローティのプラグマティズム、とりわけ「会話」の継続という観点にある。そのため2章で「会話」的合理性の意義を明らかにし、また3章では「争異」の観点からコミュニケーションに起因する合意の限界と、その対応策について理論的に分析した。だが、こうしたプラグマティズムの観点だけでは住民と行政との関係について論じるには十分ではないと考えられる。なぜなら、これだけでは行政のリアリティが明らかではないからである。組織の成員の独自の行動様式について、社会学を含む官僚制研究に多くの蓄積があることは、すでに1章で述べた。その行動様式の独自性は、行政の成員同士のコミュニケーションによる合意に独特の様式を帯びさせる。したがって「内部」においてもまた、前章までで取り上げてきたローティの主張する「会話」の継続によって、必ずしも合意が達成されているわけではない。さらに、その独自性がひいては住民と行政とのコミュニケーションによる合意の阻害要因になるとも考えられる。こうした「内部」の特質を検討しないまま、前章までの議論だけで本書を構成するのは不十分だと考えるのである。そこで本章では、1章ですでに触れたルーマンの分析を援用し、行政をめぐるコミュニケーションのもうひとつの阻害要因、すなわち行政の「内部」におけるコミュニケーションの特質について考察しようと思う。そのことで、行政のリアリティに接近する視角を定めたい。では、その際、なぜルーマンを取り上げるのか。この点についてはすでに1章で述べたが、ここでさらに敷衍しつつ本章の照準を定めておきたい。

ルーマンが行政での実務経験をへて、社会のシステム分析に着手し始めたことは、よく知られている。事実、その初期の業績は『公式組織の機能とその派生的問題』(Luhmann 1964、以後『公式組織』と略記)にまとめられているように、理論的な側面よりも、どちらかというと実務的な色彩の濃い官僚制分析であるといえる。その後、ルーマンの対象分野はより広がりを見せ、官僚制だけではなく、社会全体のシステム分析へと進展したことは周知のとおりである。その理論的な終着点のひとつが自己準拠に基づくオートポイエティックなシステムとしての社会分析であることはいうまでもなかろう。したがって、それ以降にも組織についての論文はいくつかあるものの、官僚制分析は後期のルーマンにおいてそれほど重点がおかれているわけではない。だが、その観点から官僚制を改めて記述することは当然のことながら可能であろうし、必要でもあろう。実際、ルーマンの理論的な研究者の何人かが、その具体的な分析への応用の必要性を力説してもいる(cf. 中野 1993: 275; 村中 1996: 211)[1]。

ルーマンの『公式組織』には、行政の「内部」でのコミュニケーションの様態が詳細に記述されており、本書の課題とする住民と行政との接点における関係をも含む極めて示唆深い記述が存在する。この点で『公式組織』は、プラグマティズムにおける理論的不足を補うものとして有用であると考えられるのである。ただ後期に示される論点は最初期のルーマンの理論にも萌芽的な内包を読みとることができるが、すでに指摘したようにシステム理論は『公式組織』以降、大きく進展しており、それだけでは十分な分析にはならないように思う。そこで本章では『公式組織』での内容を中心に据えつつ、同時にそれ以降に展開されたシステム論的アイディアと組み合わせ、より有効な分析を目指したい。とりわけ後期の三つのアイディア、すなわち第一に環境との関係からシステムをとらえるという観点、第二に社会システムと心的システムと生命システムとは別のもので互いにコンティンジェントな環境となりうるという観点、第三にそれぞれのシステムが独立しており自己準拠によって持続が行われるという観点に、特に注目してみたいと思う。これらのアイディアから『公式組織』での記述を整理し直すことで、本書のテーマである住民と行政のコミュニケーションについて独自の知見を提供できると考えるのである。

さて以上の問題設定に基づいて、本章での議論を以下のように進めたい。まず『公式組織』に沿い、ルーマンの初期における官僚制分析の特徴を明らかにし（2節）、その特徴を『公式組織』以降に展開されたルーマンのシステム理論の三つのアイディアにしたがいつつ整理し直す（3節）。とりわけ、そこで定式化される「思いやり Takt」という、官僚制独自のコミュニケーションの様態に特に注目する。その上で具体的な事例をモデル的に取り上げ、行政にかかわる今日的な「問題」をシステムの作動として分析する理論的な作業を行う（4節）。この考察で、前節で見た合意についての理論的限界をめぐる、新たな視点を見出し、住民と行政とのコミュニケーションに対する組織「内部」の問題を明らかにしたい。このような検討に基づいて、ルーマンのシステム理論が官僚制に示しうる「社会学的啓蒙」の意義を「市民」運動の側面から指摘する（5節）。ここでは本書全体の中心的課題である、住民のリアリティの提示による行政の変容について理論的な視角を示し、次章以下の具体的分析の最後の準備を行うことにしたい（6節）。もっとも2章、3章同様、ここでもシステム論を全体的に取り上げるのが目的ではない。むろん理論的な不整合は許されるわけではないが、むしろルーマンの行政についての示唆をプラグマティズムと重ねつつ、ルーマンの記述を自由に援用し、具体的検討を行うための視点を定めることが、ここでの目標となる。

2　公式組織における非公式的行動期待

『公式組織』において行われた官僚制研究は組織論からいえばやや古い著作である。だが、その中には、いまも有効だと思われる知見が数多く存在する。特に本書にとって有効だと考えられるのは、官僚制における「公式的行動期待」に対する「非公式的行動期待」の強調である。そのことは、住民と行政とのコミュニケーションの前提として重要な意義を持つ。そこで本節ではまず『公式組織』に焦点を絞り、後の分析のために、この著作で明らかにされている官僚制における「非公式的行動期待」について整理しておくことから始めたい。

組織においてマックス・ヴェーバー的な「規則」の体系にしたがう行為[2]のみが存在するのではなく、数多くのインフォーマルなコミュニケーションが存在すること、またそうしたコミュニケーションが組織において機能的でもありうることはホーソン工場の実験以来、指摘されてきたことでもある。それゆえ非公式的行動期待の存在の指摘自体は、必ずしも目新しいことではない。では、この『公式組織』において特徴的な論点はどこにあるのか。それは、成員同士の非公式的行動期待が公式的行動期待に対する例外として存在するのではなく、むしろ公式組織での具体的なコミュニケーションのレベルにおいて中心的な役割を果たしていると強調される点にある。たとえばルーマンは、組織における行動期待について次のように述べている。

「社会システムを方向づけ、意味的に規定するあらゆる実際的な行動期待の中で、公式化されるのはほんの一部分に過ぎない」(Luhmann 1964: 268＝1996: 164)

公式的行動期待に添って運営されているからこそ公式組織である、というのが一般的な理解かもしれない。そのイメージを逆撫でするかのようにルーマンはここで、組織における多くの行動は公式化されていない行動期待に準拠することを指摘している。この公式的であらざる期待に添って進行する官僚制の日常行動が『公式組織』では、こと細かに記述される。さて、ここで注目しておかなければならないことは、こうした非公式的行動期待の中における公式的行動期待の位置付けである。ルーマンにおいては、公式的な期待が不要と考えられているのか。そうではない。それは「ほんの一部分に過ぎない」が「一部分」ではあるのだ。その関係を理解するために、ルーマンの指摘をもう少し追ってみることにしよう。

「行動期待、そのなかでもとくにシステムを支える公式化された行動期待は、直接的な日常の仕事の際には、考えられてはいない場合が多いのである。公式化された行動期待が示すのは、限界状況における行動である。つまりそれは滅多にないか、もしくは決してありえないと予測されるが、しかし可能性としては常に念頭におかれるような状況にかかわるものである」(Luhmann 1964: 275＝1996: 173)

さらに、ルーマンは次のようにいう。

「服務規程の複雑な規則は、異常な事態が生じた場合にのみ公然と用いられる。通常、この規則はそれを引き合いにすることも可能である、ということによって効力を発揮する。こうして人々は上司の命令権によって左右されるのである。命令という形式が用いられることは滅多にない。命令という形式は、最後の手段として考えられるものであり、それがつねに可能な措置として先取りされているということによって行動は規制される」(Luhmann 1964: 275=1996: 174)

官僚制における逆機能は、マートンに代表されるように公式的な行動期待に基づくパーソナリティに起因すると考えられることが多かったかもしれない。もちろん、そのことは必ずしもまちがっているわけではない。だが、もし公式的な行動期待に基づく行為が、ルーマンのいうように極めて限られたものであるとするならば、官僚制における逆機能を考えるために、むしろ非公式的行動期待を中心とした分析をしなければならないことになる。

では、そもそも公式的行動期待に対置されるべき非公式的行動期待とは、どのようなものなのか。『公式組織』においてルーマンは、非公式的行動期待を「原初的行動期待」と呼んでいる。それは「ある場所に居合わせる人々が直接的な接触のなかでじかに満足を与えあうような行動類型や秩序」(Luhmann 1964: 333=1996: 256) という成員同士の相互行為における期待であると定義されている。具体的には「(1)援助と感謝、(2)取引、(3)揶揄や冗談、(4)個人的尊厳による行動の制御、(5)個人的に知りあいになるさいの形式、(6)思いやりやていねいさ、親切さ、(7)間接的コミュニケーションの形式」(Luhmann 1964: 334=1996: 258) だという。おそらくはゴフマンの社会心理学的な成果に示唆を受けながら、ルーマンはここで官僚制における成員たちの行動を、この期待に沿いつつ詳細に記述する。後期では特に中心的な主題とならない、この記述は、本書の課題にとって極めて重要な意義を持っていると考えられる。

なかでもとりわけ注目しておかなければならないのは、『公式組織』においては原初的行動期待の中で「礼儀正しさ」と並んで、特に「思いやり Takt」の意義が大きくなると指摘されている点である。なるほど「礼儀正しさ」は、ある組織の成員になる条件として重要なことは想像しやすい。だが、それと並んで「思いやり」が、ここで強調されていることは特筆すべきだろう。すなわちルーマンは次のようにいう。公式組織における成員は『認識したことを口にすると相手の自己表現の破損が知れわたることになるであろうときには、それをさしひかえる』(Luhmann 1964: 359＝1996: 288)。こうした行動様式こそ、ここで想定されている「思いやりの本質」にほかならない。では、それは具体的にはどうのようなものか。やや長いが、ルーマンの説明を引用してみよう。

「他者の自己表現に見物人という役割にしたがって力をかすことが思いやりのある行動に含まれる。すなわち、他者の自己表現に注意や関心を示し、それに応じて自分自身の自己表現をさしひかえたり、妨害を予防したり、それが発生した場合にはそれを無視するか、もしくはそれが公になった場合には表現者に同情的な解釈をするか、ユーモアによりそれを乗り切らせたりすることによって、相手の自己表現を可能にし、その意味を確証するのである。最後に重要なことは、ある点については、思いやりを持った取り扱いを隠しておいて、相手が自分の投射の破損個所が知られていることに気づかずにいられるようにすることである。しかしながら、この隠蔽もまた、危険にさらされた相手が問題そのものを見落としてしまうほどに完全なものであってはならない。それを公然と表現しないということである。それは、かれが印象を訂正することができる程度まではわからせなければならないが、しかし、かれが問題をみんなに知れわたったものとして取り扱わなければならないほどには理解させてはならないのである」(Luhmann 1964: 359＝1996: 288)

ここでは「思いやり」を持ち合った成員同士のコミュニケーションの特質が見事に抽出されている。ただ、このことは何も官僚制に限られるわけではないだろう。われわれの日常の相互行為にも、そのまま当てはまる知見でもある。

したがって、これだけでのことならば、たとえばエスノメソドロジーなどがその後さらに詳細に明らかにしていることでもあろうし、そもそも、その行動期待についてはゴフマンを中心とした社会心理学により詳しい記述を見出すこともできるだろう。だが、この『公式組織』における独自性は、「思いやり」の分析を官僚制分析と連結させている点にある。さらに、その「思いやり」が非公式的行動期待として官僚制の作動に極めて機能的であることを指摘している点に注目しておかなければならない。

実際、この「思いやりは、巨大組織、とくに行政におけるコミュニケーション制度の重要な要件である」(Luhmann 1964: 362=1996: 291) のだという。なぜか。それは「合意を保障し意見の食い違いを無視する技術、意見の不一致が表面化することを避けながら、矛盾した行動をとる可能性、失敗への態度や失敗を是正する際の社会的な協力」(Luhmann 1964: 269=1996: 165) などに機能的だからである。そのことで「不安定な成員の自尊心を再確認することができ」「良好な同僚関係そのものの契機」(Luhmann 1964: 361=1996: 290) がもたらされるのだという。この指摘にしたがえば「思いやり」は成員の「自尊心」の防御、組織の目的の達成の双方に機能的なのである。

このように具体的なレベルでは、この非公式的行動期待に基づくコミュニケーションが普段は、より大きな役割を果たしている。だが思い出しておかなければならないのは、このことで公式的行動期待がなくなってしまうわけではない点である。顕在していなかった公式的行動期待が、非公式的行動期待によって営まれている組織での「限界状況」においては現れるのである。すなわち非公式的行動期待と公式的行動期待の一方が組織を構成するのではなく「限界状況」における公式的行動期待と、具体的なレベルでの非公式的行動期待との併存こそが公式組織にとって機能的だというのがルーマンの主張である。

では、この主張から、どのような公式組織の特徴が描かれうるのだろうか。より具体的で詳細な記述については『公式組織』を参照してもらうにしても、さしあたり、ここでは本書での関連で特に理論的に重要であると思われる、次の二つの論点について必要な範囲で指摘しておきたい。

第一に、こうした併存する二つの行動期待の中で、成員と公式的行動期待との関係はアイロニカルなものにならざるをえないという点がある。ルーマンは次のようにいう。

「公式的な規則と公式的な行動の儀式を戦術的に扱うことを心得ている態度が成功の秘訣ということになる。すなわち、もはや公式的な規則の直接的な意味に執着したり、逆に公式的な規則に反抗したりするのではなく、公式的な行動を、ある状況においては適切で有用だが、他の状況ではふさわしくないある種の催しとしてとり行う態度が成功をおさめるのである」(Luhmann 1964: 295＝1996: 201-2)

この公式的行動期待とのアイロニカルな関係は、官僚制における成員の特徴を浮き彫りにしている。すなわち成員の行動において公式的行動期待が絶えず顕在化していることが官僚制の特徴ではない。むしろ非公式的行動期待の合間に公式的行動期待が場合によって織り込まれ、その組織の網目に成員は適応しなければならない。すなわち「熟練した成員の条件」とは、この二つの期待をうまく使い分けることなのである。

第二に注目しておきたいのは、一方で成員の「自尊心」を保つために重要な機能を持つ非公式的行動期待が、他方で成員にとっての制約にもなるという点である。ルーマンはいう。

「思いやりは、他者が自らを示したいと思うように他者を取り扱い、他者を助けてよい印象が与えられるようにすることを求める」(Luhmann 1964: 359＝1996: 287)

ここで「思いやり」が、成員にとって自発的なものではなく「求められるもの」として記述されていることは重要である。このような非公式的な「思いやり」もまた「成員の条件」として守らなければならない潜在的「規則」なのである。したがって公式組織において「思いやりなく不親切に行為する成員は人目を引く」(Luhmann 1964: 362＝1996: 291)。さらに、その「規則」に対する違反は成員への負のサンクションを呼び起こすことになる。このサンクションへの信憑性ゆえに他者の表現への批判が抑制され、公式組織の機能は円滑に進行するであろう。

いうまでもなく官僚制でのコミュニケーションは、コミュニケーション一般とは異なった独自性を持つ。ルーマンの描く官僚制においても、そのことは例外ではない。そこでは公式的行動期待の規律によって限界づけられつつ、非公式行動期待にしたがって振る舞い合う成員たちの姿が浮かび上がっている。成員の自尊心を守りつつ、その行動を制約する「思いやり」を中心としたこの非公式的行動期待は、公式組織において、さしあたり機能的だといえよう。こうした独自の行動は、前章までで中心的に取り上げてきたローティのいう永続的な「会話」による合意に、大きな影響を与えるものであることはまちがいない。ルーマンによって描かれたこの非公式的行動期待の体系を、本書では特に公式組織における「思いやりの体系」と呼んでおくことにしたい[3]。

とはいえ、これだけでは、まだゴフマン的な相互行為論を援用しながら官僚制を分析することと大差はないという批判が起こるかもしれない。冒頭で述べたように『公式組織』での記述を、後期のルーマンのより精度を上げたシステム理論と重ね合わせたとき、より有効な官僚制の記述が可能であると考えられるだろう。そこで次節では後期のルーマンの観点から以上の知見を再記述し、官僚制分析のためのバックボーンの構成を目指したいと思う。

3　オートポイエティック・システムとしての行政システム

『公式組織』において、それ以降に展開されるシステム理論の萌芽を随所に見出すことができる。したがってルーマンの姿勢は初期から一貫しているともいえる。ただ当然のことながら『公式組織』において、それらはいまだ十分に定式化はされていない。そこで、より有効な記述を目指すため本節では、『公式組織』以降に展開された概念を本章の課題に関連すると考えられる範囲で一部、援用し、前節での「思いやりの体系」の再定式化を試みてみたいと思う。もっとも『公式組織』以降に大きく展開されたルーマンのシステム理論には極めて多くのアイディアが盛り込まれており、それらがひとつの体系に組み込まれている。だが、ここでの課題は、それらを体系として描き出すのではなく、むしろ本書と関連する範囲で援用することにある。

ところで本書の対象である行政組織は、システム理論にしたがえば、どのように記述できるであろうか。この点を押さえておこう。行政はいうまでもなく公式組織のひとつであり、社会システムのひとつとみなせるだろう。では、行政システムとは何か。ルーマンによれば、社会システムはコミュニケーションを要素として成り立っている(Luhmann 1984: 226＝1993: 259)。したがって、行政システムとは行政をめぐるコミュニケーションから成り立つということになろう。

この点を確認した上で、本書の課題と深く関連すると思われるルーマンの後期のシステム理論のいくつかの観点から、行政のコミュニケーションをめぐる問題点を整理していくことにしたい。ここで注目したい観点は1節で述べた三つのアイディア、すなわち①環境との関係からシステムをとらえるという観点、②社会システムと心的システムと生命システムとは別のもので互いにコンティンジェントな環境となりうるという観点、③それぞれのシステムが独立しており自己準拠によって持続が行われるという観点——の三つである。これらの観点は本書の目的である住民と行政とのコミュニケーションを考察するために、有効な示唆を持つと思われる。

第一に、システムと環境との関係について考えてみよう。システムは環境との差異において存在し、環境の複雑性を縮減することによって存続するという考え方である。この構図が、『公式組織』以降のルーマンのシステム理論の中心的論点として展開されることについては周知のとおりである。たとえば、次のような記述にそれは見出せる。

「比較的新しいシステム理論の中心的パラダイムは、『システム／環境―パラダイム』である。そのパラダイムによると、機能概念や機能分析は、（たとえば、なんらかの状態の維持とか引き起こされるべき結果のことを念頭において）『そのシステム』を取り上げるのではなく、システムと環境の関係を基軸としている」(Luhmann 1984: 242＝1993: 279)

行政システムの場合、その環境は大きく二つに分類されるであろう。まず「外部」環境である。すなわち成員以外によって加えられるコミュニケーションに行政システムは対応する必要がある。具体的には、それは議会、マス・メディア、企業などであるし、とりわけ本書では住民の行動がそうである。だが同時に「外部」とともに、行政システムは「内部」のさまざまなシステムとのコンティンジェンシーにも対応する必要がある点に注意しておかなければならない。とりわけ、この場合、それは成員の振る舞いが対象となるであろう。こうした二分法は、行政システムの「外部」と「内部」との関係を分析しようとする本書にとって極めて有用であると思われる。

第二に、社会システムと成員の心的システムや生命システムとの区別についてのルーマンの考え方を検討してみよう。この観点は「内部」の環境についての議論と、とりわけ深い関係を持っている。ルーマンは次のようにいう。

「意味と生命とを異なった種類のオートポイエティックな組織としてきっちりと区別することが導かれ、また意味を使用するシステムは、意味に基礎づけられた再生産の様式として意識、あるいはコミュニケーションを用いるかどうかに応じて再び区別されなければならない」(Luhmann 1990: 2＝1996: 9)。

この観点からすれば、システムの「構造」は成員を包括しないし、成員から成り立つわけでもない。むしろ、成員の心的システムは行政システムの環境としても同時に存在する。同様に、本章との関連から考えれば行政システムもまた、いずれの心的、生命システムからも独立した社会システムであると考えなければならない。この点も、後の分析において重要な論点となってくるだろう。

さて最後になったが、この点に関連して第三に、オートポイエーシスという考え方について確認しておくことにしよう。ルーマンによれば、オートポイエティックとは「自己言及的閉鎖性を用いたシステム形式の一般的形式」である[4]。それは次のような特徴を持つ。

「オートポイエティック・システムは、たんに自己組織的なシステムであるというだけではなく、またみずからの構造を生産し、また最終的に変更するだけでない。……同様に、要素、すなわち、すくなくともシステム自体にとって分解不可能な最終的な構成要素(個体)は、システム自身によって生産される。……オートポイエティック・システムは、同一性と差異性の構成という点で、統治者といえよう」(Luhmann 1990: 3＝1996: 10)

このことは何を意味するのか。システムは自己を組織する。また自らの構造を生産し、変更する。さらに、そのシステムの単位としてのいかなるものもシステムが生産する。つまりシステムは自己に準拠しながら、自らを生産するのである。こうしたシステムの特徴と、とりわけ第二の点として指摘したシステムの互いの独立性とを考え併せれば、以下のような知見が得られるだろう。すなわち確かに個々のシステムは他のシステムを環境とはする。しかしながら、それらとは無関連に自己を再生産することも可能となる。このことを本書の文脈で言い換えれば、成員の心的、生命システムは行政システムの環境とはなりうるが、しかし縮減すべき環境とならない限り、それらとは独立に行政システムは再生産が可能であるということを示している。もちろん逆も同様であろう。すなわち心的、生命システムにとって社会システム、ここでは行政システムは環境となりうる。だが、それが縮減すべき環境とならない限り、心的、生命システムは行政システムとは独立に再生産可能である。言い換えれば各々のシステムは、この意味で互いに閉じているとみなされるのである[5]。

すでに述べたように、ここで取り上げた点だけがルーマンのシステム理論のすべてではもちろんない。だが、以上の三点が後期システム理論の要諦となっていることにも異論はなかろう。では本章の議論にとって、これらの指摘は何を意味するのか。すなわち、これらの知見に基づいて前節で見た「思いやりの体系」は、どのように再定式化できるのだろうか。

前節では組織における「思いやり」の特徴が「他者が自らを示したいと思うように他者を取り扱い、他者を助けてよい印象が与えられるようにすることを求める」点にあることを見た。その「思いやりの体系」は、公式的行動期待や他の非公式的期待ともに行政システムを構成し、公式組織の具体的レベルで大きな役割を果たすコミュニケーション・システムだといえる。さらに本節の分析からいえば、そのシステムは成員の心的、生命システムから成り立っているのではない。むしろ心的、生命システムとは独立して、それらは存在しているのである。すなわち、この「思いやりの体系」は心的、生命システムの環境となりうる。だが逆に「思いやりの体系」にとっても、心的、生命システムは環境となりうるのである。

さて、この「思いやりの体系」は自らを存続させるために、成員の心的、生命システムという環境を縮減しなければならない。すなわち遵守しない成員にサンクションを与えることで、「思いやりの体系」はほころびを縫いつつ、自らを維持しようとするであろう。もしシステムへの大きな違背が生じたとき、具体的には人事などのサンクションに発展することになる。したがって、この体系は心的、生命システムにとって無視できない環境なのである。すでに述べたように、この社会システムは成員の心的、生命システムとは独立に再生産も可能である。すなわち心的、生命システムがどのような状況であろうと、それらとは独立に「思いやりの体系」は維持されうる。たとえば家庭でどんないざこざに巻き込まれていようとも、そのことを理由に公式組織における「思いやりの体系」を乱すわけにはいかない。個別の事情がいかなるものであれ、社会システムは違背した心的、生命システムを排除しつつ、それらとは独立して存続する。したがって前節で述べたとおり「思いやりの体系」は成員への制約となりうるのである。ここで制約するのは他の成員の心的システムではなく、どの心的システムとも独立した行政システムであることは注意しておく必要がある。

「組織もまた決定に関するコミュニケーションの作動に基づく、オートポイエティック・システムとして特性づけられるなら、成員資格は決定によって根拠づけられ、それ以上の成員の振る舞いは成員資格の決定状況によって左右される。組織は決定から決定を生み出し、この意味で機能する閉じたシステムである」(Luhmann 1997: 830)

以上のように『公式組織』以降のアイディアをも援用すれば、前節での知見をより明確に表現し、発展させることができる。確かに、こうした組織のオートポイエティック・システムとしての特徴は、組織を安定的に維持するために有効であろう。心的、生命システムの望ましくない振る舞いを縮減できない限り、行政システムは危機的な状況に陥る。初期のまだ十分に体系化されていない記述のこうした再定式化は、本書の分析にとって極めて有用であると考えられる。なかでも、そのことで得られる次の二つの知見を以下の分析のために特に確認しておきたいと思う。

第一に確認しておきたいのは、各システムが自己準拠によって再生産するならば、公式組織における行動は心的、生命システムにとって必ずしも自らのシステムの維持に望ましいものであるわけではないという点である。行政システムのコミュニケーションとは、確かに成員の振る舞いがその内容にほかならない。だが心的、生命システムにとって望ましくないことが公式組織における振る舞いとして成立可能であること、極端にいえば、すべての成員の心的、生命システムと逆行するように行政システムは作動し自己産出しうることを、この知見は示している。そうであるならば、行政システムとしての「思いやりの体系」は、個々の心的、生命システムにとって逆機能的な方向へと、場合によっては暴走する可能性もあることになる。

第二に注目しておきたいのは、それぞれのシステムが相互に独立しているゆえに、相互浸透するとしても同一になるわけではない点である。公式組織において心的、生命システムは行政システムの制約を受けつつ自らを維持しなければならない。だが、すでに述べたように、この二つのシステムは行政システムにとって縮減すべき複雑性としての環境ともなりうる。そうなる条件については後に議論することになるが、行政システムもまた心的、生命システムによって変容を被りうることを、ここではさしあたり確認しておくことにしたい。

本節で援用した以外にも、ルーマンのシステム理論にはまだ採用すべき魅力的なアイディアが数多く残っている。だが本書の目的にとって、ここまでのルーマンについての分析だけでも、十二分に有用であると考えられる。むしろ本節までの検討が、極めて抽象的なレベルにとどまっている点は認めなければなるまい。そのことを踏まえ次節以降では、以上の知見を官僚的病理とみなしうる事例にあてはめることで、行政「内部」のコミュニケーションについて、具体的な検討を行ってみることにしたい。

4 「内部」環境と「外部」環境

たとえばヴェーバーが析出した官僚制の特徴からは、行政は規則にしたがってのみ履行されているとイメージされがちかもしれない。だが前節までの考察にしたがえば規則による命令は例外的なことであり、むしろ普段は非公式的行動期待によって営まれていることになる。では、その中心となる非公式的行動期待に基づくコミュニケーションはどのような機能を持っており、そこに、どのような問題が存在するのであろうか。「思いやりの体系」を「規則」とみなせば、マートンのいう意味での「規則」の逆機能が生じるのだろうか。ここまでの分析にしたがえば、こうした独自のコミュニケーションにおいて住民のリアリティとは、かけ離れた官僚の振る舞いが生起するかもしれない。本節では前節での抽象的知見を具体化するため、実際に起こった出来事を例に用い、非公式行動期待に基づくコミュニケーションの問題点を明らかにしたいと思う。

さて、その考察のため、ここでは次の記事の内容を対象として取り上げ分析してみたい。以下の引用は近年、起きた警察の監察をめぐる報道である。

「女性長期監禁事件で虚偽発表を了承していた県警本部長が、女性（一九）の保護の報告を受けた当日夜に温泉ホテルに宿泊していた問題で、本部長は特別監察に来ていた関東管区警察局長らとホテルでマージャンなどをしていたことが二六日明らかになった。国家公安委員会と警察庁は、本部長を減給百分の二十（一ヶ月）の懲戒処分にした。警察庁長官が同日夕、緊急記者会見し、発表した。本部長と局長は二九日付で引責辞任する。本部長の後任には、警察庁刑事企画課長が就任する。神奈川県警の一連の不祥事を受けて、再発防止のために警察庁が各都道府県警を対象に実施している特別監察が、県警『内部』の遊興の場になっていたことは、警察の信頼をさらに大きく損ねる結果となった」（朝日新聞 2000.2.27、但し記事中の固有名は省略している。）

この事件には、少女監禁とそれに続く監察をめぐる「不祥事」の二つの争点が含まれている。しかし、この報道の焦点は少女監禁事件ではない。むしろ県警を監察するはずの監察官が、監察の対象である県警責任者とその部下と特別監察の直後に会食と遊技を行っていたという点にある。その結果、監察官と本部長が責任をとって辞任することを報じている。この事例に関しては、さまざまな観点から論じることが可能であろう。だが、ここでは、この事件を前節までで考察してきたシステム理論を用い分析し、行政におけるコミュニケーションの問題点を明らかにすることを試みてみようと思う6。とりわけ非公式的行動期待について検討するために、監察する側と監察される側が監察の直後に会食や遊技を行った点に特に着目してみたいのである。

まず改めて確認しておきたいのは、ここで行われていた会食と遊技が少女の監禁事件の発生などの他の条件を除いたとき、果たして不祥事とみなされうるのだろうかという点である。もちろん公式的行為である監察制度は同じ警察内の行為だとはいえ、組織的には独立した行政組織に対する上級官庁の監察であり、公式的にはサンクションを含む裁断の「客観性」を保つことが可能であろう。ただし、そのためには条件がある。その条件とは、他の役割とは無関連に特別監察は行われるということである。なぜか。たとえばルーマンは法システムの決定の自律性の条件として次のように述べている。

「決定因子としての裁判官の個人的特性（裁判官の個人的好みやつながり、記憶や知識等）が決定因子として働かないように捨象すること。『自己の他の役割』の考慮を――それが手続きそのものの主題になっていない限り――すべての関与者について排除すること」(Luhmann 1972: 173=1977: 192-3)

この指摘では裁判官の職務上の他のシステムとの無関連性の重要性が指摘される。本節で取り上げている特別監察もまた組織を裁く点では、準司法的役割が求められよう。準司法的であれば、上級官庁の決定は他の役割と無関連に行われなければならない。それは公式的行動期待に基づくコミュニケーションである。さて、それに対し直後の会食や遊技は時間外のことであるとはいえ、さしあたり非公式的行動期待に基づくコミュニケーションだといえよう。すでに見たようにルーマンの分析によれば、例外時以外の公式組織においては公式行動期待より非公式的行動期待が、成員の振る舞いを大きく左右するのであった。とすれば、会食や遊技におけるこのコミュニケーションは監察に関するコミュニケーションとは無関連でなかろう。例外時でない以上むしろ、この非公式的行動期待がより中心的な位置を占めることになる。そう考えれば、非公式的コミュニケーションの成功・不成功が監察という、場合によってはサンクションを伴う公式的行動期待の遂行を妨げる可能性が残ってしまうだろう。このように前節まで見たルーマンの見解にしたがうならば新聞報道の肩を持つまでもなく、公的コミュニケーションと私的交遊という個人の持つ役割の多元性を主張することで、公式的行動期待における「客観性」への疑問を完全に払拭するだけの説得力あるアカウントを行うことは難しい。

ここまでの分析で、この出来事を不祥事とみなせることがまずは確認されるのではなかろうか。では、そうみなすことができたとして、それは果たして阻止することができたのだろうか。今度は、この点について考えてみよう。

こうした不祥事は、「内部」的自浄作用によって解消すべきだとよくいわれる。たとえば主催者がしっかりしていれば、阻止できるのだと。あるいはそうでなくても周りの者が助言していれば、阻止できるとも考えられるかもしれない。そこで前節までの理論的成果を活かしつつ、この二つの主張について検討してみることにしよう。

第一に、主催者について考えてみよう。この不祥事の阻止をめぐっては、主催した県警の本部長の決断が、その契機となりうるだろう[7]。両者が会食と遊技を行わなかったとすれば、監察の「客観性」は少なくとも形式的には保たれたかもしれない。だが、そもそもこの二つのシステムをめぐるコミュニケーションが公式的行動期待だけにしたがって行われるのであれば、そうした非公式的行動は起こらなかったであろう。では、この二つのコミュニケーションは十分に分離しているのだろうか。監察を行った警察官僚の属する行政システムと県警の警察官僚の属する行政システムとの間に、現在の日本において人事交流を通じて密接な関係が保たれていることは、改めて指摘するまでもない。したがって二つのコミュニケーションは、完全に分離しているとはいえない。一方で2節の分析にしたがえば、公式的行動期待よりも非公式的行動期待が行政システムの具体的レベルでのコミュニケーションにおいて機能的である。もし時間外の会食が中央官庁と県警との伝統的な非公式的行動期待を形成しており、日本の警察行政に機能的であったとしたら、どうか。その後の会食と遊技という慣例を否定することは、サンクションとして本部長の今後の人事に少なからず影響を与えるだろう。とすれば、この条件の下で本部長がその慣例を回避するならば、少なくとも自らの地位を賭けるというリスクを負うことになる。まずは、この点を確認しておこう。

第二に、周りの助言について考えてみよう。すなわち、この不祥事の阻止をめぐって主催した本部長への監察側や部下からの提言が、その契機になりうると考えられる。この場合、本部長の非公式的行動期待への遂行に対して否定的な見解でそれを押しとどめることが可能であったのかどうかという点が焦点となろう。ここで思い出しておきたいのは、ルーマンが指摘する組織における「思いやり」に、他の成員の誤りを指摘しないということが、その中心的内容として含まれていた点である。その上で、まず監察側の官僚の場合から考えてみたい。なるほど県警は公式的には他の組織である。だが、すでに述べたような人事交流によってその組織の成員はかつて、あるいは将来、同僚でもありうる。本部長という、可能的にたとえば部下の伝統的非公式的行動期待の遂行に、「非常事態」でもない限り強く異を唱え関係を損なうことは、監察官の今後の警察官僚としての職歴にとって決して得策ではないと考えられる。だとすれば例外的状況でもなければ、進んでそうすることにはならないのではなかろうか。

部下の場合は、より深刻であろう。国家公務員法、地方公務員法、双方において上司の命令に忠実にしたがわなければならないという服務規定が存在する（国家公務員法第九八条、地方公務員法三二条）。もちろん、その内容が「明らかに違法」な場合は拒否できることになっている。この事例の場合、違法性は必ずしも明らかではない。したがって行うとすれば、道義的な観点から提言するということになる。では、それはどのようにしてか。ルーマンの公式組織についての記述においては、「繊細なやり方」「失望していないことを強調するやり方で、かれが失望しており、行動の変更を望んでいることを伝えることができる」(Luhmann 1964: 359＝1996: 288-9) 点が指摘されていた。確かに、そうもできるだろう。だが、もしそれでも本部長が非公式的行動期待にしたがおうとした場合、たとえそれが「度の過ぎた」ものだとしても、この非公式的行動期待を回避せよという提言を行ったとしたらどうなるだろうか。それは、組織への違背として「目を引くこと」になろう。「メンバー資格の取り消し」「地位への配属に関する処理」「から身を守ること」は、「反抗を表に現さないこと」で可能となる (Luhmann 1975: 105＝1986: 157)。表に出しただけでもリスクを負うというわけである。ましてや部下が本部長に会食の中止を提言することは、自らの地位を賭ける大きなリスクを負うことになることはいうまでもなかろう。

以上のように分析してくれば、この例は行政システムにおいてコミュニケーションを円滑にする「思いやりの体系」が、他方で「度の過ぎた」非公式的行動期待の誘発に機能的であることが明らかになっているのではなかろうか。このような事態を前にして、件の組織における自浄作用に対する失望を表明することは容易である。また、そうすべきであるかもしれない。事実こうした場合、自らの地位を賭ける成員がいないわけではなかろう。だが自らの地位を賭けてもこの「思いやりの体系」に背き、公式的行動期待に殉職する成員が必ずしも存在するとは限らない。むしろルーマンの『公式組織』において克明に記述された「思いやりの体系」からは、公式的行動期待における「客観性」は「限界状況」以外、必ずしも遵守されないことが導き出されていた。

では、組織の運営に機能的なこのような「思いやりの体系」が、なぜ「度を過ぎ」てしまうのか。その原因のひとつとして、日本の組織の独自性を挙げることもできるかもしれない。たとえば中根千枝は「日本人の場合は、職場は個人の社会生活における重要な場」（中根 1978:81）であると述べている。その上で「毎日を共に過ごし、飲食を共にしたりしていると、その頻度や時間が少ない人々より親しくなるという傾向」（中根 1978:81）を認めている。さらに「決定がいったんおきてしまうと、いかなる反対意見も（個人としても集団としても）それをとめることのできない動的法則の存在」（中根 1978:125）を指摘する。こうした文化的独自性を背景に、公式組織において機能的な「思いやりの体系」が日本の官僚制においてはルーマンの予測を越え、公式的行動期待を逸脱する契機となっているのだとも考えられる。この点は、「思いやりの体系」の組織における逆機能であるといえよう。近年、変容しつつあるとはいえ、公式的行動期待を妨げる、こうした「度の過ぎた」非公式的行動期待の残存は、公的関係と私的関係の相手が同一であるという、まさに行政システムにおける分化の不十分さを明らかにしている。では、それがもし問題であるとするならば、一体どのような対処法を取ればよいのか。ここで、こうした日本独自の文化的背景をより深く探るという方法もありうるかもしれない[8]。

この観点からの処方箋については、最後の章でも触れる。だがここではむしろ、さらにルーマンの記述をより一般的にとらえることによって、その視点から日本の官僚制を分析するという方向を取ってみたいと思う。

ところでルーマンの理論においては従来、現状を肯定する、その保守性が指摘されてきた（cf. Habermas/Luhmann 1971 ; 中野 1993:11 ; 村中 1996:i）。それは本節で分析したような点にも見出すことができるかもしれない。つまり、ここまでの分析にしたがえば、本節で見たような官僚的病理は対処法のない、いわば必然の出来事とも受け取れかねない。その解決策としては、次の二つのことが考えられもする。第一に、制度的な改革の必要性である。ここで扱った例でいえば各システムの独立性の確保、監察制度の実質的な中立化などが求められよう。第二に、行政システムに対する「外部」環境の影響についての観点から考えることができる。本節ではすでに、成員の心的システムという行政システムにおける「内部」環境について考えてきた。だが、「外部」もまた行政組織にとっては縮減すべき環境であることはいうまでもない。伝統となった非公式的行動期待を「内部」的に阻止することが難しいならば、「内部」に偏った振り子を「外部」にシフトしていくべきであるという批判は正当である。そう考えればルーマンの理論を援用しても、行政システムにおける手続きの「客観性」を保つため、「外部」環境を強化するという方策を話題にすることもできるはずである。そのことは、もちろん住民と行政のコミュニケーションという本書の主題とも合致する。前者の制度的な点については後半、特に6章で扱うこととして、本章では以下、この「外部」環境に焦点を絞って考えていくことにしたい。むろん「外部」はさまざまである。だが、この点については住民と行政との関係の解明という本書の課題を踏まえ、ルーマンの記述に沿いつつ「外部」環境としての「市民」運動を取り上げ考えてみたいと思う[9]。

5　「外部」環境のリアリティの効果

保守的と批判されがちなルーマンが後期に入って「市民」の活動について言及し始める。「新しい社会運動」の興隆などが、その背景にあると考えられる10。ただ、その分析は一般的な「市民」運動のとらえ方とは異なった印象を与える。たとえば『社会の社会』(1997)での「抗議運動」についての次のような記述を見てみたい。

「抗議運動は他の社会をつくることはできない」「しかし、コミュニケーションに対するコミュニケーションの抵抗という方法で、コミュニケーションにリアリティを持ち込み、効果を及ぼす」(Luhmann 1997: 865)

一般的には抗議運動を含む「市民」運動は、組織を変えるものだとイメージされがちかもしれない。そのイメージからすれば、「外部」の抗議運動がコミュニケーションに「リアリティを持ち込む」のだというこの言い方は、やや奇妙な印象を与えるかもしれない。だがシステムが閉じていると考えるルーマンにとって、「外部」の環境は組織に直接、影響を与えることはできない。むしろ「外部」の環境が生み出すリアリティは、間接的に「内部」に影響を与えるのである。では、こうした迂回したようなとらえ方に果たしてメリットはあるのだろうか11。この問いを検討するために本節では、ルーマンの公式組織論を振り返りつつ、「外部」環境の組織「内部」への影響について考えてみよう。

ここでルーマンの官僚制のイメージが、ヴェーバーが理念型として挙げた規則の体系としての官僚制ではなかったことを、思い出しておこう。そこでは公式的規則ではなく、非公式的行動期待という「規則」が日常的には作動し、公式的規則は例外状況において意味を持つものであった。成員は、この二重の「規則」によって統御される。その論点をフーコーの規律・訓練の概念をも援用するならば、次のように言い換えることもできよう。すなわちルーマンのシステム理論は、官僚制における成員への規律・訓練が二重であることを明らかにしていると。つまり官僚制における成員は、具体的なレベルのコミュニケーションでは、「思いやりの体系」という非公式的行動期待への規律・訓練こそ求められる。だがヴェーバー的な規則による規律・訓練は決して消失してしまうのではない。それは限界状況において効力を発揮するのであった。では、その限界状況は、どのような場合に起こるのか。前節の事例に沿って考えれば、それは報道という「外部」環境とのコミュニケーションにおいて現れた。そのとき潜在していた公式的行動期待が表に姿を現す。公式規則による規律・訓練は、報道という「外部」環境による監視によって達成されたのである。

こうした報道の影響と抗議運動の影響は、もちろん全く同列に扱えないかもしれない。その異同については本書の後半で具体的な事例を用いつつ考えよう。さしあたり本章では前節で取り上げた例に基づいて、その報道がつくり出したであろうリアリティに着目し、「外部」環境のリアリティによる「内部」の変化について、原理的な側面から考察しておきたい。それは果たして、どのような影響を持ちうるのか。持つとしたら、それは、どのような仕組みによってなのか。

その仕組みを理解するために着目しておくべきことは、このような限界状況での変化は行政システムの存続にとって必ずしも破壊的な結果とはならないということである。ルーマンのシステム理論にとって、行政システムは成員によってのみ構成されるものでも、「市民」によってのみ制御されるものでもない。行政システムがどの環境を重視するかは、ただ存続のためにどちらが機能的かという力のバランスによるだけである。したがって1章で述べたように、組織は「思いもよらぬ失敗が公になった場合」、「外部」に対する自己表現を理想化するため成員を例外的な存在へと追いやり「組織はその失敗とは何のかかわりもない」(Luhmann 1964: 114＝1992: 158) ふうに装うのである。本章の例でいえば懲戒免職などで責任を成員に帰しつつ、行政システムはさらに存続する。また、それが3節で述べた、成員の心的、生命システムと無関連に存続する行政システムのオートポイエーシスの意味することでもある。

さて、このことを「外部」環境による行政の制御の勝利とみなすこともできる。ただ、それだけでは問題が残る。第一に、何らかの不祥事が明らかになったとしても、監視にさらされない圧倒的多数の「度の過ぎた」「思いやりの体系」は、微修正が行われるものの引き続き維持されることになろう。第二に、行政職員の労働者としての側面にも留意するという本書の観点からいえば、「外部」に対する自己表現を理想化するため成員を例外的な存在へと追いやり「組織はその失敗とは何のかかわりもない」(Luhmann 1964: 114＝1992: 158) ふうに装うという点をも考察しておく必要がある。

ここで次の点を思い出す必要がある。すなわち行政システムがオートポエティックな閉じられたシステムであると同様に、成員の心的、生命システムもまたオートポエティックな閉じられたシステムであった。言い換えれば、ある出来事が行政システムにとってどうであれ、ある心的、生命システムにとっては独立に機能的でありえ、逆機能的でありえる。もっとも行政システムと極度に相互浸透した心的システムにとって、「度の過ぎた」非公式的行動期待は機能的かもしれない。だが前節で扱った職務時間以外に飲食・遊技をすることは、行政システムと独立している限り心的、生命システムにとって逆機能的だということがありうる。何も好き好んで労働時間以外に仕事の相手と酒を飲み交わしたり、意図的に負けるために、あるいは意図的に負けてくれていると分かりつつ麻雀をやったりしないのではなかろうか。行政システムと極度に相互浸透していない限り、そうした可能性は高い。したがって時間的拘束は心的システムにとって、また度重なる飲食や遊技は生命システムの維持にとって必ずしも機能的とはいえない。にもかかわらず長期的な心的、生命システムの存続に機能的であるために、不本意ながら「思いやりの体系」にしたがう心的システムも存在するであろう[12]。このとき「思いやりの体系」は心的、生命システムの抵抗を阻止する形で組織に機能的である。

しかし行政システムは、その方向にのみ作動するわけではなかった。普段は非公式的行動期待が優勢であったとしても、例外状況では公式的行動期待が復活する。すなわち行政システムが縮減すべき環境が「外部」へと比重的にスライドするとき、組織のオートポイエーシスは心的、生命システムを切り捨て持続する。この場合、今度は社会システムの「外部」環境の縮減が、心的、生命システムにとって逆機能的となるであろう。こうして「内部」と「外部」の二つの規律・訓練が巧みに使い分けられるとき、行政システムの作動により心的、生命システムは不意の打撃を受けるだろう。そう考えると、労働者としての成員にとって「度の過ぎた」「思いやりの体系」は不条理にも映るのではなかろうか。

すでに見たように、強大なコミュニケーション・システムである行政システムに抗うには職をすら賭けなければならない。果たして職を賭けてまで逸脱することを、われわれは求めることができるのだろうか。もしそうできないとすれば、逆に職を賭けずに逸脱することを可能にする条件とは何か。ここでもう一度「外部」からの監視による規律・訓練に着目してみよう。ルーマンにとって、抗議運動は直接的に組織を変革するものではない。しかしながら、そのコミュニケーションは行政のコミュニケーションにさまざまなリアリティを持ち込むのであった。では、そのリアリティは行政の変容について、どのように有効なのだろうか。このことを事例に戻って考えてみよう。

会食・遊技の設定を命じる上司や部下、招待される上級官庁の官僚の心的、生命システムにおいて、会食・遊技は必ずしも機能的ではなかった。また上司や部下、招待される上級官庁の官僚の心的、生命システムは普段は非公式行動期待にしたがっている。他方で、もちろん公式的行動期待についても認知しているだろう。とすれば会食・遊技の実行に際して上司や部下、招待される上級官庁の官僚は、二つの規律・訓練の間でディレンマに陥る可能性もある。

すなわち上司の非公式的行動期待に沿った飲食・遊技を設定することと、公式的行動期待並びに自らの心的、生命システムの機能性との間で板挟みになりうる。とはいえ上司の非公式的行動期待への忠誠が強いとすれば、それでも上司の命令に対して提言することは「思いやりの体系」に逆らうことであり「人目をひき」自らの将来を賭けることになった。だとすれば、こうした例外的でない状況における、この綱引きにおいて公式的行動期待を惹起するものは何か。この場合に作用するものこそ、「外部」環境から与えられたリアリティではなかろうか。そのリアリティが強烈であれば、どうだろう。そのとき、おそらくそのリアリティは「思いやりの体系」という「内部」の規律・訓練に対抗する公式的行動期待を活性化しうるだろう。その活性化は、公式的行動期待についてのリアリティを口にしつつ、非公式的行動期待に基づく命令に対して提言するとき、自らの職を守る盾となりうるのではないか13。つまり、たとえば部下なら上司の命令に対して、次のように提言をすることが容易になろう。「慣例ではありますが、状況が状況ですから慎んだ方が良いのではないでしょうか」と。こうしたことは、上司や招待される上級官庁の官僚についても同様にあてはまるだろう。すなわち、まず上司は「慣例ではありますが、状況が状況ですから」という言葉とともに、これまでの慣例を取りやめることもできる。また、同様の言葉で招待された官僚も出席を拒否することができよう。このように公式的行動期待への規律・訓練のリアリティの成立は、伝統的非公式的行動期待を裏切るため、すなわち身分が維持されたまま提言を行うための道具として「思いやりの体系」からの逸脱に機能しうると考えられる。

このように分析してくれれば、ルーマンの抗議運動に関する記述は、図らずもリアリティの提示と組織の成員のコミュニケーションの変化を通して組織が変容する仕組みを明らかにしているのだといえる。もし「外部」のリアリティの影響を直接的なものと考えるなら、組織の変化についての考察は例外的な状況に焦点が絞られる。しかし、その影響が間接的なものだと考えるならば、むしろ例外的でない状況での組織の変化についての本節のような説明を可能にする。意外にも、こうした点にルーマンの抗議運動に関する分析の第一のメリットを見出すことができるのではなかろうか。

さて次に指摘しておきたいことは、そう考えるとき「外部」環境はもはや断罪のツールでは必ずしもなく、むしろ解放のツールへと移行しているという点である。そのためには、成員の盾となりうるまでにリアリティを強烈なものにすることが重要となるだろう。だがリアリティの強烈さを志向する民主主義的な批判における「理性」的批判は、しばしば「市民」性の観点から官僚制の成員の逸脱を懲罰的に断罪しようとする。そこに組織における「思いやりの体系」に拘束された成員という観点は存在しない。しかしながらルーマンの理論は官僚制における「思いやりの体系」を明らかにすることによって、「外部」環境による監視が「善意」の成員の盾になりうることを示す。この点に、ルーマンの抗議運動に関する分析の第二のメリットを見出すことができるのではなかろうか。こうした観点に立てば、組織にとって「外部」環境は断罪のツールなどではなく、むしろ公式・非公式の一つの規律・訓練の調整への誘因としてとらえうるだろう。

この連鎖が起こる条件は成員の行政システムでの役割と、心的システムとのずれが存在することにある。それが不法な行為についてのものであれば、そのずれは起こりやすいかもしれない。たとえばタクシーチケットの白紙領収書を利用した私的流用のように、その行為が行政システムに機能したのではなく、一職員の私腹を肥やしたのではあれば違和感を持っていた職員は存在したのではないかと考えられる。だが、それでもなぜ、そのことがいままで明らかにならなかったのか。「思いやりの体系」が厳格に作動していたからだと考えられるのである。だがマスコミの報道に限らず、たとえば「市民」によるタクシーチケットの領収書の情報公開請求といった行動などが頻繁に起これば、どうだろう。そうした職員の行為を「思いやりの体系」を越えて阻止できる有力なリアリティの提示ともなりうるのではないか。

さらに敷衍すれば、こうした構図は合法的な政策についてもあてはまるだろうと考えられる。行政の政策の場合、私企業のように増益という一元的な価値にシステムの目的が統一されにくい。しかも、その価値は個人的価値観に大きくコミットする。したがって行政システムの作動と個々の成員の持論とにずれが生じやすいと推測できる。たとえば私的には産業開発に反対の成員が、労働者として産業開発の担当者になることがありうる。あるいは私的には原子力発電所建設に反対の成員が原子力建設推進の担当者であることも起こりうる。もちろん、それが組織のトップであってもかまわない。1章で述べたように行政は住民の代弁者でもありうるのであれば、社会運動の主張が必ずしも行われるべきだということにはならないが、パーキンソンの法則から導かれるように誰もが望まないのに、ただ業務を増やすためだけに、それらの政策が推進されることは大いにありうる。たとえばある産業開発が、もしそのような理由で推進されているなら、反対の意志表示を示すリアリティの活性化は産業開発に私的に反対の成員が「思いやりの体系」を越え、パーキンソンの法則に反し、その産業開発に「内部」で反対することを可能にするのではなかろうか。

6　システム理論の意義

本章ではルーマンの『公式組織』を出発点に、後期のシステム理論も援用し行政の「内部」のコミュニケーションの特質について理論的に検討してきた。そこでは永続する「会話」的合理性は、必ずしも実現されていない。むしろ組織「内部」での独自のコミュニケーションの問題が、警察官僚の不祥事を通じて示された。もっとも組織における「思いやりの体系」自体が問題なのではない。それは組織にとっても成員にとっても機能的でありうる。問題はその作用が「過度」になることであり、その場合それは「全体社会」にとっても成員の心的、生命システムにとっても逆機能的になるリスクを持つ。その対策として本章では、「外部」環境が提示するリアリティの理論的意味を明らかにしてきたのである。

官僚制へのこうしたアプローチは、より深刻な官僚的病理とその批判の交錯する「全体社会」において、それほど派手なものではないかもしれない。しかし派手ではないとしても、その「外部」のリアリティの提示が行政「内部」のコミュニケーションの変更にどのように結びつくかを明らかにしている。とりわけ本書の課題にとって、このような官僚制のとらえ方は少なくとも以下の三つの点において極めて重要である。

第一に本章で検討した観点は、社会学での官僚制をめぐる二つの系譜を架橋する可能性を秘めている。1章で述べたように、一方で社会運動論的アプローチによれば、ややもすれば官僚の性質たる官僚主義は否定すべき対象になりがちである（e.g. Blau 1956）。だが他方で組織論的アプローチにおいて、組織の成員は規律・訓練により「疎外」された存在だと指摘されてもきた（e.g. 奥山 1991; 長谷 1994）。しかし本書のスタンスのひとつは、われわれの多くがさまざまな官僚制の「外部」にあり、同時になんらかの官僚制の「内部」にもあることを鑑み、どちらか一方の観点から語るのではなく、むしろその二つのリアリティを全体的な構図でとらえ、この二つの関係を明らかにすることであった。もちろん、本章で述べた官僚制における二つの規律・訓練が抹消されることはないだろう。しかしながら「外部」的な批判を援用することによって、成員の心的システムが「内部」的規律・訓練から逃れうることをルーマンの社会学的啓蒙は明らかにしていた。それは同時に心的システムが「思いやりの体系」から解放されるツールでもあった[14]。そこに組織論的アプローチと運動論的アプローチとに対し、全体的な構図を提示しうる可能性を読みとることができると考えられる。

第二に、こうした分析は、成員が組織を構成するという考え方に沿い官僚的病理を単純に成員へと帰責することが、社会システムの病理を糊塗する結果になるだろうことを示している15。官僚制における「思いやりの体系」に着目すれば、むしろ、その病理の症状は、「非常事態」においてのみ明らかになる、公式的行動期待の観点からはアカウント不可能な「度の過ぎた」非公式的行動期待であり、それは行政システムからの私的関係の分化の不徹底から生じると考えることができる16。確かに、本章で取り上げた以上に深刻な官僚的病理の露呈が現在進行形であり、また「善意」の職員などそう多くないという批判も生まれうるだろう。本書もまた、それらの官僚や職員たちを擁護するつもりは全くない。だが以上の分析は「市民」を裏切る官僚の、たとえばテクノクラートといったステレオタイプだけではなく、一方で「思いやりの体系」に拘束される官僚のイメージを持つことが、その病理の対処にとって必要であることを明らかにしているといえるのではないか。ルーマンのシステム理論による官僚制の分析は、とりわけ官僚や職員の「傾向的な欠点や原理的限界」(舩橋 1998:135) の観点から重要だと考えられるのである。

第三に、こうした分析はおそらくありえないであろう現実を想定することなく、社会運動の効果を論じる可能性に道を開いているように思う。すでに指摘したように民主主義的な批判は、「市民」性の観点から官僚制の成員の逸脱を懲罰的に断罪しようとする。だが、それを貫徹するためには「市民」によってすべての行政システムが監視される必要がある。だが、その方法は分化した「全体社会」において人的資源を確保することができないという限界を持つ。むしろ、ルーマンの理論は官僚制における「思いやりの体系」を明らかにすることで「外部」的環境による監視の意味を転換し、官僚的病理への他のアプローチを可能にしていると考えられる。すなわちシステムの分化の進展の契機が、その環境の複雑性の縮減でありえるならば、社会運動はリアリティの醸成により、組織にとって例外的状況においてではなく例外的でない状況において「閉じたシステム」の分化を促進する。同時にその促進は、すべての組織の監視や多くの「市民」の動員という、おそらくありえないだろう現実を必ずしも前提としているわけではない。それゆえルーマンの記述は「度の過ぎた」「思いやりの体系」の崩壊にいかに効果的かという観点から、社会運動をリアリティの提示としてとらえ直してみる契機を提起しているのだといえよう17。

【注】

1　学説的研究もさることながら、その理論が現実分析にどれほど有効なのかどうかは、ルーマンの理論にとって今後の可能性を大きく左右するものであると考えられる。なおプラグマティズムとシステム理論を同時に援用することが、必ずしも非整合的なことでないことは1章で述べたとおりである。理論を道具とみなすプラグマティズムがシステム理論を道具としても取り立てて不都合ではないだろうし、多くの観察から社会が成り立つというシステム理論にとってもプラグマティズム的な観察が存在したとしても不都合はない。

2　ヴェーバーの挙げる合理的官僚制の条件を辻清明は次のように四点にまとめている。「第一は、組織に必要な活動は合理的に分業化され、組織目的の表現である法規の定める権限によって、正当にそれを執行する力があたえられる。第二は、階統制とよばれる単独的構成が必要である。このピラミッド的組織によって、最高長官の意志が、組織のあらゆる段階を通じて敏速に末端にまで到達しうるような上下の関係が体系化される。第三は、専門の原則と名づけられ、職員を組織へ採用する場合、専門能力の有無によって決定される。世襲や情実による採用を排除すること、これによって職員は恣意的な人事からその地位を保障され、昇進制が確立される。ここでは原則として、選挙制は適用されない。第四は、職員に公平無私の態度が要求される。これによって相手方や下級者に対して、不公平な決定が回避できる。いわば、機械のごとき非情な装置を官僚制は体現しなければならない」（辻 1969:176）。この合理的官僚制の対極として、周知のとおりジェームス・マーチ、ヨハン・オルセンのゴミ箱モデル（March & Olsen 1976 & 1979＝1986）は、ゆるやかな組織での意志決定過程において短期的目標が変動することを実証している。ルーマンの公式組織論はいわば、この両者の併存を前提とした組織のとらえ方だといえる。ホーソン実験については、たとえば佐藤慶幸（1991）を参照。

3　この表現は、奥村（1994）の『思いやり』と『かげぐち』の体系」という表現を参考にしている。そこでは日本社会における、より一般的な「思いやり」と「かげぐち」について論じられている。「かげぐち」は本章の事例などの場合、たとえば居酒屋での上司、同僚、部下への批判等で展開されることになるだろう。

4　「否定神学」に陥ることを避けるため、ここでは馬場靖雄（1996）とともに要素の産出の結果としてオートポイエーシスの概念をとらえておきたい。同型の議論としては、藤谷（1999a）も参照。

5　佐藤俊樹は組織が「環境に対応して行為の意味を事後的に変えることを制度化している」点で「オートポイエーシスをより高度に実現しているともいえる」という一方で、法システムと比較しつつ「組織だけをとりだして、一つのオートポイエティックだということはできない」（佐藤 2006:80）と指摘している。極めて刺激的な議論ではあるが、ここではルーマンにしたがい「組織」としての行政コミュニケーションを「閉じた」システムとみなすことで何が言えるかを考えることにしたい。

6　ここで使用する事例は二次情報に基づくものであるが、モデル的な分析の有用な対象として使用したい。

7　日本において、稟議制が官僚制における主要な合意形成方式であるということは周知のとおりである。いうまでもなく稟議制では、部下の起案に基づいて下級の職員から組織の長まで順に決済が行われ組織の意思決定が行われる。したがって意思の内容自体は多くの場合、最下級の職員が単独で、あるいはその直属の上司とともに提起することになる。この方式は、細かな内容のすべてをトップダウンで行えないという点を回避し、よりスムーズな合意形成によって組織全体の意思を統一することに機能している。だが、上司による決定を不可能にしているわけではない。第一に、決済の段階で上司がその起案を無効にすることは十分に可能である。したがって、各上級職員の意に反した意思内容の取り消しに、部下はしたがわなければならない。第二に、トップダウンの命令を改めて最下級の職員が起案し、稟議制にかけられるということもありうる。その場合、決済のための所要時間は極めて短いものになる。稟議制については、たとえば辻（1966:116-22）を参照。

8　この主題は極めて魅力的である。とはいえ、日本の独自性についての研究の蓄積は膨大であり、本書で十分に扱う余裕はない。したがって、この点については今後の課題とし、本章では理念的なレベルにおいてさらに議論を進めていくことにしたいと思うのだが、ここで若干の予備的考察を行っておきたい。

たとえば宮台真司は日本的な組織について次のように述べる。

「上司の権力行使によって生じた結果によっては上司の重大な責任問題になり兼ねないという場合に、明示的な命令がなくても上司の意向を汲んで『服従する』部下が『有能な』部下とされる、ということがある。これはイザというときの帰責負担のための権力装置であることは言うまでもない」(宮台 1989:158)。

この「権力装置」は、まさに「思いやりの体系」を不祥事に導くだろう。だが日本の独自性をそう簡単に定式化することは、困難も伴う。たとえば江原由美子は、フェミニズムの立場から丸山真男の「近代」論について論じつつポストモダン論における「日本的文化風土」の実体化を批判する。

「様々な場において展開した近代社会の諸現実を、『西欧近代の理念』と比較すれば、それと『理念』との『差異』はおそらく必ず見出せるに違いない」「そうであるならば、『理念としての近代』を基準として見出された日本の近代社会における『差異的』な要素が、『日本的特質』であるという保証はどこにもない。『前近代的』要素は、韓国にだって、中国にだって、いやヨーロッパそのものにおいてだって『発見』できてしまうかもしれないのだ」(江原 1994:215)

この江原の指摘は、本章で扱っているまさに組織論にも、そのままあてはまるのではないか。もしそうであるならば、ルーマンのシステム理論における「正常」なる「思いやりの体系」を理念として、そこから逸脱する「異常」について簡単には「日本の場合」であることに起因するということはできない。ドイツでもまた、その『異常』は発現する可能性があろう。ただ、日本的な組織の制度的な特殊性を指摘することは可能だろう。それは、戦後のすべての日本の組織において妥当するものではないにしろ、終身雇用、年功序列などは特に行政において、いまも進行中の独自の組織形態である。もちろん組織における「上に位置したものと下に位置した者の間」(江原 1994:216)の「差異」については、本節でもすでに論じたように同一視するわけにはいかない。だが部分的にではあれ、戦後の日本に通用してきた制度的特殊性との関連を論じることは意義のあることではなかろうか。この点について参考になるのは、佐藤俊樹の日本的経営論である。西欧近代組織と比較しつつ、佐藤は次のようにいう。

「結局、日本的経営の基本は次のような回路にある。個人の組織に対する貢献とそれに対する報酬の間の長いタイム・ラグ(とそれを補償する報酬の拡大の可能性)をもうける⇩その結果ある組織に長期的に所属することが個人の欲望の充足にとって合理的になる⇩ある組織に長期的に所属するためには組織自体が長期的に存続していなければならない⇩そのため個人は短期的には組織の合理性を優先して行動する。サイモンの言葉をかりれば、個人と組織の長期的な『組織均衡』をつくりだすわけである」(佐藤 1993:275)

だが長期的所属は、個人の利害と組織の合理性との整合性に亀裂を生じさせる可能性を増大させるのではないか。その点について佐藤は次のように説明する。

「その安定化装置として、仁斎学―石門心学系の心情反射作用に基づく関係倫理が浸透していく。それによって、個人的利害や欲望は本来組織の合理性に一致するはずであり、もし一致していなければ個人の方がまず反省すべきだという、帰責の逆転現象がおこる」(佐藤 1993:275)

こうして組織に個人がしたがう形で、日本的経営は成り立ってきたという。

「だからこそ、株主代表より、非流動的な労働市場の下で長期間一つの会社に所属しつづける従業員の方が会社の利益に即した判断ができる、という論理が成り立つ」(佐藤 1993:291)

もちろん、ここで述べられていることは戦後高度経済成長での大企業についての論理である。周知のとおり、国際競争の激化などによってその論理を維持することが徐々に困難になってきている。だが、すでに述べたように相変わらず長期雇用が可能な中央及び地方の行政組織においては成立可能な論理ではなかろうか。すなわち、この記述を日本の行政に当てはめ言い換えてみれば、日本の行政においてはルーマン的な「思いやりの体系」は心情反射作用に基づいた関係倫理と結び付き、その関係は私生活にまで及ぶ。そこで各々の心的システムは、行政システムの合理性にこそ屈服すべきことになる。したがって、関係倫理に逆らってまで組織の決定に異議を唱えることはできない。また「株主代表」である住民よりは、長期の従業員である職員の方が国家、地方の利益に即した判断ができる。したがって住民へのアカウントを待たず、たとえば事例でいえば「会食」は国家、地方の利益に即しているのである。ここで、より普遍的な現象としてのルーマンのいう「思いやりの体系」は、「仁斎学―石門心学系の心情反射作用に基づく関係倫理」と分かちがたく結び付けて考えることができる。

では、この関係に変容はありうるのだろうか。まず考えられるのは、個人と組織の関係の希薄化である。佐藤もまた「無邪気な個人主義」(佐藤 1993:301) の台頭に期待している。確かに社会における個人化の浸透を踏まえれば、そのさらなる進行は期待できる。だが、それには限界も存在する。経済的な繁栄が確かなときならともかくも、経済的な将来が不安定な時代であれば、その事実が保守への回帰をうながすことは考えられる。その点からも、この対策が変化の推移を待つだけの消極的な方策だという批判も生まれうるだろう。とすれば、むしろ心的システムの「無邪気」さを喚起する方法が重要であろう。たとえば企業の多くで終身雇用制が崩れつつある中、官僚だけが生え抜きである必要はない。長期雇用を廃止し、成員の内閉化を取り払うというのも、ひとつのアイディアであろう。ただ理由なき解雇は困難を伴うし、労働者としての権利の侵害にも至る。むしろ幹部職クラスでの中途採用を積極的に進めることなどが、その具体的対策として考えられるし一部、実行もされている。

それは非公式的行動期待の独自性を攪乱する、官僚的病理に対する有効な処方箋のひとつになりうる。なお企業倫理の背景にある法文化については、浜辺(2005: 115-42)を参照。

9　「外部」環境と組織との関係についていえば、「参加」に関するルーマンの評価は低い。というのも、参加による組織の作動もまたシステムの特性によって行われるとみなすからである。すなわち、民主主義的官僚制も官僚制のひとつに過ぎないという(Luhmann 1987: 156)。このことは本章の文脈でいえば、どういうことになるだろうか。前節で例として取り上げた警察庁の場合、国家公安委員会が民主主義的制御のための制度としてすでに存在している。国家公安委員会のメンバーは、有識者すなわち「市民」によって構成されている。この不祥事で、最終的な処分について国家公安委員会が機能はしたが、不祥事を防ぐというまでには至っていなかった。そこに「思いやりの体系」が働いていたゆえかどうかは、ここで結論付けられないが、国家公安委員会という制度自体については、この場合「市民」参加が組織を変革しないというルーマンの指摘がそのままあてはまるだろう。だが、いうまでもなくより広い意味での「市民」の行政への参加を考えることもできる。事例の場合に即していえば、国家公安委員会が機能していなかったゆえに、新たに警察に対する「市民」による監察制度が議論されもする。この「市民」の参加は、国家公安委員会とは違って、これまでとは別の「内部」環境を生むことになり、伝統的なものとは異なったシステムの作動が実現する可能性を大いに期待することができるかもしれない。この参加についての検討は、今後の課題として重要であろう。だが、ここで注目しておかなければならないのは、国家公安委員会や件の特別監察がそうであったように、「市民」参加においてもまた「思いやりの体系」が作動する可能性があるという点である。さらに注意しておくべきことは、この分析において参加が「外部からの監視に対する最良の防御」(Luhmann 1987: 156)ですらあるというルーマンの指摘である。これは、次のことを意味する。すなわち、ここでいえば、国家公安委員会制度や他の「市民」参加が存在することによって、他の「市民」の監視が遮られてしまうというわけである。参加した「市民」が問題なしと判断すれば、行政はアカウンタビリティを果たせ、「外部」からのそれ以上の疑義を退けることも可能である。このような「市民」参加に対するルーマンの評価については議論もあろう。また、こうした点に参加民主主義に対するルーマンの悲観性を批判することも可能だろう。だが、そこに「市民」参加を盾にした民主主義ポーズで組織が維持される様が鋭く指摘されている点も見逃すことはできない。「市民」参加のすべてが不祥事に対して無効であると結論付けるのは早計としても、ここで明らかにされている限界を認識しておくこともまた重要なことであろう。すなわち第一には参加した「市民」が「思いやりの体系」にとらわれてしまう可能性、さらに第二にその参加自体がそれ以上の監視を阻止するアカウントとなってしまう可能性が指摘されている点を、さしあたり銘記しておきたい。この点は3章で取り上げたボランティアが国家動員になりうるという点とも、密接に関連している。また、6章で取り上げるオンブズパーソン制度の意義と限界を考える上でも極めて示唆的である。なお参加については、事例を用いつつ他で論じたことがある(藤谷2007)。そこでは、行政が主催する住民参加のまちづくりの条件を提示している。

10　ルーマンの抗議運動についての学説的分析については、小松（2003）を参照。ただ、これらの社会背景的、あるいは学説史的議論については本書の課題とはせず、むしろ、ここではルーマンの記述が「市民」運動について何を示唆するのかを中心に考えていきたい。

11　初期の論文でルーマンは理性啓蒙に対し次のように批判している。「社会学にとって理性啓蒙の中心的な二つの前提は疑わしいものとなっている。すなわち、それはすべての人間が一般的制度上の媒介もなく共通の理性に等しく関与しているということ、および正しい状態の存立可能性に関する自信に満ちた楽天主義の二つである」(Luhmann 1974: 67＝1983: 74)。理性の一般化の可能性を否定しつつ唯一正しい状態を確定できないと確言する、この指摘は再説するまでもなく著名であろう。この問題をめぐってはハーバーマスの批判に代表されるように（Habermas/Luhmann 1971＝1984, 7)、ルーマンのシステム理論の保守性を指摘するイデオロギー的批判が繰り返されてもきた（cf. 中野 1993:11; 村中 1996:i)。特に本書の後半で行うように現実の問題を分析するとき、この側面での意義と限界を問われることは避けることができないだろう。行政の「不祥事」がまさに不祥事として回避されるべきものであるとするならば、ルーマンの理論はこの「不祥事」の成り立ちを明らかにするだけなのか、あるいはその回避に対して何らかの理論的な含意を持ちうるのだろうか。実際、この主張は「思いやりの体系」に即した前節までの本章の分析との間に致命的な齟齬を生じさせるようにもみえる。第一にルーマンの指摘にしたがえば、抗議運動を担う普遍的な理性を想定することはできない。確かに極度の「機能的分化」を遂げた「全体社会」において「共通の理性」を前提とすることは不可能であろう。それゆえ多くの心的システムを抗議運動へと動機づけることもまた困難である。このことは現状とも符合していると思われる。第二に、もしそれでも抗議運動の強化を主張するならば、その主張は民主主義的な啓蒙と大差ないものとなってしまう。それは結局「正しい」「市民」の存立を主張する「楽天主義」と異ならないではないか。とすればルーマンのいう社会学的啓蒙に独自の意義は存在するのだろうか。ルーマンは「機能分析が媒介とする諸認識は決して因果関係の意味方向や、ある作用の確実な予測の中にあるのではないし、あるいは単純な原因からの確かな状況説明にあるのではなく、むしろそれらと平行したものとの比較可能性の中にある」(Luhmann 1974: 75＝1983: 91)という。その分析の意義は「行為に代替可能性を授けることができ」「他の可能性を処理しうるということに基づいた確信を、行為に提供する」(Luhmann 1974: 75＝1983: 91-2)。それは「世界の複雑性を把握し縮減する人間の能力の拡大としての意義」(Luhmann 1974: 67＝1983: 75)を持つとルーマンは述べる。この観点からいえば「内部」の成員と「外部」の「市民」に対する。その選択肢の具体的例示が本書の目的のひとつともなる。

12　そのことを示す内部告発が、しばしば組織を去った後でのものである点は重要である。

13　この点は、セクシュアル・ハラスメント概念が生むリアリティの影響を想起すれば理解しやすい。この概念の存在によって、組織内の特に男女のコミュニケーションは明らかに変容した。

14　三上剛史は「主体間からの合意からさえ自由な社会システムが存在可能」であるところに、「ルーマンの底流にある解放的テーマ」(三上 1993:36)を見出している。全面「解放」とはいえないが本章の議論においても「解放」への方向性を見出すことができる。

15　沢田善太郎は「近代アソシエーションを伝統的中間集団の衰退にともなって生じた自律的な市民の運動体であるとみなす社会学の標準的見解は、アソシエーションを必要以上に理想視する要因のひとつとなっている」(沢田 1997:8)と指摘しつつ「官僚制が悪であり、諸個人が自発的につくりだすアソシエーションは善であるという単純な価値判断をひきだすのはさけるべきだ」(沢田 1997:7-8)という。その理由として「現代の社会を善と悪、正義と不正義の闘争とみる視点は、社会生活のさまざまな分野で気軽に採用され、作為的なプロパガンダや陶酔の温床になることが多い」(沢田 1997:8)点を挙げている。

16　「技術革新」による経営組織の継続的分化については Luhmann (1981: 377)を参照。

17　社会運動のリアリティは批判された当の組織にのみ有効なのではないことが、本書の後半で示される。ある組織への批判によるリアリティが、同種の組織、すなわち本書では他の自治体に対しても有効に作用する。

こうした問題に対して、もちろん上級官庁と下級官庁の独立性の強化や、注8で触れたような組織「内」「外」の人事の流動化など制度的工夫も必要であることはいうまでもない。これらの点については本書では深入りしないが、指摘しておくべきことは制度的改革においても「外部」からのリアリティ提示が有効だという点である。すなわち法制度の変更による制度改革や、あるいは行政権に裁量の存在する政策についての改革に対しても「外部」のリアリティが有効な手段となりうるだろう。制度的変革が「内部」的リアリティの変容による心的、生命システムの作動だと考えれば、そこに「思いやりの体系」をうち崩す「外部」的リアリティは同様に必要であろう。

この章で取り上げた議論について、理論的には特に今後、次の二つの大きな課題が残されている。第一に官僚的病理が既存利益との癒着によるならば（塩原 1976：88）、特に他の経済システムとの関係が論じられなければならない。そのとき私企業における「思いやりの体系」さらに行政と私企業とを含む「思いやりの体系」がテーマともなろう。第二に、注8で述べた中途採用に関する提言にも関連して、相互浸透の問題が改めて取り上げられる必要がある。もし「中身を欠いた組織アイデンティティ」が「現代的な様相」（山田 1991：147）ならば、それはまさに「度の過ぎた」「思いやりの体系」からの離脱にほかならない。とはいえ、どこまでその分化は進展しているのか。また、その進展は果たして望ましいものなのか。たとえば雇用を確保するために組織への忠誠をより要請されるという作用があるゆえ、行政職員の終身雇用の終了が必ずしも組織への忠誠心を希薄化せず、逆の効果を生み出す可能性もある。また熊沢誠は「公務員を恵まれない民間労働者の状況に引き下げるべきだという格差是正論を引き出すならば、格差是正の決定打ともいうべきワーキングプアの状況改善はかえって遠のく」と指摘する（熊沢 2007：203）。私企業でのパートタイム化、成員解雇等の現況のコンテキストをも配慮しながらの分析が必要である。

理論的検討のまとめ

さて4章で、住民と行政とのコミュニケーションをめぐる理論的検討を終える。本書でのここまでの成果を、もう一度、簡単に振り返っておこう。

まず2章では、住民と行政とのコミュニケーションを分析するため、その理論的出発点としてプラグマティズム、とりわけローティの「会話」概念に着目し民主主義的「合意」について検討した。ローティによれば、われわれは「会話」によってのみ「客観的」であることができるという。その主張は、ハーバーマスの語用論的な基礎付けを排除しようとする。むしろ、具体的な「会話」の中に継続する「合意」への希望を見出す。他方、その主張は、リオタール流のパラロジー的明快さをも拒絶しようとする。何らかの社会的決定のすべてに対して耐えられないと断言してしまうことは、価値の多様化という前提自体を否定してしまうことになろう。このように2章では、ローティの「会話」概念の利点を前面に押し出し分析した。敵対する者たちとの継続する「会話」を肯定する態度は、さまざまな価値が相対化される中で、それでも社会的決定が必要だと考えるならば、さしあたり妥当だといえるだろう。もっとも、そこにいくつかの問題点が見出せる。それらの問題点について検討したのが3章、4章である。

3章では、リベラルであると主張することはリベラルであり得るのかという点をロールズについての解釈を経由し検討した。この論点は「リベラルであることの義務は説得の対象でありうるのか」(Lyotard et Rorty 1985: 582)というリオタールの批判に要約される。ローティはロールズの正義論が「アメリカのリベラル派が典型的に持っている信念」であるという。だがローカルな信念である以上、「会話」概念を共有しない者が不可避に出現する。場合によっては相手を「狂っているとみなす」こともやむをえないというローティの見解に対し本書では、自己を行為のベクトルにまで遡り分析し、そこにアイロニカルな態度の不徹底を見出した。すなわち、各個体は多くの行為のベクトルの出発点とみなすことができる。とすれば、あるベクトルが「リベラル派」にとって「狂っている」としても、同じ個体が出発点とみなされる他のベクトルについては「リベラル派」にとって理解可能であるかもしれない。したがって、ここでアイロニカルな態度を貫くなら、「狂っているとみなす」存在と「会話」を断絶するとしても、同時にその「狂っているとみなす」存在の行為の意味を考えることは可能である。ただ、その課題の対象は個々の行為にとどめるのではなく、むしろ本書では公的制度の機能にも求めるべきだと主張した。

4章では、住民と行政との関係を論じるために前提とすべきこととして、官僚的特性について検討した。組織「内部」のコミュニケーションの特性が、場合によっては住民との「会話」の継続を不可能する場合があるだろう。ルーマンの初期の業績にしたがうと、組織の「内部」においては永続する「会話」的「合意」は必ずしも実現されておらず、また官僚制における規則が貫かれているわけでもない。むしろ非公式的行動期待によるコミュニケーションが支配する。そのコミュニケーションの総体を、本書では「思いやりの体系」と名付けた。この理論的検討を背景に「思いやりの体系」の過度の機能化が組織腐敗を招くことを警察官僚の不祥事を例に明らかにし、それを阻止するものとして後期のルーマンのシステム理論をも援用しつつ、抗議運動が提示するリアリティの理論的意味を明らかにしたのである。その上で、これらの検討に本書は次のような意義を見出した。すなわち第一に、ここで明らかにした観点が社会学での官僚制をめぐる組織論的アプローチと運動論的アプローチの二つの系譜を架橋する可能性を秘めていること、第二に成員が組織を構成するという考え方に沿い官僚的病理を単純に成員へと帰責することが社会システムの病理を湖塗する結果になるだろうこと、第三にこうした分析はおそらくありえない現実を想定することなく社会運動の効果を論じる可能性に道を開いていることである。

以上の理論的検討を終えたいま、住民と行政とを総合的にとらえるためのひとつの俯瞰図を手に入れることができたように思う。その点を本書が取るスタンスと関連づけながら、まとめておきたい。

本書ではとりわけ二つのスタンスから検討を行うことを、1章で述べた。第一に行政の「内部」と「外部」との接点、とりわけ住民と行政との接触場面から、両者の関係を考えていくというスタンスである。その接点においてこそ「内部」と「外部」とのリアリティの差が明確に現れると考えられるからである。第二に、官僚制の「内部」と「外部」の双方のリアリティを踏まえるというスタンスである。住民であり組織の一員であり社会運動家であり、さまざまな側面をわれわれは持つ。それゆえ、ある立場から云々するだけでは不十分である。他の官僚制に対してその非効率性、無責任に腹を立てることとか、自らの所属する官僚制に対する「外部」の無理解、野放図な苦情にうんざりすることかのどちらかではなく、両方を視野に入れ分析を進めなければならない。では、こうした二つのスタンスにとって、ここまでの理論的考察はどのような意義を持つのか。この点を念頭に、もう一度、理論的考察を再構成してみよう。

ローティの「会話」概念に沿う検討は、相互のリアリティの差を埋めるのが永続的なコミュニケーションでしかないことを示唆していた。このことは、本書の第一の点に深く関連している。住民と行政とのコミュニケーションは多岐に渡る。だが、そしあたり、それらのコミュニケーションを直接的なコミュニケーションと間接的なコミュニケーションとに分けることができるだろう。ローティの「会話」概念の意義は、とりわけ対面的な場面での直接的コミュニケーションを分析する視角として有用だと考えられる。「会話」概念自体、ソクラテス的な「会話」が念頭に置かれていることからも、まずは直接的なコミュニケーションが中心に据えられているとみなすことができる。こうした場面で起こりうるコミュニケーションの成功がその継続にあるとすれば、具体的なコミュニケーションを対象に、それらの断絶、継続を精査すればよいことになる。したがってローティの「会話」概念は、とりわけ「内部」と「外部」のリアリティの直接的な接触場面に対して、有効な理論的道具立てを提供していると考えられる。

もっとも、これらのコミュニケーションは、必ずしも「合意」への成功が約束されたコミュニケーションではなかった。それゆえ直接的コミュニケーションにおいて「会話」が継続できない場合、また組織に特有の行為の特性による場合について理論的に考察したのである。その解決の方向として本書では、一方で直接的な「会話」は断絶されたとしても、少なくとも相手の発言の意味を探索することの重要性を指摘し、その上で成員にすべての負担がかかるのではない制度的な整備が必要であることを示した。それゆえ具体的な分析において、アイロニカルな態度の可能性、あるいは意義、それを可能にする制度的な工夫について吟味されなければならないだろう。他方で本書は、組織における行為の特殊性については「外部」のリアリティの重要性を指摘した。この点については「市民」活動の側面から検証を行う必要があり、それは本書が重視したい第二の点に関連している。

本書がとる第二のスタンス、すなわち官僚制の「内部」と「外部」のリアリティの両方を踏まえるという点については、特にルーマンのシステム理論の検討が深い関連を持っている。4章で検討した、組織「内部」における「思いやりの体系」による行政システムの暴走は、住民と行政との円滑な関係を妨げる要因であることはいうまでもない。同時に、成員の心的システムに逆行する形でも行政システムが作動する可能性をそこでは指摘した。すなわち「不祥事」が誰も望まないにもかかわらず、止めることができないということが起こりうる。それゆえ、その解決の糸口として「外部」におけるリアリティの創出が「内部」の改革に与える意味を検討したのである。その関係は、いわば住民と行政との間接的コミュニケーションのひとつだともみなせよう。こうしたとらえ方は官僚制の「内部」と「外部」の双方を同時に見渡し、社会運動のリアリティが行政のリアリティに影響を与える際の一般的な構図をわれわれに提供していると考えられる。その考察は説明的な意義を持つだけでなく、「内部」と「外部」とのコミュニケーションのずれに対する解決の方向をも示しているのではなかろうか。

以上のように改めてまとめてみると、ここまでの検討から住民と行政との「会話」の概念を軸とした直接的コミュニケーション、またシステム理論を援用した間接的関係の構図が示されているように思われる。この二つが互いを補足しつつ、住民と行政との関係を全般的に見渡す、ひとつの有効な視角を提供していると考えられる。しかし、いうまでもなく理論は理論に過ぎず、試されなければ意味がない。それが2章で述べたように、プラグマティズムの意味でもあった。したがって本書でも理論的検討はとりあえず以上で切り上げ、前半での成果に基づき次章からは事例を用いた具体的な分析を行いたい。そこでは日本における住民と行政とのコミュニケーションについて、4つの側面から検討してみることになる。その分析の成果が、4章までで述べてきた理論的検討の正否を決することにもなる。もちろん、ここまでの検討の中には、住民と行政との関係以外の論点に深くかかわっている内容も多々あろう。だが行政をめぐる論点が、他の数々の問題に比べて決して小さくないことはいうまでもない。

Ⅲ　事例分析

第5章　日常的広聴政策の効果

1　リアリティが錯綜する広聴の現場

現在、国家政府、地方自治体を通して、広聴の専門の部局が設けられ、住民の要望・苦情を「広く聴く」政策が実施されている[1]。それは住民の直接的な要望・苦情を政策に反映させるという意味で、さしあたり民主主義を目指す制度のひとつだといえる。本章では、この広聴の現場における出来事を事例として、本書の課題である住民と行政との関係を、前章までの理論的な検討を援用し分析していきたい。

ところで、事例として広聴の現場に注目する理由は何か。本書は住民と行政とのずれに考えるため、とりわけ「内部」と「外部」の接触場面を出発点とするスタンスを選択した。このような課題を持つ本書にとって、広聴政策の現場での出来事は極めて重要な事例を形づくると考えられる。そこは住民と行政の二つの異なったリアリティ同士が対面する最前線だからであり、そこでは両者のコミュニケーションに基づく「合意」、「争異」、さらに「内部」と「外部」とのリアリティの差異が、あからさまに現出する[2]。

むろん各専門部局でも、日常的に住民の要望・苦情は寄せられる。だが広聴の現場には、さまざまな要望・苦情が集積する。広聴担当部局には具体的な政策内容が存在しないゆえに、政策を推進する部局に振り分けられなかったものが集まるからである。そうした中には行政が折衝困難な事項が多く含まれている。それらを突きつける住民にとっては、それぞれに切実な願いが込められているであろう。それに対応する担当者は、「外部」からの要望・苦情を尊重しつつも「内部」の機能的限界の「合理」性を弁明しなければならない。「内部」と「外部」の二つのリアリティのはざまに立ちつつ担当者は、一方で一定の要望・苦情を受け入れながら他方で他の要望・苦情を拒絶する。政策に民意を反映させるという意味で、そこは民主主義が具体的に実現されたり阻害されたりする場面のひとつであると言い換えることができよう。したがって住民のリアリティと行政のリアリティとの齟齬を検討しようとする本書にとって、まさに有効な事例が集積する場として適切な対象となりうると考えられるのである[3]。

住民に対する行政の対応については、「外部」からの観点を重視した研究、また「内部」からの観点を重視した研究がありうるだろう。もちろん民主主義的理念を重視する本書にとって前者の視点は重要である。たとえば社会運動論的立場から行政の、生活者のリアリティからのずれこそ問題にするべきだという主張が行われるだろうし、本書でも後に、そうした観点から社会運動を検討することになる。しかし「内部」のリアリティを踏まえた分析という本書の課題にとって、そこにとどまらず行政のリアリティをもまた明確にしておく必要がある。「生活者的リアリティとテクノクラート的リアリティとの錯綜関係を見通す視角」(藤村 1996:398) を明示するためにも、行政のリアリティの摘出は避けて通れない作業だと考えられるのである。住民のリアリティは次章以降に譲ることとして、本章ではまず行政職員のリアリティに重点を置き、行政のリアリティによる住民への対応を分析してみようと思うのである[4]。

こうした具体的な広聴の現場を分析するために、前章までのそれぞれの理論的検討は、どのような視角を提供するのだろうか。

第一に、すでに述べたように広聴政策の現場が、民主主義が具体的に実現されたり阻害されたりする場面のひとつであることに着目したい。その規準に、2章で述べたローティのコミュニケーションの継続を目的とする「会話」概念を援用することが可能であろう。それゆえ本章では、具体的な事例の中で住民と行政との直接的なコミュニケーションの継続の有無を分析することにしたい。

第二に、広聴政策は行政にとって「耳の痛い」話を聞くということを意味することに注目しておきたい。この点からいえば担当者にとって、その業務は、それほど心地のよい仕事ではないかもしれない。3章では「会話」が継続しない「ニーチェ・ロヨラ」的存在に対して、制度的なアイロニーの重要性を主張した。まさに、この広聴政策は成員がアイロニーにならざるをえない既存制度のひとつであるといえる。そのアイロニカルな制度が十分に3章で述べた意義を達成しているのかどうか吟味することは、前半で積み残した課題でもあった。

第三に広聴現場の職員が、行政組織の一員として住民と接している点に注意しておかなければならない。4章で述べたように行政組織に「思いやりの体系」が作動しているとすれば、そのコミュニケーションが「外部」との関係に影響を及ぼすことは明らかであろう。だとすれば、その影響が民主主義政体としての行政に、どのような問題を持つのか、あるいは持たないかを分析しておく必要がある。

こうした分析によって本章は、戦後、制度的に整備された広聴政策が実際に機能しているのかという点を検討し、住民とのコミュニケーションによる行政の変容、すなわち行政の対応の変更、また施策内容の変更という観点から、この制度の持つ問題点と課題とを明らかにしてみようと思うのである。

むろん広聴の分野においては、膨大な研究と文献が存在することは周知のとおりである。しかし、その全てを整理し検討することがここでの目的ではない。また、ある特定の行政組織の要望・苦情を網羅して、その地域の特性を指摘したり、何らかの政策を導き出したりすることが目的でもない。むしろ本書の課題に有用な限りで実際の事例を活用し、ここまでの理論的な検討の正否を吟味しつつ、住民と行政とのコミュニケーションの柱のひとつとして広聴政策の有効性を問うことを目標としたい。

本章ではデータとして、一九九六年に筆者自身が行った、広聴の現場職員に対する聞き取り調査を主に使用する。データとしては、やや古い印象があるかもしれないが、その基本的構図は現在も変わっておらず、いまも有効な具体例を提供していると考えられる。確かに近年、電子メディアによる広聴政策も盛んであり、その問題もいずれ詳しく論じなければならないだろう。本書でも、ウェブ上の掲示板における住民と行政とのコミュニケーションについては8章で取り上げるが、さしあたり本章では直接的なコミュニケーションに焦点を絞ろう。本章で明らかにしたい具体的相互行為の現場での知見は、電子メディアによる技術が進もうと通底する有効な視点を提供していると考えるからである。この聞き取り調査では、政府の所轄する職員四名、都道府県の職員二名、市町村の職員三名から聞き取りを行っている。政府については総務庁(現総務省)の関東監察局(1996.9.24)、近畿監察局(1996.9.3)の担当職員それぞれ各一名、また総務庁(現総務省)委託の東京在住の相談委員(96.10.11)と大阪在住の相談委員(96.9.1)それぞれ各一名が対象である。都道府県については、東京都(96.9.18)、大阪府(96.8.29)の本庁の窓口の職員それぞれ各一名、市町村では新宿区(96.10.9)、三鷹市(96.10.2)、大阪市(96.9.2)の本庁の窓口の職員それぞれ各一名を対象としている。その他、本章で直接引用はしていないが、何人かの自治体職員や裁判所職員にも日常的な苦情についての質問に答えてもらっている。時間はおのおの一時間から二時間程度の面接調査である。

本章の構成を、あらかじめ述べておこう。次節では広聴政策の内容について行政全体における位置付けと、日本における歴史的経緯を簡単に整理する（2節）。次に、特に折衝困難な要望・苦情に対する現場職員の見解を、聞き取り調査を基に分析していく。ここでは、現場で使用されている対応の手引きをも参考にしつつ、住民の要望・苦情についての行政の対話の「論理」を析出することになる（3節）。さらに聞き取り調査で得られた具体的事例に基づいて、それらの事例が現場でいくつかのカテゴリーに分けられていく様を記述し、その過程に含まれる広聴政策の問題点を示そう（4節）。こうした事例の分析を踏まえ、本書の前半での理論的成果を援用しつつ広聴政策の意義と限界を明らかにし（5節）、次章以降の方向を定めておきたいと思う（6節）。

2　要望・苦情とは

まず本節では日本における広聴政策の歴史的経緯と、行政全体の中でのその位置付けについて、後の議論のために簡単に整理しておくことにしたい。

日本において、広聴政策が始まったのは戦後になってからである。それは政府の民主主義政策の一環として開始された。総務省（旧総務庁）では、一九五五年から「行政相談制度」を創設している。現在も残るこの制度では「公平・中立な第三者的立場から、国民の行政に対する苦情や意見・要望を受け付け」（総務庁 1995：173）ることになっている。さらに、その苦情や意見・要望を他省庁へ斡旋することで、行政運営の改善に役立てることを唱っている。形式として口頭、書面、電話のいずれでも可能である。

だが、それだけでは司法制度や不服申し立て制度と重複するのではないかという疑問が生じる。しかし、この制度では法律や不服申し立て制度の手続きに馴染まない要望や、それらの審査によって却下された苦情についても受け付けることになっている。すなわち形式的な自由さも併せて、政府に何か言いたいことがあれば何でも受け付けるというところにその特徴があるといえる。具体的には各都道府県の行政監察事務所に設置された「行政苦情一一〇番」や、全国の民間ボランティアによる「行政相談委員」が自宅、デパートやスーパーなどで定期的に相談所を開設する行政相談委員制度などがある。

都道府県、市町村もまた、さまざまな形態や規模で同様の窓口を設け、要望・苦情への対応を行っている。自治体においては法律や税務などの専門相談のほか、行政全般における相談を受け付けている。形式は同じく口頭、書面、電話いずれでもよい場合が多い。その他にも「公聴集会」や「首長に対する手紙」の募集など、住民の「意向」を知るために多くの政策が進められている。特に要望・苦情に対して、それらを限定範囲なく受け付けるコーナーが設けられ、一般にそれは相談業務と呼ばれる。どの都道府県や市町村も、役所の入口に近いところにコーナーを設け、随時、要望・苦情に職員が対応している場合が多く、電子メディアを通じて要望・苦情を受け付けているところも増えている。

もちろん、こうした広聴制度は、住民自らの要望・苦情を政策に反映する民主主義制度のひとつであるととらえることができる。たとえば本田弘はその役割を次のようにまとめる。

「広聴とは住民の要求・意見を聴取し、地方自治体の政策形成の過程へ反映せしめる役割と目的を持つものとして、実施されてきた」(本田 1995:56)

すでに述べたように、行政は選挙で選ばれた代表者の意思によって運営されるが、行政の肥大化は代表者によってだけでは達成できない課題を生んできた。そのため監査請求などの直接請求権が住民に保障されている。そうした「重い」制度に対して、一定の請求人数の要件などもない、日常的な住民の意思を反映する、各専門部局から特化した部局として広聴制度は位置付けられよう。

このようにこの制度の存在ゆえに潜在的な要望・苦情を顕在化しようとする行政の姿勢を読み取ることが、さしあたり可能であろう。本書の言い方でいえば、「会話」的合理性を実現しようとする制度のひとつだと言い換えることができる。すべての住民の要望・苦情を受け付けることは、住民の意思を政策に反映するという意味での民主主義的観点からいうと望ましい。特に議会や議員を通して反映できない細かな政策提言はあってしかるべきであろう。また大きな圧力団体が議会越しに行政の施策に影響を与えている現状において、とりわけＮＰＯ／ＮＧＯや町内会などにも属していない、個人的な要望・苦情の行き場を確保することは重要である。したがって、こうした制度の存在をまずは肯定する必要があるかもしれない。これらの業務をもって行政は自浄作用とみなし、民主主義の実現の方策のひとつとする。ただ、それは「禁止」「命令」による「権力」に対して、民主主義的な指向を表しているとまでいえるのであろうか。

広聴制度は組織全体からいえば、いわば「耳」に喩えることができるかもしれない。ルーマンにしたがってシステムと環境との区別を用いると、組織は環境を縮減することによってのみ存続する。いまだ把握していない環境の変化にさらされる前に、広聴制度は環境を率先して情報に変換し、取り込む機能を担っている。それらの情報に基づいて、組織は「自省」し環境に適応しながら生き延びることになる。事前にリスクを回避するために、その存在は行政にとって組織としての存続にかかわる死活を決する条件であるといえる。同時にルーマンが指摘するように、組織にとって「外部」向けの「理想化」が必要であるとすれば、広聴制度の運営は形式的な「理想化」に堕する可能性がある。その仕組みが組織の存続の条件としての機能に特化されれば、制度の民主主義的な目的が形骸化し、むしろ住民による行政の変容を阻止する制度ともなりうる。

このように政策への住民の意思の反映と、組織の維持という二つの側面を持つのが広聴制度だといえる。したがって、この二つの側面の比重の置かれ方によって、民主主義の具体化という機能をも持てば、組織の延命装置という機能をも持つ。それゆえ広聴政策に対して、民主主義の実現の一歩であるという肯定的見解を提示することができる一方で、行政批判を致命的にならないうちに処理することを目的とした、擬制された民主主義に過ぎないという否定的な見解を述べることも可能なのである。ただ、その評価も具体的な分析を通して考察する必要がある。とりわけ実際の現場において「合意」のために継続が目指される「会話」は、果たして断絶されていないのかどうか。非「市民」的存在に対して行政は、一体どのように対応しているのか。また、それはどのようにしてなのであろうか。

3　行政の対話の「論理」

行政にとって受け入れやすい要望や苦情は、職員にとって苦労は伴わない。行政の施策が改善された場合、「政策形成の過程へ（の）反映」が実現されたことになり、担当の職員もそれなりのやりがいがあるかもしれない。しかし本書が関心を持ちたいのは、むしろ対応の困難な要望・苦情についてである。というのも、その場合にこそ、「会話」の継続・断絶が問題となるだろうからである。そこに前半で逢着した「ニーチェ・ロヨラ」的問題の具体的様相が存在すると考えられる。また、そこでこそ行政の「内部」と「外部」のリアリティの差が明確になるであろうし、職員は「不作法なクライアント」に対する「重い労働負担」(Goodsell 1981: 4) をも口にするだろう。対応が困難なこれらの要望・苦情について、行政職員はどのように振る舞うのか。本節では、担当者にとって対応が困難であるとみなされた案件に対する職員の見解を分析し、住民と対面した行政のリアリティの様相を明らかにしていきたい。

ところで本書が援用する調査の対象者の中には十年以上、広聴の仕事に従事している者もあった。対応の困難な要望・苦情に対して、経験の中で培ってきたノウハウもあろうし、毎日の業務の中で当然それなりの仕事に対する心構えが存在するだろう。こうしたノウハウや心構えに職員の意識が集約されているとも考えられる。そこでまずは対応が困難な事例に対する心構えについての分析から始めよう。あるベテラン担当者たちは次のように発言する。

「できるだけね、あの、分かっていただけるように、したいなと常々思っているようなことなんです」5（担当者A）

「聴いてもらったら、まあ、ちょっと気持ちも静まってね、ああよく聴いてくれたと最後に言っていく人が多いですね……。うちの担当者もそうですけれど、いろんな広聴の部署におられる方もそうだと思いますけれど、聴くことというのは、その大事ですね」（担当者B）

ここで「分かっていただける」というのは、むろん要望・苦情への対応が不可能なことを理解してもらうということである。短い引用ではあるが、この発言に広聴政策に携わるベテラン職員の意識を垣間見ることができるように思う。そこには「説得」への志向が、さしあたり存在するといえるだろう。だがもちろん、これだけでは一体どのようにして「分かって」もらうのかということは十分、明らかではない。この点について知るために、他の担当者による二つめの発言が参考になる。

対応が不可能な要望・苦情に対して、この担当者は「聴く」ことの重要性を指摘する。すなわち、この発言では法規的な、あるいは政策的な説明で説得するということで「分かってもらう」ということが重視されているわけではない。むしろ「要望・苦情への対応が不可能なこと」に対する怒りが「静まって」、関係を好転させるために受動的な「聴く」

という行為が重視されている。ここで最初の担当者Aが語る「分かってもらう」ということと、担当者Bが語る「聴く」ということの間に関連性を見出すことができる。すなわち「分かってもらう」ために「聴く」という行為が心構えとして存在しているのである。そのことは他の担当者の次の言葉が補足する。

「私どもの方の担当者の心得として、その、いくら理解していただかなくてもですね、私どもの方から電話を先に切るということはしていないと。そんなことはどこにも書いていないわけですけれども、その、担当者の心得とすると、そういう心構えではいます。そうすると、私どもの方が先に電話を切るということは、それが原因でまた新たな苦情を生むというのでしょうか、担当者としたら、正直な話、何回同じ話を繰り返してもご理解いただけなければ、電話をもう切りたいなと思う気持ちはあるんですけれども、それはそういう意味でこちらから電話を切るということは担当者レベルではやっておりません」（担当者C）

このように、ここで挙げた三人を含む担当者の多くは「聴く」ことの大切さを強調する[6]。こうした一部の発言で、全てを量れるわけではもちろんないが、少なくともここには規則でかたまった行政官という理念型のパーソナリティは存在しない。むしろ住民とのコミュニケーションは丁重に行うということが志向されているといえよう。もっとも具体的な内容を持った要望・苦情については議論も起こりうるだろう。だが司法にも不服申し立て制度にも馴染まず、どこの部局にも分類不可能なこうした要望・苦情においては、「討議」よりはむしろ議論ではない「会話」が存在しており、その継続がさしあたり目指されているということができるのではないか。

だが広聴政策の理念からいって、こうした知見は奇妙に映るかもしれない。すなわち、民意を反映するという意味での民主主義的な理念を実現するためというよりむしろ、ここで強調される対応の丁重さは「それが原因でまた新たな苦情を生む」ことを避けるために行われていることになる。そのことは、別の担当者が語った「初期対応が大切」という言葉が象徴しているように、相手の話を中断しないことで、住民の支持を得ようとすることを意味する。その理由は「応接の仕方いかんが事案の処理に大きく影響する」（全国行政相談委員連合協議会 1995：50）からである。こうした点に、対応が困難な要望・苦情に対する行政的対処法を見出すことができる。しかし当然のことながら、いつもその方法が成功するとは限らないだろう。そこで次に考えたいのは、対応がどうしても不可能だと感じられたとき、これらの「会話」がどのように進展するのかという点である。

この点に関連して興味深いのは、ある担当者の発言から得られた電話における対応についての次のような知見である。要望・苦情についての長引いた電話の最後は住民の「お礼の言葉」か「捨てゼリフ」で終わると、その担当者は述べる。「お礼の言葉」で終わる場合、このコミュニケーションは、さしあたり担当者にとって成功裏に終了したといってよいだろう。しかし「捨てゼリフ」で終わった場合、逆にコミュニケーションは失敗したといえる。「会話」の断絶がまさに、ここに生起している。では、それは具体的には、どのように切断されるのか。たとえば、ある担当者は話が長引くときの対応について、次のように語っている。

「いわゆる苦情や相談の中身で、できえないとしてもできえない合理性があればですね、これはもう私どもの方で斡旋もできませんし、調べた結果、こういうことだったと、合理性があると、こういうふうにできない、と向こうの方（政策担当部局）でも判断しておるし、私どもの方（広聴部局）もこういうふうに仕方ないと考えておりますという形で回答はさせていただいております。ただ、その回答の中身については理解していただけませんね」（担当者C）

また、他の担当者は次のように語る。

「（あまり長引くときは相手の）話を導くことはありますね。今日は何しにいらっしゃいましたか。その件は先程お答えしましたよ。どうしようもないですね。じゃあ、いいですね、って」（担当者D）

このように、行政の示す「合理性」がどうしても「理解していただけ」ないときは「話しを導」いて「どうしようもない」と話はうち切られようとする。その妥当性についてはいまおくとすれば、これらの発言で、対応困難な要望・苦情に対し担当者はできるだけ丁重な対応を目指していると同時にその終了をも探索していることが示されている。ただ、その終了は「新たな苦情を生まない」ために、より円滑なものでなければならない。では、それは一体どのようにして可能なのだろうか。

「会話」を円滑に終了するためには、基本的には個々の行政職員のコミュニケーション能力に頼らざるをもえないだろう。すでに述べたようにベテラン職員は、それなりのノウハウも身につけている。だが実際には、担当者が他の部局から赴任してきて間もない職員の場合、あるいは退職後に嘱託として雇われた職員の場合、民間のボランティアの場合などもある。したがって、既存の能力だけでは融通無碍な対応は難しいかもしれない。そのためもあってか行政相談委員向けに、終了困難な要望・苦情についての手引きが作成されている7。そこに本章の目的にとって興味深い手法が提示されている。聞き取りの結果を傍証するためにも、ここで、その一部を参考にし考えてみることにしたい。

その手引き書には特に対応が困難な住民が五つにカテゴリー化されている。すなわち「感情的になっている人」「愚痴っぽい人」「偏狭な人」「孤高独善的な人」「精神病的な人」に対する手法が具体的に記されている。やや長いが、その箇所の一部を引用してみよう。

「……

○　感情的になっている人

……

・感情の波に逆らわないよう注意すること。始終微笑してうなづく。
・胸の中の感情的なわだかまりを一応全部吐き出させること。
・何よりも感情の冷静化を図り、相談の要点をまとめること。

○　愚痴っぽい人

・同じことを繰り返されても注意しないで、『そうでしたね』と軽く受ける。
・適当な時期に話をリードして、相談の要点をまとめること。

○　偏狭な人

・相談の内容が、一般的にみて妥当ではなく、またこれを実現することが、個人の利益を著しく伸張するだけでなく、公衆一般の利益と均衡が取れないおそれのあるときはその偏狭となった原因を探究して、偏狭性をほぐすこと。

……

○　孤高独善的な人

……

・必ずしも妥当でない意見を述べ、自分の意見どおりになるまでは、検討を依頼する態度に出ますので、相談内容のうち、論理の飛躍しているものと、苦情や意見として取り扱うべきもの、要望とみなすべきものを区別すること。
・相談内容が法令的秩序を無視し、独善的であるものに対しては議論をせず聞き流すこと。
・場合によっては、相談者の所論を一応承服して、その前提に立った場合の実際上の不都合、不均衡、公共性との矛盾が生じることを述べて、それでよいか質問して自分で反省的に考えさせること。

……

○　精神病的な人

……

・『病的』と断定していいかげんに対応したりなどせず、同情的に対応し、行政相談として処理できるものがあればその要点を取りまとめること。

・突き放すような態度を取らないこと。

・真実、精神病者の疑いを持ったときは、家人の来訪を求めること。

……」(全国行政相談委員連合協議会 1995:51-3)

もちろん、実際の対応が手引き書どおりに行われているのかどうかは明らかでない。だが、ここで要望・苦情に対する態度が、社会心理学的な知見に基づいて示されていることを確認することはできる。すでに述べたように担当者があらゆる事例について習熟しているわけではない。それゆえ、これまでの事例とその対応例をあらかじめ学習しておくことは、話の内容から対応可能な部分を抽出し、住民の要望・苦情を実質化するために必要なことも考えられる。したがって、この事前学習は職員の利便だけではなく訪れた住民にとっても、より円滑なコミュニケーションの成果を得るために役に立とう。だが、いうまでもなく、すでに「ニーチェ・ロヨラ」的存在の意義を知り、「外部」と異なった「内部」的リアリティで行政コミュニケーションが行われていることを知ったいま、それは事実の半分でしかない。確かに「聴く」ことを含め、広聴政策の現場において「会話」の継続が目指されている。しかし、それは「例外的」状況を除いてという限定つきなのである。「例外的」状況においては、さまざまなリアリティを持った住民が、設定されたいくつかの枠にはめられ「処理」がなされていく。

さて、こうした手引き書における記述と聞き取りの結果から、行政の対話の「論理」の一側面を見出すことができるだろう。職員の個々の動機とは独立に、そこでは次のような対応が行われているとまとめられるように思う。

第一に対応困難な住民の要望・苦情があったとき、住民の「感情」の心理的な鎮静化を図ることが重要な指針として掲げられているという点がある。対応の如何が事案の処理に影響を与える限り、担当者は住民の感情を好転させる必要がある。そのことは同時に、日常的な「権力」をソフトなものに変換している。

第二に、それらの要望・苦情に対する「一般的」に「合理」的な、妥当な判断をするという作業が、そこで行われているという点がある。もちろん、この「一般的」な「合理」性というのは行政の規準にしたがってという意味であることはいうまでもない。より具体的にいえば、既存の行政組織に対応可能性が存在するかどうかという判断が、ここでなされているということができるだろう。

第三に、そうした判断を通じて対応不可能なものを除外するという作業が行われていることが明らかである。「偏狭な人」「孤高独善的な人」といったカテゴリー化によって、住民の要望・苦情のある側面は、行政とのコミュニケーションの場から「合理」的に排除されていくことになる。

このような行政の要望・苦情対応を、住民の「感情」を鎮静化しつつ、行政に対応可能な課題を抽出し、対応不可能なものを排除していくカテゴリー操作の過程だと呼ぶこともできるだろう。そのことをレイベリングによるカテゴリー分けであると一方的に批判することも可能である。しかし一歩、踏みとどまれば、行政にとって「理性」的な要望・苦情であることが「会話」継続の条件であることを、ここで確認することができる。担当者たちは、組織防衛のための感情労働を担っていると言い換えることもできよう。民意の反映という役割とは別に、こうした濾過作用のために広聴の部局は機能していることは明らかである。

4　要望・苦情のカテゴリー化

ここまで具体的な内容を捨象して、現場の職員のリアリティから要望・苦情に対する行政の態度を明らかにしてきた。だが具体的な内容は、より深い分析に欠かせないことはいうまでもない。そこで本節では、これらの行政の対応が妥当であるかどうかを検討するため、主に聞き取り調査と一部行政資料から得られた事例を取り上げ行政のリアリティについて、さらに考察を進めることにしたい。そのため、あるいは事例の選択と解釈とにバイアスがかかるのではないかという疑問が生じるかもしれない。だが、むしろ、そのバイアスこそ本節で明らかにしたいことなのである。すなわち現場職員はどのように住民の要望・苦情を受け取っており、どのような感想を持ち、それらをどのようにまとめているのか。そこで浮かび上がることこそ、要望・苦情に対する行政のリアリティだといえるのではなかろうか。

さて資料と聞き取りから得られた事例を見ていくと、それらをいくつかに分類しうると考えられる。すなわち表出性と、折衝可能性の軸を立ててみるとき、現場職員が受け付ける要望・苦情の無制限な内容は図5のように四つのカテゴリーにまとめられるように思う。それらのカテゴリーを、それぞれ具体的折衝型、問い合わせ・斡旋型、問題指摘型、対応不可能型と、さしあたりここでは呼んでおこう。いうまでもなく実際に、この四つのカテゴリーを厳格に定義し、それらの事例を明確に仕分けすることは難しい。したがって、ここではヴィトゲンシュタインのいう「家族的類似性」の思考方法を参考に、それぞれのカテゴリーに定義を施すというよりも、例示を挙げることにより理解を求める分類を試みてみたいと思う8。

分析に先立ち、この分類に沿って、その内容を具体的事例を挙げながら説明してみよう。

【具体的折衝型】…手段的・折衝的

このカテゴリーに分類されるものは、住民が具体的な政策的課題を持ち込んで、行政を利用しつつ、その課題の達成を実現しようという要望・苦情である。その意味では、その課題が達成できるかどうかは別にして、「われわれもハイレベルな政策論争をしたいんですがね」というある担当者の言葉が象徴するように、行政が期待する要望・苦情のパターンだということができる。したがって研究レベルでも、その争点自体が対象となりうる内容である。資料と聞き取りから得られた例としては、看護士試験の発表の繰り上げ、条例上、給食が配給されない老人に対する給食の配給、父母などの働きかけによる「問題」教師の解任、近隣への郵便ポストの設置などを挙げることができる。

【問い合わせ・斡旋型】…手段的・非折衝的

このカテゴリーに分類されるものは、問い合わせや斡旋を求める要望・苦情である。これらは住民が行政の機能を

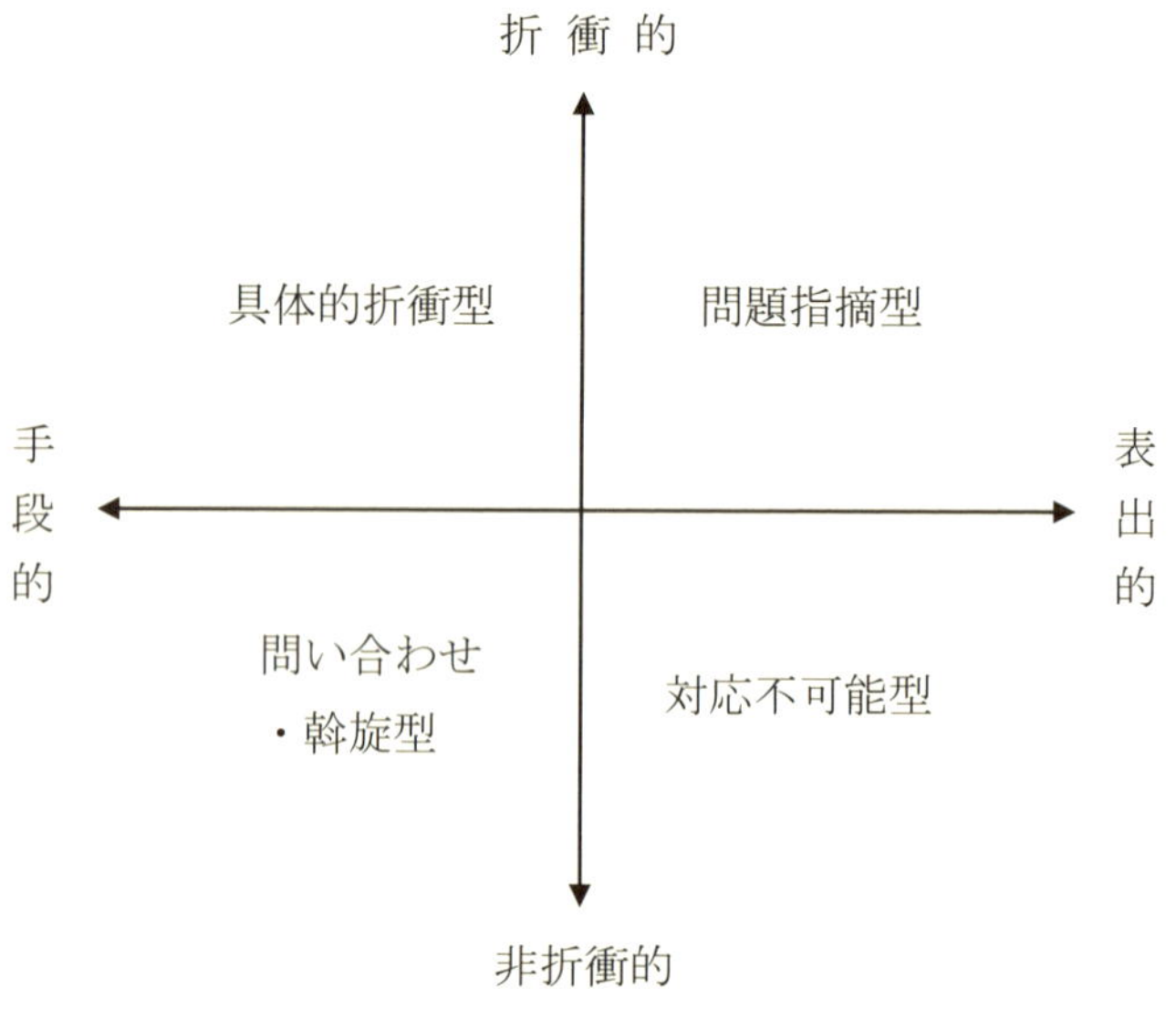

図5　要望・苦情の類型

利用しようとしつつも、折衝を必要としない。たとえば住宅抽選の申し込みの場所や公共機関の利用可能日などの問い合わせなどを例に挙げることができる。また住民が具体的な課題を持っていたとしても、他の機関へ斡旋できる要望・苦情もここに分類することができるだろう。行政へという限定がなければ、この種の問い合わせ・斡旋は誰しも一度は経験している行動かもしれない。原則的に具体的な権限を持たない広聴部局にとって、このパターンの対応が実際には最も多くなっている。

【問題指摘型】…表出的・折衝的

このカテゴリーに分類できるのは、特定の住民が同じ行政機関に、同じあるいは異なった要望・苦情を持って幾度も訪れる場合である。具体的な数値には現れないが、聞き取りを行った範囲では、どこの行政機関にも、担当者によって「マニア」と名付けられる住民の存在が確認でき、担当者の引き継ぎ事項になっている行政機関もあった。聞き取りから得られた内容は「庁舎が汚れている」「ゴミ箱の位置が適切でない」「道路が陥没している」「立木の落ち葉がひどい」「職員の対応が悪い」「地下鉄の職員が怠業している」など、具体的な内容を持っており、それ自体は折衝的ということができる。だが、その課題の達成もさることながら、住民にとって行政に対する表出が、より主な目的だと担当者によってみなされる要望・苦情である。

【対応不可能型】…表出的・非折衝的

このカテゴリーに分類できるのは、具体的な課題の達成というよりも感情の表出が目的だと受け取られ、その対象として行政が選定されているとみなされている場合である。具体的な行政問題には変換不可能だと判断され、前節で述べたように対応困難な要望・苦情として「処理」されてしまう。聞き取りから得られたものでは、相続税の相談から親子の不和についての身の上話に移るものや、アルコールの入っているとみなされる住民による金策の相談などを例として挙げることができる。また、最初から最後まで三〇分程度、罵倒が続く電話、また「総理大臣に〇百万円の寄付をしましたので、そのうち貴自治体に届くでしょう」といった電話など、把握が困難な内容と判断された苦情の存在を、担当者たちから聞き取ることができた。

このように分類された中で、行政にとって対応が容易な要望・苦情とは［問い合わせ・斡旋型］であり、行政が建前として期待する要望・苦情とは［具体的折衝型］である。それに対し行政の担当者が心理的リスクを負い、対応可能な課題の析出が行われるのが［問題指摘型］であり、行政の担当者にとって心理的負担が最も大きいと予測できるものが［対応不可能型］である。［問い合わせ・斡旋型］や［具体的折衝型］と分類される要望・苦情への対応の怠慢は、部局の役割からいっても非難されるべきであろう。では他方で［問題指摘型］、また記録にも残らない［対応不可能型］と分類される要望・苦情についてはどうだろうか。むろん、木で鼻を括るような対応は論外であり、ここでも誠実な対応が望まれよう。だが担当者たちは、それらに対して、すでに引用したような手引き書をつくり、その対処法を考えていた。それでも、とりわけ慣れない担当者たちは、それらの要望・苦情に対し、ついつい腹を立ててしまうともいう。たとえば、ある職員はひとつの事例を次のように説明する。

「窓口へ来られてね、『課長はいるか？』っていうんですよ。それで『会議です』といったら『会議中か？』って言うんですね。『はい、会議です』って言ったら、今度は『客のいうことに逆らうのか！』って言われて……。どこがおかしいのか、

分かります？『会議中』の『中』が抜けているって言うんですよ。そんなことで怒られることもあって……」（担当者E）

さて、この例についてどのように考えることができるだろうか。文脈も十分に明らかでないし、この逸話は職員の語った断片に過ぎない。それゆえ、住民の真意を量ることも困難である。とはいえ言葉尻をとらえられ、揚げ足をとられている職員が、その瞬間に理不尽な要望・苦情だと思うことも、自分がその立場に立ったことを想像すれば理解できないわけではない。この事例の場合、すでに述べたカテゴリーに沿っていえば［対応不可能型］に分類されるかもしれない。ここではまず、行政への要望・苦情は必ずしも職員が期待する「理性」的な「市民」によって発せられるわけではないということが明らかになっている点を確認しておこう。建前上「理性」的な「市民」の要望・苦情への対応がその役割であるなら、建前を貫こうとする担当者にとって「理性」的と思われない要望・苦情は、本来の役割を阻害する要因である。むしろ、うまく「処理」すべきものだとみなされるだろう。そして、そうした判断にしたがうなら、そのとき住民と行政との「会話」は切断されることになってしまう。実はここに3章で論じた「ニーチェ・ロヨラ」的問題が、われわれの身近に具体的な形を持って現れているといえる。また、この事例の中に、まさに本書の対象とする住民と行政とのリアリティの相違を見出すことができる。

ここで行政のリアリティとは具体的には、行政職員のリアリティのことである。このリアリティは、第一に行政職員という役割としてのリアリティである。現れたのが、建前となっている「会話」の可能な「理性」的「市民」ならば、対応することはもちろん本来の役割義務であろう。「会話」が不可能だと判断されれば職員としては何とか、うまく「処理」をして組織の機能を維持するよう努めなければならない。その感情労働の様相は、3節でも記述した。だが第二に、このリアリティは労働者としての心理的リアリティでもある。この点も、本書では重視すると1章で述べた。もし、相手が建前として想定されている「理性」的「市民」ならば、労働意欲もわくかもしれない。だが建前として想定されない「理不尽」な相手であるなら、労働者として何とかうまく「処理」してしまいたい要望・苦情だと思ってしまうかもしれない。この二つのリアリティは職員において不可分で、必ずしも切り離すことはできない。もちろん、その両方がいつも表出されるわけではない。だが、それらのリアリティが複合され現れた反応が、住民に映る「行政」だということは確かである。

こうしたリアリティをもって、この例を具体的な折衝内容を持っていない［対応不可能型］の要望・苦情として職員が「処理」してしまえば、すでに述べたように住民との「会話」は断絶されてしまうことになる。その立場にいたら、あるいはこれらの職員たちと同じようにわれわれもつい腹を立ててしまうかもしれない。それが、すなわち現場の担当者の心情でもあるだろう。だが、その現場に立ち合っていないわれわれは、その要望・苦情に意味を見出し、職員の対応と感慨を批判的にとらえることもできる。それは、どのようにしてか。

第一に、たとえば、それは担当者の応接態度に対しての意識を喚起しており、十分に要望・苦情の要件を備えていると解釈することが可能であろう。住民にとって重要な案件を抱えてきたのに、事務的な職員の対応に不遜さを感じ取ったのかもしれない。つまり、その不遜な態度に対する批判と考えれば検討可能な内容を含んでいるともいえる。

あるいは第二に、この断片のコンテキストをこそ吟味すべきなのかもしれない。ある具体的な問題で、住民はその役所にすでに大きな不満を持っていた可能性もある。揚げ足取りは、その不満の結果かもしれない。とすれば、隠れたその具体的問題に対して行政は対応しなければならないという必要性も生まれるだろう。

ここで重要なことは、あるひとつの事例に対してさまざまな解釈が可能だということである。本節では、ひとつの例しか挙げなかったが［対応不可能型］に分類されるすべての要望・苦情のそれぞれに折衝的であれ、表出的であれ「生活者」としての住民の行政に対する切実な願いが込められている可能性は十分にある。それゆえ住民と行政の担当者とのコミュニケーションだけで［対応不可能型］とカテゴリー化された事例の中にも、実は行政の機能の変更が必要であると解釈可能なもの、あるいはそうでなくとも住民に対する行政の態度の改善を暗に示唆しているものが含まれている可能性は存在するのである。

以上のように見てくると、行政への要望・苦情とは「合理」的行政に対する「理性」的な批判にとどまるわけでないことは明らかである。とはいえ、それは「合理」的行政に対して「感情」をぶつけることだけにとどまるものでもない。あるいは非「合理」的行政に対する「理性」的な批判にとどまるものでもない。それらの主張は、「感情」的とカテゴリー化されてしまわずに、いかに「合理」的とカテゴリー化されるかという「合理」性をめぐる「場」での争いとしてとらえることができよう。そこには、住民のリアリティと行政のリアリティとが交錯して存在しているのである。

5　「合理」性をめぐる「場」としての行政

近代的な官僚制は「理性」的市民と「合理」的官僚という枠組みを前提に組み立てられがちかもしれない。そうした枠組みにおいては、「形式的」に対応する役割としての「官僚」と「理性」的な見解を持った「市民」との関係が想定され、それ以外の関係はその偏差として扱われがちになろう。だが、その枠組みが実際とはかなり異なっていることは、ここまでの検討から明らかである。確かに、これまでも行政の広聴及び広報について、社会学を含め多くの知見の蓄積が行われてきた（cf. 三浦 1984; 本田 1995; 竹下 1995）。それらの知見は研究に、あるいは実際の政策に活用されてきたことはまちがいない。だが本章で行ったように、むしろ「理性」的でないとみなされ記録にも残らない闇に葬られがちな要望・苦情に着目することこそ、まさに重要なことではなかろうか。そうした要望・苦情の対応が行われるのは、住民と行政のリアリティの齟齬が最も端的に現れる「場」だからである[9]。では、こうした点を踏まえれば、広聴政策についてどのような評価がなされるべきなのか。本節では本書の前半での理論的成果を活かしつつ、この点について検討してみよう。

こうした広聴政策に対して、住民の要望・苦情を行政に反映させうる制度であるゆえに、民主主義の実現の一歩であるという肯定的見解が存在することはすでに述べた。困惑した住民の意向なり感情なりを受け入れる場所を提供し、「開かれた行政」に貢献し、住民の意思を行政に反映する、それは民主主義実現の第一歩であるとみることはできる。だが他方、この制度について、行政批判が致命的にならないうちに処理することを目的とした、擬制された民主主義に過ぎないという否定的な見解を述べることも可能であった。行政は要望・苦情に対する広聴制度を援用することで、潜在的な要望・苦情を顕在化し、行政システムの危機を縮小している。同時に「偏狭な人」「孤高独善的な人」といったカテゴリー化によって、行政の「場」からそれらを合理的に排除しているのである。この理論的対立を、ここまでの実際の現場を対象とした分析の結果を援用し、より具体的に記述し見ていこう。

前節の具体的な事例を見る限り、広聴政策が全く意味のないことであるという結論は性急であろう。「具体的折衝型」では、住民の要望・苦情によって、行政の運営に幾ばくかの変化がもたらされていることが示されている。老人に対する給食の例などでは、一定距離よりも近くに親族の住居があるため、条例上は自治体による給食が不可能であった。しかしながら、老人と親族との関係が疎遠であるという近隣の住民の指摘と、広聴担当者の調査と提言により、この老人に対する給食が可能になったという。もちろん、それが妥当な結果かどうかは議論が残るかもしれない。しかしながら規則通りの運営に、住民からの要望・苦情が変化をもたらしていることは否定できない。ポストの設置や「問題」

教師の解任など他の例も同様に考えることができるだろう。したがって行政を何らかの手段として活用するという観点に立てば、広聴制度は十分ではないとしても住民の要望・苦情を行政に反映するための機会を提供している。その限りで、それが行政の民主主義的制御にとって無意味であるということはできない。

もっとも実際の現場では、そう台本通りにいっているわけでないことは、すでに指摘したとおりである。4節でみたように広聴担当者は、建前としては「理性」的な要望・苦情を期待している。しかし、そこには必ずしも「理性」的とカテゴリー化されうる「市民」が現れたわけではない。もっとも、それらの訪問者たちの相談内容がなおざりにされているのでもない。むしろ要望・苦情を提起する住民の感情をさかなでないような工夫が凝らされていたのであった。すなわち「『病的』と断定していいかげんに対応したりなど」せず、むしろ「同情的に対応し」、「議論をせず」「相談者の所論を一応承服」する。まさに「聴く」という態度が同時に貫かれてもいる。また「論理的に飛躍しているものと、苦情や意見」「要望とみなすべきものを区別」し、「行政相談として処理できるものがあればその要点」をまとめる。その対応が十分かどうかの議論の余地は残ろうが、さしあたり「理性」的な「市民」という前提に立ち、非「理性」的な内容から「理性」的な内容が汲み上げられているといえる。その「理性」の意味が行政にとってのもの、すなわち現在の、あるいは未来の行政の制度として対応可能なものであるとはいえ、このこと自体は、「ニーチェ・ロヨラ」的問題の解決策として本書で提案した、アイロニカルな制度のひとつではあるだろう10。したがって行政の現場においても、広聴政策を通じて合意への希望をめざす「会話」の継続は、努力義務として制度的に保障されているといえる。だが同時に、自らが予測している以上の非「理性」的とみなされる内容に職員たちは困惑し、そこには「会話」の断絶が不断に起こっていることも明らかである。ローティの描き出した「ニーチェ・ロヨラ」的問題は極端な例ではなく、日常的な出来事として生じているのである。この問題に対して行政は「狂っている」という露骨な表現は使わない。こうした訪問者たちに対して「偏狭な人」「孤高独善的な人」といった具合にカテゴリー化し、対応が行われているのである。それらの手法がマニュアル化されている点を考慮すれば、それは個々の担当者の対応法というよりは、より普遍性を持った広聴における対処法とみなすことができよう。したがって、広聴制度が「開かれた行政」を実現しているという結論もまた性急であることを示している。

このことをさらに組織的観点から見れば、要望・苦情に対応する部局は、「理性」的市民と「合理」的官僚という建前としての枠組みと、表出的な部分の比重が大きいという現実との偏差を埋める装置として、すなわち「理性」と「感情」との選別装置として存在していると言い換えることもできる11。とすれば「感情的なわだかまりを一応全部吐き出させる」「議論をせず聞き流す」「突き放すような態度は取らない」というような、住民の話を「聴く」という行政の力点の置き方は、建前とは別に、いわば感情労働の側面を示す。もし「行政は無限に供給しうるものではなく、限られた財源と所与の経営管理能力とによって」(本田 1995:62) 運営されるゆえに、住民の全ての「意向」を政策に反映することが不可能であるなら、限界のあるものとしての行政にとって、この鎮静化作用は避けられないのかもしれない。だが、もちろん住民の「感情」を鎮静化することは行政の実質的な課題の隠蔽にも機能しうる。すなわち「怒り」を「聴く」ことで「感謝」を生み出すということ自体は、行政の実質的な改善と必ずしも関係があるとはいえない。それは心理的なカタルシス効果による満足に過ぎない。こうした心理的カタルシスだけでは、行政を含む既存の秩序が維持されるだけである。

ここで注意しておくべきことは、3章で理論的に検討した「市民」と非「市民」との「会話」の断絶と異なって、この争いが一対一ではないという点である。実際の現場では、非「市民」性の意味は担当の職員だけにではなく、行政組織の解釈にさらされてしまう。理念的には民主主義を建前にするゆえに外面的に「理想化」を取り繕い訪問者に対してよい顔をしても、職場では苦情に苦労した同僚のことを「思いやり」、よく頑張ったと労うかもしれない。むろん訪問者にとっての目的が達成されるならば、行政システムは訪問者にとって機能的であるとはいえる。だが、この「思いやり」によって、訪問者の目的が阻害されるとすれば問題であろう。

さて、こうした現実を前に、訪問者の非「理性」的側面の出現にどこまでも「誠実」に対応しろというのが正当な見解である。前節の最後の事例でいえば、職員はその揚げ足取りに立腹するのではなく、むしろ背後に隠れた要望・苦情をこそ探り出すことが求められるべきだろう。そこに、広聴政策の問題点や担当者の怠慢を見出すことは可能であった。だが、もし比較的誠実な職員でさえ、そのことがそれなりの困難を伴う作業であるとすれば、そうした職員のリアリティを踏まえないまま批判を行ったとしても、批判自体は正当であっても、実際の現場では実行が困難であるという結果になってしまうかもしれない。

6　制度的アイロニーの徹底

「耳の痛い話を聴く」という、誰もができれば避けたい行為を広聴制度自体は行政に、具体的には担当する個人に強いている。この点で、すでに指摘したとおりこの制度自体はアイロニカルな制度である。しかし、それでもなお、広聴政策を担当する個人がアイロニカルに振る舞えない、あるいは振る舞わない事実のあることが、前節の事例が示していたことでもあった。その意味では、そのアイロニーはいまだ徹底されていないといえる。では、どうすればよいのか。

こうした問題への対策のひとつとして、その「場」を開くことが考えられる。その理由として第一に、たとえ比較的誠実で熟練した職員であったとして、非「理性」的とカテゴリー化される住民を前に必ずしも冷静に「理性」的部分を抽出できるとは限らない一方で、４節の分析のように、むしろ現場に立ち会わない者の方がより説得力のある判断が可能な場合がありうるからである。第二に、前節で指摘したように「合理」性の判断が行政のリアリティによってのみなされていることを、その理由として挙げることができる。要望・苦情という住民から寄せられた情報が選別され、「処理」可能な「理性」的な情報へと解釈される。この場合、住民から行政への情報の流れは一方的であり、結果についてはある程度の情報公開がなされているとはいえ事実上、その解釈過程は当事者である住民と担当職員にしかアクセスできない。行政のリアリティを全面否定するには及ばないが、行政の解釈は当然、批判的に再解釈されるべきである。このことは「ニーチェ・ロヨラ」的問題をより民主主義的な解決に委ねることであり、「内部」の思いやりの体系を「外部」的リアリティにさらすことだと言い換えることもできる。

たとえば具体的にいえば固有名を匿名化し、要望・苦情の内容のすべてをネット上にでもさらしてしまうのが一番よいのではなかろうか。交渉の場面も、匿名化のための処理を施して、できるだけ映像として公開すればよい。どのような深刻な要望・苦情にどのように行政は対応し、拒絶しているのか。それは住民が行政にアクセスできる重要な機会の提供である。住民にとってはもちろん行政にとっても、それは悪いことではない。そうなれば要望・苦情側の姿勢自体も問われることになり、対応に苦慮し手引き書などつくる必要などなくなるかもしれない。納税者の立場からいっても、さして重要だとも思われない要望・苦情に行政職員が時間を費やすとしたら人件費の無駄使いだし、またたとえば仮に一部の圧力団体に税金が使われているということなどがあるとすれば迷惑な話ではないか。もっとも、そんなことをしたら要望・苦情を受け入れるかどうかの確固とした規準が維持できなくなってしまうではないかという疑問が浮上するかもしれない。しかし、社会における「合意」についてそもそものような規準などはありえず「外部」をも含む無限の「会話」の継続に委ねるしかないというのが、2章での結論ではなかったか。

このように、その内容が全面公開されることは、住民と行政の双方にとっても納税者にとってもメリットがある。だが、実際そうされない。なぜか。少なくとも次の二つの理由が考えられる。第一に民主主義的な「会話」に委ねるといっても、公開された場合、実際にはマス・メディアの批判にさらされるだけだというのが、その理由のひとつであろう。ネット時代とはいえ、NPO／NGO時代とはいえ、政治的な無関心が浸透する現在、各マス・メディアの意向にその「会話」は左右される。社会的役割もあって、マス・メディアは勢い行政批判にかまびすしい。したがって、行政は全面公開に躊躇するのかもしれない。だがこのインターネット時代、それらとは異なった見解も十分に存在しうる。したがって行政は躊躇するに及ばないと思う。だが第二に、いうまでもなくプライバシーの問題があろう。すでに述べたように固有名や具体的映像を匿名化しても、状況から特定されうることもある。また住民にとっても私的なことについてこっそりと要望を行いたいという場合があることは事実だろう。こうした点からしても、なかなか全面公開は実現しないのだろうと予測できる。では、原則的には全面公開が望ましいとしても、このプライバシーの観点からいって難しい場合、それと代わりうるような、全面公開と広聴制度の中間的な仕組みはありうるのだろうか。

【注】

1　かつては「公聴会」の「公聴」を使う自治体もあったが、いまは「広く聴く」という意味合いで、「広聴」とする自治体がほとんどである。行政において慣習的に定着した用語だといえる。パブリック・リレーションズの日本への導入において、広聴より広報が偏重されてきた点については上野（2003:135）を参照。

2　梶田孝道は、大蔵官僚を題材に、この点を鋭く指摘する。「大蔵官僚は、社会問題を『テクノクラートの視角』にしたがって把握し、生活者たちの抵抗を、彼らの『不誠実』のあらわれとみるのである。それゆえ、生活者の視点に立った場合、当該問題がまったく別の問題にみえようなどとは夢にもおもわない」（梶田 1988: 82）。それとは逆に「生活者」のリアリティについて、次のようにいう。「官僚たちによる当該個別問題の相対化や体系的総合性の重視を、生活者は、当該問題のかけがえのない重要性を理解しない官僚たちの『不誠実』のあらわれ、ないしは『支配』の意志とみるのである。それゆえこの場合も、テクノクラートの視点に立った場合、当該問題が別の問題のようにみえようなどとは夢にもおもわない」（梶田 1988 : 82-3）。ここでは「生活者」と「テクノクラート」とのすれ違いが、大蔵官僚を題材に的確に描き出されている。

3　1章でも述べたように住民と行政との関係で近年、具体的な接触場面に着目する必要性が主張されてきている。たとえば畠山弘文は次のようにいう。「今日では、多くの第一線行政機関が市民生活の円滑な運営に不可欠の機能を果たしており、のみならず生活必須的サーヴィスの分配の公的機関を経由する制度的仕組がますます普及するなか、その役割は加速度的に増大している」（畠山 1989 : 1）。とりわけ地域社会の再考がなされる現代の文脈を考えるとき、「テクノクラート」だけではなく、むしろストリートレベルの官僚のリアリティに着目することは、ますますその必要性を増していくのではなかろうか。加えてストリートレベルの官僚制における住民と行政の接触は、政策立案について重要な意義を持つ。必ずしも議会やトップの机上の法制化だけでは実質的な法整備は望めない。仮に間接民主制の建前を維持するため最終的な決定は議会に委ねられるとしても、その判断の材料はこうしたストリートレベルの接触に求められるであろう。したがってトップダウンの決定を阻止するものとして批判される稟議方式についても、その活用によっては直接的な接触に基づいた効果的な法制化に有効にもなりうるのである。

だが、ここでも住民のリアリティと行政のリアリティは互いにずれる可能性が大きい。たとえばチャールズ・グッゼルは次のようにいう。「市民たちはあらゆるところでレッドテープ、冷淡な政府、高い税金、不十分な公的サービスについて不平を言う。他方で公共と接する政府の職員もまた重い労働負担、過酷な労働条件、安い給料、矛盾した法規、ときおり現れる不作法なクライアントについて『問題』として言及する」（Goodsell 1981: 4）。ストリートレベルでもやはり重要なことは、どちらかのリアリティを優先することではなく、不毛な争いを回避し、議論をかみ合わせることだと考えられる。

4　1章で本書が、①労働者としての行政職員、②代弁者としての行政職員、③民主主義政体としての行政――という観点をも重視することは述べた。こうした観点から、行政のリアリティの分析は本書にとって重要である。

5　聞き取り調査結果の引用においては、担当者の匿名性を確保するため引用元を示さず、また地域性を特定するような表現は改めた。以下の引用も同様である。

6　近年、メルッチがその重要性を主張した「聴く」という態度がさしあたり、ここではすでに強調されている（メルッチ 2001）。

7　それは担当者の時間的コスト削減という組織的な問題でもあるし、同時に担当者の心理的負担の軽減の問題でもある。「クライアント」の、あるいは一部「担当者」の時間的コスト、心理的コストの制約などについては畠山（1989）を参照。この種のマニュアルは、他の業界にも存在する。こうした事実をスキャンダル化し葬り去ることは、生産的な作業とは考えられない。

8　ヴィトゲンシュタインは「言語ゲーム」を分類するために、この概念を提示している（Wittgenstein 1953: 32＝1976: 70）。たとえばゲームとは何か、という問いに定義でもって厳格に答えることができないとヴィトゲンシュタインはいう。むしろいくつもの具体的ゲームを例示することで、コミュニケーションの中でのゲームを確定していく。このことは、前期ヴィトゲンシュタインで主張された一対一対応の言語観が否定され、実際のコミュニケーションの中で、ある概念の定義が行われうることを意味する。この方法にしたがって、ここでも具体的に事例をカテゴリーの例示として挙げることで、読者とのコミュニケーションにおける各カテゴリーの定義を得たいと思う。この点からいえば、前節で述べた行政の対話の「論理」と本節のこの分類との間に因果関係があるといいたいわけではない。むしろ行政の「論理」がこの分類を可能にしており、逆にいえばこうした分類自体が行政の「論理」を具体的に明らかにしているのである。もちろん、いくつかの行政組織の事例をすべて網羅してそれぞれの類型をカウントするという実証的方法も考えられよう。

9　このことは1章で述べた違いを考慮しても他の官僚制、たとえば企業の「お客様相談室」などにも当てはめることができるだろう。官僚制における行政と私企業の同質性に関してはヴェーバーの指摘もある（Weber 1956: 552＝1960: 34）。

10　柄谷行人は「他者」を「異質な言語ゲームに属する」コミュニケーションの対象としてとらえている（柄谷 1992:12）。その上で、自らの共同体（言語ゲーム）の外部へ出ようとする意志に基づくコミュニケーションを「交通」と呼び、その具体的例として売買と教育を挙げている。その分析は、広聴政策の現場においても援用可能だろう。だが、広聴の現場に現れるのは全きの「他者」ではなく、部分的な「他者」である。3章での議論を思い起こしたい。その分析においては、個体はさまざまな行為のベクトルを持っているとみなされた。いや、さまざまなベクトルの視点こそ個体とみなされるのであった。その自己の複数性を踏まえれば、広聴の現場においてその制度が利用されている限り制度についての、さまざまな程度の共有認識が存在しているといえる。また職員がからかわれていると理解できる限りで理解可能である。電話を使用するほどには、共通の文化を有している。そう考えれば、訪問者が完全な「他者」であるという事例は見当たらない。むしろ共有された認識の中で、ある部分が「他者」的だという方が正確だろう。その相互行為において瞬間的に遭遇する「異質な言語ゲーム」こそ担当者にとって対応不可能な要望・苦情であるといえる。このように担当者は「市民」性と非「市民」性を両方備えた個体と向き合う。それゆえにこそ「市民」性と非「市民」性が交差する個体に対しながら、その意味をくみ取っていくという作業が可能であり、重要なのである。このことは逆に柄谷のいう売買と教育についても妥当するのではなかろうか。いずれにしても、この場合に求められているのは自らの共同体（言語ゲーム）の外部へ出ようとする意志にほかならない。この論点については、最終章でもう一度取り上げる。

11　この「感情」は住民に特権的なものではない。もちろん担当者の行為もまた、「感情」的なものとしてカテゴリー化される可能性を持っている。フーコーが言説の歴史において明らかにしたように、「理性」の定立によって「狂気」は成り立ち、その境界も変遷する（Foucault 1972）。本章の場合、その境界は訪れた住民と担当者との間の相互行為において達成されていた。

第6章　制度的第三者の意義と課題

1　第三者のリアリティ

第三者制度が近年、しばしば話題に上る。企業であり、マスコミであり、政府であり、自らの組織の振る舞いを独立した第三者に評価を委ね改善に役立てる。その評価が組織自体に対して否定的になりうる機能を持つという点で、それらはアイロニカルな制度のひとつだともいえる。こうした制度は本書の課題である行政についていえば、オンブズパーソン[1]制度がそれにあたる。前章で取り上げた広聴政策では、行政職員のリアリティによって断絶された「会話」の内容の中にも、解釈によっては「理性」的な問題提起を見出すことができることも事例を用いて指摘した。したがって、その対応は住民からは不十分に映るかもしれない。しかし、すでに述べたように、その解決は担当職員への倫理的要請によってだけではなく制度的に保障されなければならない。そこで本章では広聴制度のアイロニー性を補うものとして、オンブズパーソン制度に着目し、その機能について検討してみたいと思うのである。では、その検討のために本書の前半の理論的な成果は、どのように援用可能であろうか。

第一に前章でも注目したように、理論的な検討の焦点として「会話」の継続という論点がある。すなわち合意への希望が「会話」の継続に託されること、同時に、その断絶が限界を構成していることを前半で確認した。前章の広聴政策の分析では、現場に現れる住民と行政職員との間においての「会話」の継続とその限界について分析した。だが「会話」の継続が、ある住民とある職員の間だけで成立する必要は必ずしもない。むしろ当事者以外の第三者が交渉する方が、利害関係をより「客観的」に把握できる可能性が存在することは5章でも触れた[2]。とすれば「会話」の継続の有無を問うという論点は、この制度が広聴制度などのアイロニーの不足を補う、よりアイロニカルな制度であるかどうかを論じる際にも有効な視点だと考えるのである。

第二に本書の理論的な焦点は、行政のリアリティが住民のリアリティと異なる点にあった。広聴制度のようにその「場」が閉じられている限り、どのような違いが顕在化しているのかは不明である。そこに職員同士の「思いやりの体系」が存在するとすれば、その制度自体、有効に機能しないことにもなりかねない。それを防ぐためにも前章では、そうした要望・苦情の全面公開の意義を主張した。それが原則だという考えは変わらない。だがそこにプライバシーの問題などが孕まれているとすれば、オンブズパーソン制度は果たして行政のリアリティに染まらず、そのディレンマを解消し第三者的な機能を担いうるのだろうか。この点を分析するためには、前半での行政「内部」のリアリティの検討が有効な前提を提供していると考えられるのである。

このように本章では前半の理論的成果を用いつつ、住民と行政とのコミュニケーションに再解釈を加える制度として、オンブズパーソン制度について検討を行おうと思う。だが法学、行政学におけるような制度的分析に終始するだけでは、その意義、あるいはその問題点は明確に浮かび上がってこないのではないかと思う。むしろ実際の住民と行政とのコミュニケーションの中にこそ、とりわけ社会学における課題は明示されるであろう。また1章で私企業との違いとして述べた、ある住民に対抗する行政の見解が他の住民の利害でありうる点を考慮できると考えられる。そこで本章では制度的な分析というよりも、ひとつの事例をより深く分析することに重点をおき、この制度の是非と課題について考えてみることを試みたい。そのため、事例研究ゆえの分析上のデメリットは残るかもしれない。だが逆に、より詳細な事柄から細部の問題点を伺うことができるというメリットを期待できるだろう。

以上の課題のため、本章では次のような構成で作業を進めていきたい。まず次節では事例の背景となる日本におけるオンブズパーソン制度について、手短に整理を試みておくことにしたい（2節）。次に具体的事例として、住宅コミュニティで起こった身体障害者についてのあるトラブルを資料と聞き取りに基づき再構成し、そのトラブルに介入したこの制度の役割を具体的に見ていく（3節）。その上で、トラブルの解決に一定の機能を果たしたオンブズパーソン制度の意義を検討し（4節）、この制度の持つ問題点と、それに伴う社会学的課題について言及する（5節）。最後に、本書の課題に沿いオンブズパーソン制度が行政「内部」のコミュニケーションに与える影響を考えてみたい（6節）。

2　オンブズパーソン制度

日本のオンブズパーソン制度の元となるオンブズマンはいうまでもなく、一九世紀にスウェーデンで始まったとされる第三者制度である（cf. 園部 1989）。それ以降、現在、ヨーロッパのいくつかの国やアメリカ合衆国の州などで採用されている（cf. 小島・外間 1979）。多くの場合、オンブズマンは中央、地方の議会に所属する。その職域の中で、住民からの苦情について調査し、行政府に対して提言を行う。それゆえ担当する者たちは「市民の権利を守る苦情調整官」「独立かつ不偏不党の公務員」（西尾 1993：347）と定義付けられる。本節では後の分析のために、このオンブズマンを巡る日本の現状について、まず制度的な側面から概観しておくことにしたい。

周知のとおり日本においてオンブズパーソン制度は、リクルート事件に対する反省から川崎市に創設されるなど、近年いくつかの自治体で実施されている（cf. 安藤 1994）。だが、成立の歴史的経緯から日本の場合、その形態に独自の特色を指摘することができる。その独自性を、次の三点から整理しておくことができる。

第一に日本の場合、政府ではなく、自治体の試みとして始められたという点がある。前章で述べた、行政相談制度についてオンブズマンに比肩すると総務省はいう。だが行政に対する相談員の権限からいって、やはり広聴制度のひとつとみなすのが妥当なところであろう。日本に存在するオンブズパーソン制度の場合、より住民に身近なところから始まり、現状においても身近なものを扱う点を特徴として挙げることができる。したがって、その意味では、かえって本書が対象とする住民と行政の接点を形成する制度のひとつだといえるであろう。

第二に日本の場合、議会の組織ではなく行政組織として一般化したという点がある。その任用に関しては議会の承認が必要であるとはいえ原理上、首長が委託し、また提言も同じく首長に行うことになっている場合が多い。こうした点において、組織からの完全な独立が必ずしも形式的に保証されていないという点をその特徴として挙げることができよう。この点は、改めて後に議論することにしたいが、さしあたりここでは、それが「外部」からの提言であるとみなされる一方で、他方でそれは行政自身の「自省」的な色彩の強い制度であるという点を指摘しておきたい。

第三に日本の場合、この制度が一般オンブズパーソンと特殊オンブズパーソンに分化したという点を挙げることができる。川崎市や横浜市など分野を限定せず苦情を受け付けるもの、また特定のサービスに関する苦情に対象を絞り専門化したものが併存する。とりわけ二〇〇〇年の介護保険制度の開始以降、福祉オンブズパーソン制度を設置する自治体が増えた（cf. 武智 2001: 144-5）[3]。

このように、これらの制度はこうした日本の行政独自の事情から発展してきているという経緯が存在する。だが行政に対する住民の救済のための制度的保障であれば、司法制度や異議申し立て制度がすでに存在する。それらもまた、住民と行政を調停する制度として重要な機能を持っていることはいうまでもない。では日本のオンブズパーソン制度は、他の同種の制度とはどのような違いがあるのだろうか。広聴政策との違いについては5節で独立性の点から改めて考えてみることにして、ここでは、あらかじめ、この点を簡単に整理しておきたい。

まず行政に対して異議がある場合、異議申し立てをすることが制度的に保障されている。周知のとおり異議申し立て制度では、申し立てられる異議の内容について当該担当部局の上級官庁が吟味をする。すなわち、それは他の官庁により裁定される制度だということになる。異議申し立てを保障している点を考えれば、重要な制度だといえる。しかし一方で、そうした官庁同士の監視に限界が存在することは4章で論じたとおりである。この点で、それは、やはり行政「内部」のリアリティに基づく解決である点は否めない。したがって少なくとも、この制度をもって住民と行政とのコミュニケーションが十分に開かれているとはいえない。その比較からいえばオンブズパーソン制度は、行政の委任としても第三者の介入という点で相対的に、より「外部」の審査であるということができよう。

だが、さらに中立的とみなされる制度として司法制度があることはいうまでもない。すなわち住民が行政に不服がある場合、訴訟を行いうる。公害などを例に取るまでもなく行政訴訟の判決の結果は大きく行政の政策を変更してきたという歴史が存在する。したがって、より深刻な異議については訴訟による救済が大きな意義を持つ。しかし一方で日本の場合、訴訟は個人にとってまだまだアクセスが必ずしも容易な保障とはいえないのではないか。まず膨大な時間がかかるという点が挙げられる。近年、時間の短縮が議論されているとはいえ、その問題の解決の日程はいまだ明らかではない。次に、裁判のために要する経費的な問題を挙げることもできる。確かに、すでに民間の弁護士費用の免除制度なども存在する。けれども、それは勝訴の見込みがある場合に限られている。こうしたことに加えて、そもそも行政行為や契約行為の裁量の中での問題が果たして、どれだけ司法において取り上げられるかという点においても疑問が残るのではなかろうか。そう考えると裁判制度は、なくてはならない重要性を持つとはいえ、いまのところ必ずしも身近な制度だということはできない。その裁判制度と比較するとき、オンブズパーソン制度の特徴は手続き的にも地理的にも、その身近さにあるといえるのではなかろうか。

以上のような特徴を持ち、日本独自の形態に変わりながら定着しつつあるオンブズパーソン制度は、すでに述べたように本書の課題からいっても重要である。同じく身近であるはずの広聴政策における住民と行政との直接的な関係で断絶した「会話」が、身近なこの制度によって縫合可能なのかどうか。また行政のリアリティによる解釈の度合いを、この制度は測定できるのかどうか。まさに本書が前半で理論的に提出した問題が、具体的に吟味できる現場だと考えられるのである。

3　住宅コミュニティにおけるトラブル

すでに述べたように住民と行政との直接的な接点を射程とする本書にとって、制度的分析に終始することは、社会学的分析として十分でない。したがって本節以降では、むしろ具体的な事例に焦点を絞り、フィールドワークによって得られた知見に基づいてオンブズパーソン制度の社会学的意義と問題点について検討してみることにしたい。

本章で取り上げてみたい事例は、ある住宅コミュニティでのトラブルについてである。この事例が有用であると考えられる理由は二つある。第一の理由として、この事例においてはオンブズパーソンがその住民と行政との間に立ち、明確にどちらかの立場に立って判断を下そうとしていない点を挙げることができる。その具体的な行動は、制度的な側面からのアプローチでは十分に明らかにならない、この制度の行政からの独立性の問題の分析を可能にするのではないか。その検討は前節で指摘した住民の要望・苦情に対する行政のリアリティによる解釈を、プライバシーに配慮しつつどこまで開くことが可能かという問題の吟味でもあるだろう。第二にこの事例においては、ある住民が行政からだけではなくコミュニティにおいても孤立していた点がある。他の多くの者との「会話」が断絶してしまったこうした極端な状況の中で、この制度はいかに機能することができるのか。その分析は「ニーチェ・ロヨラ」的問題に対する取り組みのひとつであり、アイロニカルな制度を検討する事例として、ふさわしいと考えられる。こうした二つの理由から、この事例についてやや詳しく関わることは、本書の課題からいって有用だと考えられるのである。

本節ではまず深い分析を加えず、その事例をなるべく忠実に紹介してみることから試みたい。使用するデータは一九九七年から二〇〇〇年にかけて筆者が断続的に行った聞き取り調査に基づいている。この間、事例のトラブルを担当したオンブズパーソン（1997.9.25, 98.9.22）、また当自治体のオンブズパーソン事務局（1993.6.3）、住宅管理課（98.8.22）、事例のあった住宅の自治会長（2000.7.21）などから聞き取りを行った。時間は、それぞれ約一時間から二時間である。なお極めてセンシティブな問題ということを勘案して、当事者本人への接触は行わなかった。また、場所やトラブルが発生した年月日についても匿名性を高めるため記述しない。

まずは事例の舞台となる住宅について課題に関係する限りで、簡単に紹介することから始めよう。この住宅は、高齢者、身体障害者の世帯を含み、自治による福祉社会の形成を目指した公共住宅である。もともとは戦後すぐに建てられた平屋の公共住宅であったという。この住宅では設立時から、ひとつの井戸を四戸で共有するなど、活発な共同性が存在していた。さらに、払い下げ運動を通して住民に結束が生まれてきたのだという。だが家屋の老朽化に伴い、払い下げを断念し低層住宅として建て替えられることになった[4]。この建て替えに際し、たまたま建設省（当時）が提唱していた「環境共生住宅」という理念がリンクされる[5]。そこには、特に二つの目的が設定されている。一つには自然環境および社会環境を含む「周辺環境」と調和した住宅であること、二つには「住み手参加型」の運営が行われることの二点である。本章の課題からいえば、特に後者の理念が重要であろう。建て替えにおいて新たに加えられたものとはいえ、この理念は、もともと緊密な共同性を成立させていた住民にとって違和感のないものであったことは推察できる。実際、計画・設計プロセスに住民が参加し、その設計内容やルールづくりには住民からの細かな要求がかなり取り上げられた。結果、もともと住んでいた三五世帯のうち一七の戻り入居世帯と、新たな新規入居世帯との計七〇世帯で、新住宅は構成された。偶然が重なったとはいえ、ここに行政が主導する「参加」型コミュニティの実現を見ることは困難でない[6]。

さて本章で注目したいのは、この住宅コミュニティにおいて起こったトラブルについてである。この住宅の一階に新しい入居者として、ひとりの身体障害者が住んでいた。仮にAさんとしよう[7]。まず図6を参考に、このトラブルについて簡単に説明しておこう。

Aさんの部屋には避難路を設けるという消防法に基づいて、ベランダ側に

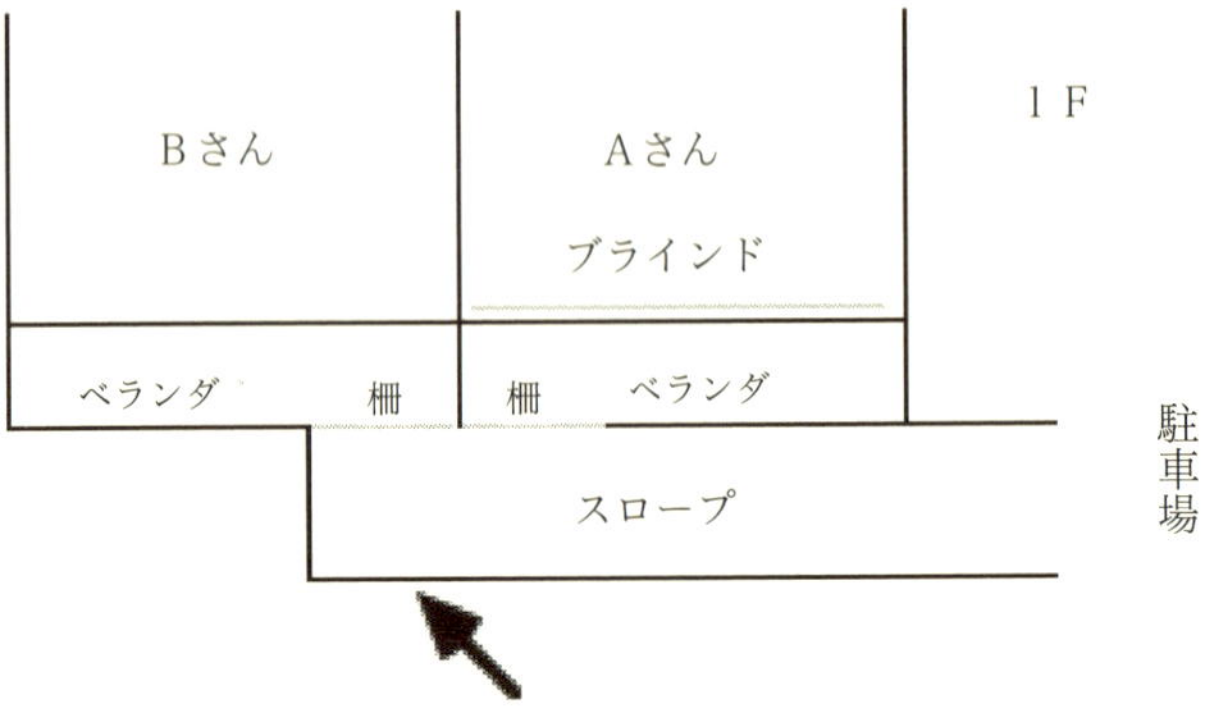

図6　身体障害者用住居見取り図

非常用スロープが存在する。その詳しい構造の指示は消防法の定めにはない。自治体は自治会と相談しながら身体障害者用の住居であるという点を考慮し、避難路であると同時に常時、車椅子で使用できるスロープを設置した。新しい入居者であるAさんは、この相談には参加していない。ところが入居完了後すぐに、住宅管理の担当課にAさんは苦情を申し出た。それは隣人、仮にBさんとしておくが、そのBさんに対するものであった。同じく新しい入居者であるBさんがスロープの外側の手すり（矢印部分）に布団を干すので、布団の出し入れ時に部屋に埃が入ってくること、また窓からAさんの住居の内部が見えることが苦情の内容である。この苦情を受け住宅管理の担当課は、入居者に対する全体説明会の場で、対象を特定することなく、共用部分であるスロープに布団を干さないよう依頼した。その後、布団を干すことはなくなる。だが身体障害者であるBさんは、やはり外出するときベランダ側に設けられた非常用スロープで車椅子のまま自動車のある駐車場まで降りる。したがって住居の内部が見えるという所期の苦情内容は解決せず、Aさんは住宅担当課にもう一度、苦情を申し立てた。だが車椅子の使用という目的を維持するため、スロープの日常使用をどちらかというと続行したい担当課と自治会は、Aさんの部屋にブラインドを付けることを推奨する。しかし部屋が暗くなるという理由で、Aさんの不満はおさまらなかった。こうした経緯をへて、Aさんと住宅担当課との感情のもつれは精鋭化し、担当課がプライバシーを配慮してスロープをつくり直すと申し出たときには、Aさんは交渉をすら拒絶した。

この住宅コミュニティはすでに述べたように、払い下げ、建て替えを通じて行政と対抗してきた経緯がある。また自治こそが、このコミュニティの建て替えの理念でもあった。だとすればAさんは地域社会にこそ支援を求めるべきであったのかもしれないし、両者の調停を自治会が行うべきであったかもしれない。だが実際は、そうはならなかった。理由は二つある。まずAさんが新しい入居者であったことである。コミュニティの成員としての信頼関係が、まだ十分に確立していなかったと想像することは難しくない。加えてAさんが、以前から地域の「クレイムメイカー」とみなされていたということがある。特に騒音に対して近隣や、自治体、警察へと苦情を何度も申し入れており、幾度となく対立した自治会にも加入せず集会にも出席していなかった。こうした状況を考え併せれば、この住宅コミュニティがAさんを支援する状況ではなかったといえる。この事例では、自治体の給付行政とコミュニティのはざまで孤立してしまった個人の、具体的な例が明らかになっている。

行き場を失ったAさんは、住宅管理の担当課と決裂したあと、この自治体にたまたま存在した苦情に対するオンブズパーソン制度事務局に申し立てを行った。この自治体では五名のオンブズパーソンが任命され、苦情が諮問されると担当委員をひとり選出し、その委員の調査に基づいて他の委員との合議で自治体への提言が提出される。この制度の問題点については後に議論するとして、以下では、その審査過程をごく簡単に辿っておこう。

Aさんの苦情が諮問された後、この事例を担当した委員は、Aさんと三度にわたり電話で話をし、二度にわたり直接、面会する。その中で、すでに述べた事情からAさんは自らの「孤立無援」をしきりに主張したという。そこで、より詳しく事態を把握するため、担当委員は自治会長や、隣のBさんやAさんの上の住人を含む計七名の会合にオブザーバーとして参加する。その会合でオンブズパーソンが耳にしたことは、普段から「Aさんにはいつも迷惑している」「自己主張が強すぎる」「どこか別の場所へ、引っ越せば万事うまくいく」という参加者によって交わされる非難の言葉であった8。こうした中やってきたオンブズパーソンに対しても自治会は自治の立場から、その介入を快く思わず、あくまでも内部で解決したいという立場を貫く。だがオンブズパーソンは孤立するAさんの状況をも考慮し、住宅管理課の担当者やBさん、二階の住人などとの個別の話し合いを続行したという。

このような経過の後、審査会は合議でひとつの結論を出した。すなわち確かにスロープは障害者の日常生活に有用であり自治体のアイディアは評価できる、だが、スロープが居住者のプライバシーの観点から不適切であり、構造改造を行うまで非常用以外の使用は認められないというものである。この提言を受け、担当課はもうひとつ別のスロープを設置しようとしたが、当初から計画・設計プロセスに関わってきた自治会は行政が住宅の設計をいまさらAさんのためだけに変更する必要はないとこの新たな設置に反対する。新たなスロープは設置されなかったが、審査結果に対する自治会の反対を押し切ってスロープの日常使用は禁止された。

以上のように、本節では深い検討を交えず事例をより忠実に記述してきた。その記述は本書の課題と、どのような関連があるのだろうか。第一に行政とは異なった第三者の介入を、そこでは具体的な形で観察することができる。第二にAさんは行政とはもちろん、コミュニティとも「会話」の断絶した状況にあったという点が、理論的な課題の題材になると考えられる。では、この事例から何を読みとるべきなのだろうか。

4　オンブズパーソン制度の意義

前節で取り上げた事例の内容は見方によっては、あるいは、ささいな出来事かもしれない。だが、ここで紹介した小さな事例は本書の議論に対して、重要な論点を含んでいるように思われる。本書の課題と関連づけながら、この制度の意味、とりわけ本節ではその肯定的意義について検討してみよう。

まず何よりも、このトラブルは、Aさんと福祉提供者としての行政との間の問題である。この点は、本書の課題とも一致している。確かに、事例においてスロープの設置の仕方に対する自治体の非を認めることもできる。また担当部局の対応が適切であったならば、行政のさらなる介入を招きかねない新たな制度など必要はないかもしれない。事例の住宅管理の担当者もまた最初の苦情への「対応を誤った」と認めている。こうした担当部局の「初期対応」のしくじりを回避すべし、という倫理的要請を述べることは必要だろう。この失敗によってAさんの場合、担当部局との感情のすれ違いが生じたからである。とはいうものの「初期対応」のしくじりを批判するだけで、果たして十分なのであろうか。たとえばクライアントと企業の間にもトラブルは発生する。だが1章でも述べたとおり行政とのコミュニケーションは、さらに独自の特徴を帯びると考えられる。企業ならば独占禁止法が他の選択肢をある程度、保障している。しかし行政の場合、一度こじれれば住民には選択肢がない。住んでいる自治体が自動的に決定される。また他に移り住まない限り窓口は同じで、人事異動がない限り担当者も同じとなる。すなわち住民の選択肢は行政に限っていえば、限定されてしまうのである。

コミュニケーションには偶発性が必然的に伴うことを、多くの社会学者が指摘してきた[9]。たとえば一方が良かれと思った行為が、必ずしも他方のためにならない場合がコミュニケーションには起こりうる。このことを住民と福祉提供者である行政とのコミュニケーションにあてはめてみれば、それが望ましいことではないとしても、そこに齟齬が生じる可能性をその知見は示しているだろう[10]。事例の場合、後になって担当部局が過ちを認めたが、Aさんにとって「信頼」がすでに欠落してしまった部局との「会話」はもはや成立していなかった。こうした点を踏まえればオンブズパーソンが住民にとって、福祉提供者としての行政と異なる交渉者としての意義を持つことを、さしあたり事例に基づき指摘しておくことが可能ではなかろうか。もちろん行政をめぐるトラブルに対して、職員の怠業を非難することは重要ではある。だが、そこにとどまるのではなく、「善意」によるものを含む失敗に対して制度的な保障の必要なことがここでは示されている。

ところで、それ以上に、この事例は個人とコミュニティとの関係において、より重要な論点を提供していると考えられる。すでに述べたように住民自治の観点からいえば、住宅コミュニティこそAさんとBさんを調停し、ともに担当部局の非を責めるべきであっただろう。だが実際は、そうはならなかった。前節で見たとおり新しい入居者であるという理由をも含め、Aさんは住宅コミュニティにおいて孤立していたからである。ここで、この住宅コミュニティを一方的に責めるわけにもいかない。建て替えに際して自らつくり出してきたルールの遵守を新しい住人のAさんに求めることは、住宅コミュニティにとって当然のことでもあろう。そこには他の住人との調和を図ろうとする「善意」をすら読みとることができる。だが普段「クレイムメイカー」であったことで、スロープのプライバシーの問題が軽減されるわけではない。重大な問題を偶然、「クレイムメイカー」が提起していた可能性は残る。担当部局とだけでなく地域社会とも関係がこじれたAさんは、まさに「孤立無援」だったと推察できる11。そのことを踏まえると行政とのトラブルは、より深刻なものであったと考えられる。この事例では、住民と行政との「会話」の軋轢を論じる場合、住民が他へと「会話」を継続する方法があったのかどうかに目配りする必要性が示されている。

本書の前半で指摘した「ニーチェ・ロヨラ」的問題は、広聴政策の現場でも見たように何も鮮烈な事態としてだけではなく、われわれの身近な問題として生じる。こうした身近な問題を対象とする場合、むしろ、その細かな行き違いにこそ注目すべきだろうし、その解決にオンブズパーソン制度が一定の役割を持つことを、この事例は示している。だが、本書の課題からは次のことを考えておかなければならない。もし4章で検討した広聴制度で同じ機能が得られるとするならば、オンブズパーソン制度自体の意義はない。したがって、両者の違いをここで考えておかなければならない。この点についてはオンブズパーソン制度が、行政から形式的に独立している点は重要である。確かに広聴部局も担当部局とは異なる。とはいえ、住民にとって担当者と広聴部局の職員は、同じ自治体の職員ということには変わりない。その点、行政の設置した制度とはいえ、さしあたり「外部」の委員である第三者の存在との交渉の持つ、住民に対する心理的な効果は大きいと考えられる。実際この事例の場合、Aさんは事務局の職員とは話したがらず「直接、担当委員と話をさせてほしい」と職員に繰り返していたという。少なくともAさんにとってオンブズパーソンは行政以外の存在だったのである。

次に、審査の結果について考えてみたい。その解決が十分なものであるかどうかは、もちろん議論の余地があろう。ただ行政、コミュニティに抗してAさんのプライバシーが侵害される状況を防いだ点がオンブズパーソン制度の本来の意義だということはすでに述べた[12]。とはいえ、失敗からの救済という、この第一義的な意義だけでは本章の課題にとって十分だとはいえない。そもそも、この制度を検討してきたのは、行政のリアリティによって非「理性」的とみなされた要望・苦情を再解釈することによって「理性」的な部分を見出す保障を確保することであった。この点から、もう少し事例に沿って分析してみよう。

ここまで述べてきたオンブズパーソン制度の意義は理論的にいえば、コミュニケーションの偶発性に基づいていた。すなわち行政の「善意」の施策は、往々にして住民、コミュニティにとって好意をもって受け入れられない。ただ、この偶発性による失敗は必ずしも悪いことではない。たとえば前半でも中心的に取り上げたルーマンは、『社会システム理論』の中で次のように述べている。

「ダブル・コンティンジェンシーの経験というこうした(コミュニケーションの)条件は、いわばまだ現実化されない進化上の潜在力を用意しているのである」(Luhmann 1984: 236＝1993: 271)

やや難解なこの指摘を、オンブズパーソン制度の意義を検討するために、以下のように言い換えることが可能だろう。すなわち、確かにコミュニケーションにおいて偶発性が不可避である、けれども同時に、その偶発性が新たな社会関係を創出する可能性があると。より引きつけて言えば、コミュニケーションの失敗がその対応によっては、住民と行政とのより良い関係を生む可能性があると解釈することができる。では、ここでいう「関係」とはどのような関係なのか。事例において考えてみよう。この審査によって得られた知見は、次の二点に整理することが可能であろう。第一に、障害者用の非常口はスロープであった方が利便性の高いことが明らかになった。すでに述べたように、このことは消防法などに定めはない。この事例ではなるほど、その設置が問題を引き起こしてしまった。だが今回の設置は失敗であったとはいえ、障害者用住宅にとって日常使用可能な非常用スロープの設置自体は望ましいことだと、審査によって定式化されたと考えることができる。第二に、この審査の結果が明確に示していることは、その際、居住者のプライバシーに十分に配慮した設計にすべきだという点である。より一般的に敷衍すれば、障害者福祉におけるプライバシーへの配慮の重要性を、それは具体的に明らかにしたといえる。

このようにこの事例の場合、オンブズパーソン制度は住民と行政との「会話」を部分的にではあるが確かに開いている。そのことで、行政のリアリティによって非「理性」的とみなされた要望・苦情に「理性」的部分を見出す作業を、内容を全面公開することなしに、さしあたり果たしていた。ただ、それだけでなくこの事例は、住民と行政、さらにはコミュニティとのすれ違いを明るみに出すことで、スロープの設置と、プライバシーへの配慮とについて、障害者と行政の新たな関係を両者のコミュニケーションの偶発性に基づいて示している。したがって、この制度の意義は個人を救済するという消極的なものにとどまらず、コミュニケーションの失敗を通して「まだ現実化されない進化上の潜在力」を現実化する点にも求められるだろう。

5　オンブズパーソン制度と社会学的課題

前節では問題点を括弧に括り、まずはオンブズパーソン制度の肯定的側面に注目し分析した。いうまでもなく、この制度についての課題は多い。たとえば篠原一は「オンブズマンの要件」はなによりも「まず第一に、独立性である」（篠原 1999:13）という。この点は、広聴政策との違いにおいても確認したことである。確かに住民と自治体との関係を調停するとすれば、双方からの独立が必要であり、もしそうでないならば中立を標榜するオンブズパーソン制度を盾に、行政権力の不要な介入を許す危険を生み出すだけである。そのことは住民と行政とに関わる判断が行政のリアリティのみに基づいて行われる危険性を高めるだろう。そこで本節では、この独立性の問題を手がかりに、オンブズパーソン制度の問題点について社会学的課題と関連づけながら事例に沿いつつ考えてみることにしたい。

まずは事例を振り返りながら、独立性との関連性について整理しておこう。前節では、Aさんが心理的にオンブズマンを行政と独立した存在としてとらえていたことを指摘した。確かにそれは事実だとしても、心理的効果は機能的な独立性を必ずしも保証しない。だとすれば、この制度の独立性の指標をわれわれは他に求めなければならない。この点について、ひとつには審査する委員の選定方法が形式的な側面での鍵になると考えられる。事例の自治体の場合はどうか。条例上は自治体長が委員に「委嘱する」ことになっている。しかし実質的には、審査会の事務局が適材者に依頼し自治体長に推薦するという方式だという。それゆえ、事務局の意向が大きなウエイトを占めていると推測もできる。そもそも、この制度の委員の構成は学者や法律家、医師など、いわゆる有識者に偏っていることが多い13。実際、事例では自治体と懇意な専門家がこの職に就いていた。この点は行政にとって馴染みのある専門家に依頼することで、苦情の処理のために有用な審査をつくり上げるという可能性を、制度的に阻止できるわけではないことを示している。事例でいえば、担当委員がAさんと自治体とのコミュニケーションにおける「感情」の緩衝装置となり、住宅管理課が労力を省きつつ行政支配の機能がうまく遂行されたという穿った見方も可能である[14]。したがって独立性の確保は、個々の案件に踏み込まない限り必ずしも保証されないといえる。

次に、この独立性の問題と関連して確認しておく必要があるのは、権限の問題についてである。すなわち、この制度の有効性を問うためには、オンブズパーソンの提言が必ずしも実効性を持っていないという点を考えておかなければならない。事例を振り返ってみよう。前節で述べたとおり、コミュニティの否定的な反応があったにもかかわらず審査は続行された。しかし自治会の見解を押し切って、新たなスロープをつくるという結果にまでは到達できないでいた。その理由は何か。オンブズパーソンの権限の問題である。まず審査会が社会に対して直接、強制する権限はいまのところない。併せて、自治体長はその提言を尊重すべきとはなっているものの、必ずしも実行しなければならないという法的拘束はない。したがって悪く言えば、行政はフリーハンドで第三者の提言をつまみ食いできるということにもなる。このことは、あくまでも代表権を持たない仲裁者であるオンブズパーソンに大きな権限を持たせないために起こる制度的限界であろう。

では、この限界に対して何らかの対策がありうるのだろうか。現状を批判的にとらえた場合、オンブズパーソンの権限を現在より大きなものにするという解決策も考えうるだろう。その場合、先に述べた行政からの独立性が重要な関係を持ってくる。両者を関連づけながら、場合分けをして検討してみよう。

まず、行政からの制度的分化が十分に明らかでない場合を想定してみよう。この状態で、オンブズパーソンに大きな権限を持たせるとする。そのとき、本節の冒頭で述べた懸念が現実化する恐れが大きくなろう。すなわち中立を標榜するオンブズパーソン制度を盾に、社会に対する行政権力の不要な介入を許す危険が生まれる。そうなれば、要望・

苦情の解釈を行政に独占させないためという本章の趣旨からもずれてしまう。この点を考えると、行政からの独立性が曖昧である限り、その権限をより大きくすることは好ましいとはいえない。

では、制度を行政と完全に独立させてしまえばどうか。その上で、オンブズパーソンにより大きな権限を付与する場合、行政のリアリティとは異なった大胆な提言ができよう。大きな権限ゆえに行政もその提言を遵守しなければならないだろうし、また社会もその決定によって変更が施されるのだから、非常に実行力のある制度となるだろう。だがそのためには、より大がかりな制度的工夫が必要となる。とはいえ、大がかりな制度であれば、司法制度が存在することはすでに述べた。そもそも本章がオンブズパーソン制度に着目した理由のひとつは、むしろ司法などの大がかりな制度にはない、その身近さではなかったか。

以上の論点をもう一度、整理してみよう。この制度において求められるのは、①行政からの独立性を確保しつつ、②その提言が十分に活用されることである。ただ、③司法制度とは異なった身近さを維持した方が好ましい。では、このディレンマを少しでも軽減するための対策はあるのだろうか。

まず、①の行政からの独立性の確保の点から考えてみよう。この独立性の問題に対しては、二つの対策が可能なように思われる。第一に、行政を中心に現在ある制度を制度として存続させ、その制度を吟味し分析をしていくという道がある。たとえば独立性が法的に必ずしも確保されていないのであれば、実質的な審査の結果を審査過程をも含め検討していくという方法である。いわば「オンブズマンのオンブズマン」についての方途を探ることである。ただ、いうまでもなくその場合、誰がその役割を果たすかが問題になろう。第二に考えられることは、こうした第三者制度を民間機関が運営する方法であろう。その場合、行政権力の不要な介入という問題はなくなる。この点については、近年さかんに論じられているNPO／NGOに対する期待は大きい15。それらは司法制度とは異なって、③の身近さを維持するための工夫ともなろう。それゆえ、その可能性も考慮すべきだろう。ただ仮にそうなったとしても、その民間の制度の出す結果について、すでに述べたのと同様の吟味が望まれるだろう。自治体やコミュニティと同じくNPO／NGOなどの社会的機関もまた悪でもなければ善でもないからである。だとすればやはり、その吟味、分析はいったい誰が行うのかという点に戻ってくる。こうした作業は、たとえば社会学を含む研究者に託された課題というふうに考えられるかもしれない。ただ、それでは行政の下請けに陥ってしまうという批判も生じるかもしれない。

事例では、障害者と行政とのコミュニケーションの失敗が、スロープの設置とプライバシーへの配慮とに関する新たな関係について熟考する機会を提供していると指摘した。苦情に対する具体的対応という第一義的な意義に加え、そこにオンブズパーソン制度の潜在的な意義を見出した。だが、このように失敗を通して牛み出された成果が十分に活かされているのだろうか。当の自治体は自らの次の住宅建設には活かすというものの、他の自治体に対して問題提起を行うというところにまでは至っていなかった。このことは、単なる制度の存在が社会的争点の一般化にまで必然的には至らないことを示している。だが失敗という犠牲を払って得られた、こうした新たな知見こそ政策的な次元へと高められる必要があろう。それは、権限の不足から生じる実効性の欠如を補うことでもある。とすれば、この点において、その審査に関する社会学的な分析は、審査の妥当性を吟味するという消極的な役割を越え「まだ現実化されない進化上の潜在力」を一般化するという積極的な意義を持ちうる。その一般化によって具体的争点に対する提言、この事例でいえば、たとえば自治会の拒絶を押し切っても審査会の提言どおりスロープをつくり直すべきであるといった提言も可能であろう。したがって、そのすべてを対象とすることはもちろん不可能だが、そうした作業の一端を担うことは単なる下請けではなく、新たな社会学的課題のひとつだとみなすことができるのではなかろうか16。

6　アイロニーのための第三者制度

本章では、広聴制度のアイロニー性の限界を補う制度としてオンブズパーソン制度を、ひとつの事例に焦点を絞り検討してきた。もちろん事例研究ゆえの限界はあり、より広範な知見は今後の検討に委ねられなければならない。しかし、本書の課題に対し本章の分析がいくつかの重要な論点を示している。最後に本節では前節で述べた三つの論点を軸に、その成果を整理し、それらの知見の本書の課題に対する意義を明らかにしておきたいと思う。

第一に、オンブズパーソン制度が住民と行政との直接のコミュニケーションで拒絶された要望・苦情に再解釈を施すという意義を、事例は示していた。3章で詳しく論じたように「市民」に対する非「市民」との「会話」の断絶は、非「市民」の行為の制度的な再解釈を要請する。ただ、ここで取り上げたような身近な例においては、ローティが提示した「市民」対「ニーチェ・ロヨラ」という構図は極端な場合が多いであろう。事例に戻れば、Aさんはコミュニティの一員として「市民」でもあるが、近隣に暴言を吐き孤立する「自分の生活設計を他の市民のそれとうまく調和させ」られない「ニーチェ・ロヨラ」的とみなされる存在でもあるといえる。この住宅コミュニティから孤立したAさんを仮に非「市民」的存在とみなしてしまえば、Aさんはその場に存在する可能性を失ってしまう。だが3章で述べたように、ひとつの個体がどちらかに帰属するのではなく、Aさんは「市民」性を持つとともに非「市民」性をも持っており、しかも、その「市民」性とはこの場合、自治体、コミュニティとの相互行為において確定されたものにほかならない。孤立したAさんにとって、ムフ的な「連帯」などは遠い存在である。むしろ重要なこととして3章で指摘したのは、その非「市民」性に着目し、そこに「市民」性を見出す仕組みであった。そのアイロニカルな制度の可能性こそ、本章がオンブズパーソン制度に求めたものであった。広聴制度では十分に明らかにできない住民の意向を、より詳細に吟味する可能性が、さしあたり事例において存在したといえるのではなかろうか。そのことで住民と行政の間で断絶した「会話」を、形を違えながらも継続させる機能が期待できるだろう。ただしそのためには、①行政からの独立性の確保、②提言の十分な活用、③司法制度とは異なった身近さの維持――が重要なのである。

第二に、この①行政からの独立性の確保と、②提言の十分な活用に関しては、審査の内容を吟味する社会学的な作業の重要性が、前節までの分析で示されたことである。第三者の独立性自体が制度的には必ずしも保証されないのであれば、個々の事例の結果を解釈することでしかその独立性は十分に明らかにならない。もちろん、その解釈自体にも解釈が必要となりはするが、そうした無限の作業の一端を社会学が担えるのではないかということを指摘した。付随して、オンブズパーソン制度の周辺に現れるコミュニケーションの失敗に社会学的分析を加えることで、新たな社会的争点の摘出という、より積極的な効果をも期待できることが、本章の考察で具体的に示されたことである。

第三に、プライバシーを確保した再解釈の機能が事例の分析から導かれている。この制度においては、個々の情報がさしあたり行政とは独立した第三者には開示される。全面公開ほどの監視力はないだろうが、機密保持義務によって個人のプライバシーは守りつつ第三者への情報の開示が可能であり、行政による情報の独占は、一定程度、阻止できるであろう。この制度がうまく機能すれば、その提言によってオンブズパーソンの提示するリアリティが行政「内部」のコミュニケーションを変化させうることを、本章の事例は示していた。すなわち、その提言は行政に対して少なくとも新たなスロープを設置するまで既存のスロープの日常使用を禁止させたのである。

このように本章での分析は、住民と行政との関係において、前章での広聴政策にはないオンブズパーソン制度の意義を示している。では、オンブズパーソンを含む第三者のリアリティの提示は、具体的には組織の「内部」に対してどのような意味を持ちうるのか。この点は、次章以降においても重要な論点になってくる。そこで、ここでは本章の事例を離れて、やや敷衍し行政に関するより一般的な例を交えつつ、この点について考えておきたいと思う。

行政組織においては、そのコミュニケーションをスムーズにするため心的システムをときに犠牲にしながら、「思いやりの体系」が張り巡らされているのであった。こうした「内部」のリアリティに対して、限界を持ちつつもこの制度は風穴を開けうるのだろうか。本書では、行政職員もまた管理される労働者である点を前提として、分析を進めてきた。この観点から考えてみよう。たとえば現場では、過度の労働強度に疲弊する職員がいる。事例の場合がというわけではないが、できれば新たに生じた課題のため残業などをせず同僚と居酒屋へ行ったり、早く家庭へ帰り団欒を楽しんだりしたい担当職員もいるであろう。労働者である自分自身を振り返れば、そのことは分からないではないかもしれない。ただ、そのことを住民の立場から批判することはできる。このような部下に対して、職業とはいえ命令を下すことは「思いやりの体系」の存在を踏まえるならば、上司にとってできれば避けたい事項であろう。服務義務を盾に命令を下すこともできないではないが、部下に残った不満は、その後の仕事に影響しないとも限らない。こうした場合にこそ、オンブズパーソンの提言は「外部」的リアリティとして「内部」の関係に影響を持つのではなかろうか。すなわち上司はこのリアリティを使用して、次のように命令を実行することができる。「気持ちは分かるが提言があるので」と。そのことは制度的な第三者を通して、結果的に住民の意向が行政に反映されることである。いうまでもなく行政は一枚岩ではなく「内部」にはさまざまなリアリティが交錯し、4章でも見たように「外部」からのリアリティの提示によって、それらは変容しうる。その「外部」リアリティのひとつが、ここではオンブズパーソンの提言であるととらえることができる。

同じ観点から、次のような点を説明することが可能である。すなわち、こうした第三者制度を自治体の首長は、しばしば進んで設置してきた。なぜか。自らを監視するための制度を、首長自らが導入するのは、民主主義的なパフォーマンスだという解釈も可能である。だが加えて、以下のような人事上の円滑化をそのメリットとして挙げることができるだろう。いうまでもなく知事や市長も絶対権力を持っているわけではない。個々の職員の抵抗に加え、各自治体には職員団体も存在する。住民の要望・苦情のすべてが実現できないひとつの理由は、これらの点にもある。この場合、無闇な権限の発動は、「思いやりの体系」を過度に乱すことになり、首長だけがその組織で孤立してしまうという事態も招きうる。なるほど強腕の首長にとって、それは越えるべきひとつの障害に過ぎないのかもしれない。だが多くの首長にとって、自らの政策を実行するためのネックともなる。その際、第三者の提言は、職員にとっても逆らいがたいリアリティを持つであろう。この場合、首長の意図は「内部」での「思いやり」を保持したまま、その提言を通して間接的に達せうることになる。この点から、成員に対する「外部」的規律・訓練を導入し、「内部」的規律・訓練に風穴を開けるというオンブズパーソン制度の意義を求めることができるだろう。

もっとも、このようなやり方に職員の労働条件の観点から批判的であることも必要ではある。しかし、そのリアリティが部下にとって悪いことだけでもない点は注意しておく必要がある。担当者行政といわれるほど、ある政策については末端の担当者が最も情報を持っている。しかしながら、最終的な施行は上司の決裁を待たなければならない。したがって情報の内容から施行が妥当だと担当者が判断したとしても、上司への説得が可能でないならば実行は不可能である。この場合、その説得を容易にしうるものとして、オンブズパーソンの提言をとらえることができるのではないだろうか。つまり、その制度が生むリアリティによって、担当者が上司の決裁を得ることが、よりスムーズに進むとも予測できる。

こうした考察によって明らかなことは、オンブズパーソン制度が単に民主主義を実現するツールにとどまるのではないという点である。むしろ同時に、それは「内部」のコミュニケーションのツールともなりうる。「思いやりの体系」が張り巡らされた「内部」のリアリティに対して「外部」のリアリティは、このような仕組みで影響を及ぼしうるであろう。

もっともオンブズパーソン制度は、万能な制度ではない。特にその独立性が十分に達成されなければ、やはり、その再解釈は行政「内部」のリアリティによるものに過ぎなくなることは繰り返し指摘してきたことである。その場合、オンブズパーソンの提言は、単に行政「内部」の相互行為に使用されるツールに陥る。それゆえにこそ「オンブズマンのオンブズマン」という課題も生まれるのであった。もちろん、そうした限界があるのなら制度によってではなく、制度以外でその役割を果たしてしまえばよいではないかと考えることもできる。その例が社会運動であることはいうまでもない。

【注】

1　ジェンダーフリーの立場から「オンブズマン」と英語「パーソン」との合成語としてつくられた語であるが、本書では議会に直属する仲介職という元々の意味を「オンブズマン」、また日本で特殊発展してきた自治体での制度を、その名称を使う自治体が多いことからも「オンブズパーソン（制度）」と標記する。

2　ここで「客観的」とは2章で述べたように、より「会話」が尽くされたという意味である。とすれば当事者と担当者の関係を超えて「会話」を継続させることは、その断絶を防ぐためのひとつの方法だといえる。

3　こうした福祉社会の文脈からも、この制度の是非についての社会学的な考察が今後、重要性を帯びてくるものと予測できる。

4　集合住宅におけるコミュニティの特徴については別途検討が必要である（cf. 久保 1989）。

5　環境共生住宅については松尾（1996）を参照。

6　周知のとおり政府や自治体においてコミュニティを形成しようとする政策が、これまで積極的に推進されてきた。本章の事例が舞台とする住宅もまた、そのひとつであるといえる。もっとも社会学においては、コミュニティに対する行政の介入をこそ非とする論陣が構成されてきたことは指摘するまでもない。確かに戦争中をも含む下部組織としての不幸な町内会史を記憶から消し去ることは困難である。したがって、こうした自治体主導の地域づくりに反対も起こりうるだろう。たとえば岩崎信彦は町内会が「行政の補助機関として安易に利用されたり、政治的に保守層の選挙基盤として利用されたり、残存する天皇主義の母胎にされたり」してきた点を指摘している（岩崎 1989b: 474）。それはフーコーのいう意味での統治の技術のひとつともいえる（cf. 渋谷 1999）。だが、この住宅に存在するような施設を地域社会が自らつくるには限界もあろう。そのパイは高齢化の進展に伴って縮小せざるをえないとしても、とりわけ行政からの経済的な援助に対する地域社会の期待は、公共住宅に限らず相変わらず大きいのではないか（cf. 上田 1989）。それゆえ留保付きであるとしても、事例のような自治体と協力した地域福祉の在り方も、今後の可能性のひとつとして議論すべき課題だと考えられる。

なお本章でコミュニティとは端的に事例の住宅コミュニティのことであるが、より一般的に地域社会における共同性を共有した集団ととりあえず定義しておきたい。アソシエーションとしての町内会のとらえ方については岩崎（1989a）を参照。コミュニティ政策における理念と現実の捻れについては吉原（2000: 576）を参照。

7　Aさんは当時、高齢の母親と二人で暮らしていた。その後、母親は亡くなり、ひとり暮らしとなる。なお図6は略図であり、正確な縮尺図ではない。

8　コミュニティでのAさんのこの状況は、当時の自治会長からの聞き取りにおいても確認している。

9　たとえば Luhmann（1984: chap.3）を参照。

10　「個々の職員が有能で合法的に、さらに熱意をもって行為していても」露呈する「行政組織の問題解決能力の限界や欠陥」については舩橋（1998:135）を参照。

11　当時の自治会長からの聞き取りでは、地元の社会福祉協議会もコミュニティの自治の「壁」を越え調整することはしなかったという。

12　ベネディクト・アンダーソンの指摘を待つまでもなく、これまで国家はさまざまな犯罪的行為を重ねてもきたことは確かである（Anderson 1991）。そのことを考えれば政府はもちろん自治体によるものであれ、その介入に対しては警戒しなければならないことはいうまでもない。だが国際的にヴァリエーションがあるとはいえ（cf. 小熊 2000）、他方で行政が「想像の共同体」として、村落共同体から離脱した個人を機能的に擁護してきたことにも異論は少ないのではなかろうか。かつての村落共同体と同列におけないとしても、現在のコミュニティもまた成員を排除してしまう可能性を持ち、そこで起きたトラブルを必ずしも解決できるわけではないことをこの事例は示している。だとしたら財政的限界から福祉を大幅にたとえば地域社会に依存させてしまえば、その共同性において孤立した成員を福祉から切り離してしまう危険が残ることになる。その危険の回避に努めることは、相対的に給付において撤退せざるをえないとしても、それだけにこそかえって一層、求められる行政の責任ではなかろうか。その残された役割の実現のひとつをも、このオンブズパーソン制度に見出すことができるように思う。その際、ここで個人間の関係、また個人と地域社会や企業との関係への行政介入が正当なのかどうかという点が重要な争点となってくる。オンブズパーソン制度は、そもそも行政行為への苦情に対する制度である。だが公私の境界が改めて問い直されていることは周知のとおりである（cf. 永田 2000）。福祉社会の進展は、福祉の提供者が大幅に「社会」に移行し、さらに市場の介入によって「措置から契約へ」と民事化することでもある。慎重な議論が必要だが住民対行政ではない、住民対住民あるいは企業に対する救済の道をも用意しておくことが求められているのではないか。たとえば建築紛争に関するオンブズパーソン制度の民事問題に対する間接的な介入については多賀谷（1999:45）を参照。

13　当の自治体の五人のオンブズパーソンの構成は大学教授、法律家、医師などであった。他の自治体については、たとえば最初に制度を創設した川崎市（二〇〇八年度）では元裁判所所長、大学教授、また早くから福祉オンブズパーソン制度を始めていた中野区（二〇〇八年度）では大学教授、弁護士から構成されている。

14　審査過程に関しては他にも、たとえば物理的な制約の問題が存在する。確かにこの事例においても時間をかければ、より厳密な審査も可能になる。しかしAさんのプライバシーの保護などのように、それぞれの課題は個々の住民にとっては緊急を要する場合が多いであろう。件の事例の審査においても、約一年を要している。だが審査を簡素化すれば、審査の密度は物理的に低いものにならざるをえない。そのこともあってか事例の自治体では、事務局が審査に該当するとみなした事例についてのみ審査される。だが今度は、その選定の過程において何が「適切」かが問題となってくる。

15　この点に関するＮＰＯ／ＮＧＯの可能性については、たとえば水谷（1995）を参照。また周知のとおり介護保険制度においてオンブズパーソン制度の他に、行政による国民保健団体連合会や、社会福祉協議会による福祉サービス運営適正化委員会も苦情を受け付けている。民間の審査という観点から今後、注目すべきであろう。また、この分野での市民によるオンブズマン活動の分析も重要だろう。

16　社会学はこれまで、一方で社会政策学的な立場から福祉国家の在り方についての議論に力を注ぎ成果を上げてきた（cf. 武川 1999）。他方で「社会」を国家より優位に置くという観点から「社会」への行政の介入をなるだけ阻止しようとする主張が行われてきた。むろん、この二つの方向が予定調和的に相補すると考えるのは楽観的といえよう。住民が一枚岩でない限り、無条件に共同性に期待できない。たとえば福祉に関して藤村正之は家族が「個人を社会から守る壁としてだけではなく、個人を社会から隔離する壁としても機能しうる」（藤村 1999:15）と指摘している。だが、周知のとおり単身世帯の割合が増加している。とすれば家族内での権力関係もさることながら、家族の「壁」をすら失ってしまった個人のリスクについても今後、注目していかなければならないであろう。その場合、コミュニティが、よくも悪くも「壁」となる可能性も出てくる。そのことは事例が示していたとおりである。こうした事実を踏まえれば本章の検討からは、社会学の課題として次のような結論が導かれるだろう。

第一に今後、福祉社会が進展するならば共同性の権力関係の中で押し殺された個人の「権利を保障する安全網」（町村 2000:569）を整備していかなければならないことはいうまでもない。たとえば井上達夫は、個人にとって国家と市場と共同体の三極のバランスこそが重要であると指摘している（井上 1998）。この議論に沿えば、コミュニティからも行政からも排除された個人は市場で生きることになろう。だが、いうまでもなく市場主義は「強い個人」を前提としている（cf. 金子 1999）。「いやなら、よそへいったらいい」とされたAさんが、市場において生きる可能性があったかどうか。「弱い個人」が市場において自由に選択が可能なように、十分に財政的援助を行うことも可能性のひとつではある（cf. 立岩 2000）。ただし今後の十分な経済成長が望めないがゆえに、福祉社会への是非が改めて議論されたのではなかったか。高齢者を弱者とみる視点への批判（金子 1997）について留意しつつも、セーフティネットの役割を担う制度を模索すべきであろう。たとえば「コミュニティ行政の場には政治家も呼ぶべきだという提案」（玉野 1991:89）も、第三者の介入という点で検討してみる価値がある。本章では、その役割として自治体のオンブズパーソン制度にひとつの具体的な可能性を求めてみたのである。その制度の問題点についてはさらに議論を深める必要はあろう。リスクに対してそれはもちろん万能ではないし（cf. 三上 1998:468; 篠原 1999:22-3）、危険も伴う。だが、その扱い方によっては極めて有効な制度だといえよう。

第二に、現在の社会状況の変化に伴って、社会学にもまた新たに求められる課題が出現する。それは、福祉政策の内容を分析することだけでもなければ、もっぱら行政の介入の縮小を目指すことでもない。むしろ第三者機関をも含む「社会」のさまざまな力が交差する場において、それらの問題に行政がどこまで関与すべきかをも含め、福祉にとって何がよりよいことかを具体的に「自省」し続ける作業が求められるだろう。実は、このことは福祉社会をめぐる議論に限らず、近代化の進展に伴うより一般的な問題と関連していると考えられる。1章で述べたように、近代社会における「個人化」はリスクを個人の責任に帰属させることが指摘される。たとえば、そのことは教室でのいじめ、職場でのセクシュアル・ハラスメント、より福祉に近いところでいえば福祉施設内での入所者に対する不当な扱いなどと共通する、近代社会の進展に伴う普遍的な問題であるといえないだろうか。その解決としてベックは、新しい社会運動などによる政治文化に希望を見出している（Beck 1986: 322-3＝1998: 401-2）。だが連帯の共同性からも排除されてしまった場合、この希望によって個人が救い出されないことは、すでに述べた。これらの問題においても現在、他の組織による審査の道が用意されつつある。ただ、不要な行政権力の介入という危険が存在することは事例の場合と同様である。けれども、この問題は再帰的近代における福祉社会の進展に必然的に課せられた、避けることのできないディレンマではなかろうか。そうした流れに沿った形での構図の変更こそ、「社会」と国家の役割の境界が揺らいでいる現在、社会学に突きつけられた課題だと考えられるのである。

第7章　全体社会の中での社会運動

1　行政に対する社会運動

組織、とりわけ行政の変容を促すものとして社会運動が存在する。その研究が社会学の課題のひとつであることは、いまさら指摘するまでもない。ここまで本書では、より日常的な側面から住民と行政とのコミュニケーションについて考察してきた。社会運動の影響もさることながら、日常的な住民と行政とのコミュニケーションも社会学の重要な課題であると考えたからである。とりわけアイロニカルな制度における日常的なコミュニケーションが円滑であれば、莫大なエネルギーが必要な社会運動は必ずしも必要でないのかもしれない。だが5章では、要望・苦情の対応が行政のリアリティを中心に構成されてしまう可能性がある点に、また6章では制度的第三者の独立性が形式的な側面からだけでは保証されない点に、それぞれ限界が存在することを指摘した。前者の限界についてはできるだけ内容を公開するという課題が、また後者の限界については事案を再解釈し続けるという課題が生まれる。もし社会学が5章、6章で取り上げたような制度的なコミュニケーションを扱わなくてよいという意見があるならば反論しなければなるまい。だが同時に行政の変容を主題とする本書でも社会運動の影響を無視することはできない。その全容を十分に明らかにすることは本書の守備範囲を大幅に越えてしまうが、住民とのコミュニケーションによる行政の変容に焦点を絞って検討してみることは是非とも必要であろう。そこで本章では、行政を対象とする市民オンブズマン1の活動を事例として取り上げ、前半の理論的検討に基づいて社会運動による行政の変容について分析することにしたい。

ところで市民オンブズマン活動は近年、一般に認知されるようになった社会運動のひとつである。情報公開制度を利用し税金の使途をチェックするその活動は、いくつかの限界を持ち評価は分かれるとしても、それなりの成果を上げてきた。この活動に本書が特に注目する理由を、まずは述べておこう。第一に、市民オンブズマン活動が主に行政を対象とする社会運動であるという点を挙げることができる。それゆえ、その活動が本書の課題である住民と行政との関係に密接に関連することはいうまでもない。第二に市民オンブズマン活動が、前章で検討した制度的オンブズマンに対する不満から始まった社会運動だという点を挙げることができる。したがって、その活動は、すでに指摘したオンブズパーソン制度の限界に対する、ひとつの解答としての意味を持つ可能性がある。第三に市民オンブズマンの活動は、直接的に行政の変容を目指すのではなくリアリティを提示することによって間接的に行政の変容を目指しているという点がある。それゆえ4章で論じた社会運動のリアリティの提示による行政の変容という理論的な仕組みを、市民オンブズマンについての考察はより具体的に明らかにするだろう。このような理由から本章では、市民オンブズマンの活動の手法や動機の分析を手がかりに、社会運動による行政のリアリティの変容について分析していこうと思うのである。その分析のために本書の前半の理論的検討が、どのように有効であろうか。次に、この点について整理しておこう。

第一に前半で住民と行政との合意への希望が「会話」の継続に託されること、同時に、その断絶が限界を構成していることを確認した。この理論的検討に基づいて、広聴政策、オンブズパーソン制度を分析し、それぞれの意義と限界を明らかにした。その観点からいえば、これらの制度の限界の先に社会運動が存在するというふうにとらえることもできる。すなわち住民と行政との直接的なコミュニケーションにおいて「会話」が断絶してしまったか、その手段を失ってしまった場合、社会運動はどのように住民の行政との「会話」を継続させうるのか、あるいは、どのように住民の要望・苦情を行政に反映させることができるのか。こうした点が検討されなければならないだろう。その際、「会話」の継続の有無を論じるこの理論的論点は、ここでも有効な観点となろう。

第二に本書の理論的な問題は、住民と行政とのリアリティが異なる点にあった。すでに前半で、行政「内部」のリアリティと行政「外部」のリアリティとの違いをシステム理論に基づいて考察した。その考察で、「外部」におけるリアリティによる「内部」のコミュニケーションの変容について論じたが、コミュニケーションがシステムだというシステム論的定義に基づくならば、コミュニケーションの変容は、そのままシステムの変容にほかならない。こうした理論的成果は、本章における社会運動の分析にも援用できるであろう。その分析は、4章での検討に具体的な事例を加えることで理論的肉付けを可能にし、さらに社会運動がどのように組織を変容するのかという、その仕組みを具体的に明らかにすると考えられるのである。

こうした分析のために本章で使用するデータは、筆者が行った聞き取り調査である。まず全国市民オンブズマン連絡会議(以下、連絡会議)を結成した中心的存在であり、現在も主要なメンバーである仙台(1997.9.2)、東京(97.8.6)、名古屋(97.8.28)、大阪(97.9.2)地区の代表者、また同席していた他の数名の会員からの聞き取りを行った。また連絡会議には所属せず、個人で活動している市民オンブズ(97.7.26)からも話を聞いている。匿名性を保つため、各引用については氏名や地域名を記述しないことにする。また、この聞き取り調査のあとも、大会の参加や他のメンバーに対するインタビューなどでこの活動についての観察を続け、そうした知見も本章のバックボーンを構成している。

さて先取りして指摘しておけば市民オンブズマン活動は、従来の社会学の枠組みからいって、三つの理論的な側面が複合された活動である。第一にそれは「構造」の変化をめざす点で社会運動のひとつであり、また第二に古典的な民主主義の理念を帯びる。だが第三にＮＰＯ／ＮＧＯなど近年の「市民」活動における「新しさ」をも併せ持っている。それゆえ、これらのいずれかひとつの理論的な枠組みだけでとらえてしまうなら、複合するその活動の独自性は十分に明らかにならないと考えられる。逆にこれまでの枠組みからは複合的に見える点にこそ、その可能性を見出すこともできるだろう。したがって本章では、それぞれの三つの角度を踏まえつつ、本書の独自の理論的視点から、その日常活動や動機など市民オンブズマン活動の特徴を把握し、その示唆する社会的意味に接近していきたいと思う。

以上のような課題のために行う本章の作業と構成を、あらかじめ述べておこう。まず市民オンブズマン活動の歴史的な経緯をごく手短に整理することで、その特徴を明らかにする（2節）。次に市民オンブズマン活動による「外部」リアリティの創出が、どのように行政「内部」のリアリティを変容させるのかを、4章での議論を振り返りながら分析する（3節）。その上で住民性、市民性という二つの概念を使って、社会運動が持つ参加者にとっての利害や、その社会運動が基づく理念の普遍性を考察し、社会運動全体の中に市民オンブズマン活動を位置付ける（4節）。さらに参加の動機分析を行いながら、その活動が古典的な民主主義の理念と同時に、近年の「市民」活動の「新しさ」をも併せ持っている点を明らかにしたい（5節）。その上で、フリーライダーについて考察し、市民オンブズマン活動が少数者により行政を制御するというその特質について分析する（6節）。最後に市民オンブズマン活動を民主主義的活動として位置付け、本書全体における本章の検討の意義をまとめたい（7節）。

2　市民オンブズマンの歴史的経緯

市民オンブズマンの活動とは、どのようなものか。分析の準備のため本節では、その具体的活動を整理し市民オンブズマンの成立、発展について概観しておくことにしたい。

市民オンブズマンが初めて登場したのは、一九八〇年のことである。関係者によると大阪の弁護士や税理士らを中心に、汚職事件、具体的にはロッキード事件に触発されつつ「経済的なリターンを求めない、ただ、ある程度リスクをかける、ヨーロッパ的な市民」が必要だという思いから始めたという。八二年には、大阪府水道部の約五千万円の架空接待費についての監査請求を行い、さらに八四年に施行された大阪府公文書公開等条例に基づいて、水道部会議費や知事交際費についての情報公開請求をする。その後、行政訴訟を通じ、行政の情報開示について日本のリーディング・ケースをつくってきたといえる。

この「市民オンブズマン」という名称の誕生のエピソードは興味深い。メンバーのひとりは「一種のパロディー」であるという。「オンブズマン」が元来「公務員」であるという認識が欠落していたわけではない。ただ、いかに制度上、政策遂行部局と独立しているとはいえ、同じ「公務員」に「公務員」をチェックできないだろう、むしろ「市民」が監視してこそ本来の機能を果たせる、そうした意図を込め、「市民」が行うという意味で、自らの団体を「市民オンブズマン」と命名したという。この点は、オンブズパーソン制度の限界の延長線上にその活動をとらえようとする本書にとって重要である。

その活動が広く知られるようになったのは、一九九五年の食糧費（会議接待費）の全国一斉公開請求からであろう。

各自治体に整備されつつあった情報公開制度を活用した成果は、新聞などで大きく報道された[2]。この全国一斉情報公開請求は、仙台の弁護士が知り合いの東京と名古屋の弁護士に声をかけ、また初発の大阪の市民オンブズマンと協力して始まった。さらに彼らが知っている全国の弁護士に、それぞれの地元の都道府県への請求を依頼する[3]。この広がり方が既存のネットワークを利用している点で、従来の社会運動論の知見を立証していることは改めて指摘するまでもなかろう(cf. Freeman 1975)。前年の一九九四年には、仙台で第一回全国市民オンブズマン大会が開かれ、そこで連絡会議が成立し、その後も毎年、全国大会が開かれている。

ここで、この連絡会議が、ゆるやかな組織であるという点に、まずは着目しておきたい。その意味は二つである。第一に連絡会議に参加する団体のそれぞれが独立して活動を行っているという点がある。連絡会議は相互に連携を取りながら情報交換を行うが、その域を越えるものではない。第二に全国の市民オンブズマンのすべてがこの連絡会議に参加しているわけではないという点がある。すなわち、この連絡会議に参加せず、全く独立に地元で活動するオンブズマンのグループあるいは個人が存在する。それゆえ市民オンブズマンの数は、連絡会議も行政も正確に把握しているわけではない。

では実際、その活動はどのようなものなのか。いま述べたように市民オンブズマン活動は一枚岩ではない。したがって、その内容を一般的に述べることは難しい。そこで、ここでは連絡会議の中心のひとつである名古屋の例をごく簡単に紹介してみたい。たとえば名古屋の市民オンブズマンの団体は、中心となるグループとタイアップグループとの二重構造になっている。弁護士と税理士からなる中心メンバー十五人は、例会を開き活動の計画を練る。一方、さまざまな職種の約百人のタイアップグループのメンバーが、名古屋の各地で日常的に自治体の政策の問題点を指摘したり情報公開請求を行ったりしている。適宜、問題点を持ち寄り、中心メンバーとともに情報を交換し、場合によっては共同で訴訟を行う。この名古屋と似た方式が、仙台のグループでもとられているという。

　このように、その発足、連絡会議の設立での呼びかけ、あるいは比較的組織的な活動などの中心には、訴訟を含む活動であることもあって弁護士や税理士などの法律家が存在するということが多い。その場合、広い意味での政治を本職にしている人々が、その延長線上に行政を対象とする活動を行っているといえる。もちろん連絡会議の呼びかけ、またそれについての報道などが新たな活動を生み出し、そのノウハウを提供してきたことは推察できる。だが強調しておきたいのは、こうした比較的組織的な活動に対して、その対極に、独立に活動している市民オンブズも存在することである。活動は、原理的にひとりでも可能である[4]。それゆえ政治を本職にしていない個人が他に生業を持ちながらも、その合間に自らの住む自治体に対して行っている活動もまた社会運動としての市民オンブズマン活動を支えてきたのである。この点から、もし社会運動の「主体」というものを想定するとすれば、それが「個人」に属するのか「組織」に属するのかを断定することは、この場合、極めて困難である[5]。むしろ、個人的な「市民」の活動が組織でも可能であるという言い方が妥当するであろう。

　さて、こうした活動は本書の課題にとって、どういう意味を持つのか。たとえば、ある市民オンブズは「何かを提言するのではなく、事実をわれわれは提示するだけです」と述べている。この発言に象徴されるように、この活動の存在が社会運動として行政に対して強烈なリアリティを提示してきた点に着目しておかなければならないだろう。では、そうしたリアリティの提示によって行政「内部」は、どのように変容するのだろうか。

3 「内部」のリアリティとの接合

前節では市民オンブズマンの活動について、ごく簡単に紹介を試みた。影響の大きさについては評価が分かれるかもしれないが、その活動が少なからず行政に影響を与えたことは否定できないだろう。では、その影響はどのように可能であったのか。ここでは、その過程を主に4章で行った理論的検討に沿って考えてみたい。

まず4章で明らかにしたことを、振り返っておこう。ルーマンのシステム理論によれば、抗議運動は行政を直接、変容するのではなく強烈なリアリティを提示することで「内部」のコミュニケーションを変化させることであった。そうした社会運動のとらえ方が、行政コミュニケーションの変容の仕組みを明らかにすることを警察官僚同士の宴席を例に指摘した。では、市民オンブズマン活動の場合はどうか。

すでに見たように市民オンブズマン活動によって、いくつかの具体的な税金の返還請求の裁判も行われた。だが、ほとんどの自治体について市民オンブズマンが行ったことは、その資料を「事実」として公開した、あるいは公開を請求しただけである。にもかかわらず直接、訴訟を起こされていない自治体も一九九七年度には進んで食糧費を削減するという事態が生じた。なぜか。

たとえばもし、その食糧費の支出がアカウント可能なものであれば、食糧費の削減は行われなかったであろう。だが実際に裁判になれば、勝訴を見込めない、そういう理由で自らの削減に及んだことはまちがいあるまい。ところで、このとき「内部」のコミュニケーションの変容はどのようなものであったのだろうか。その変化を推測してみよう。

たとえば、ある行政組織で事実として税金で地方自治体の職員が中央官庁の職員を接待することが慣例となっていたとしよう。この従来の慣例を、責任者が中止することは4章で詳しく述べたように困難を伴う。同様に宴席の設定を命じられた担当者を含む部下もまた、それを拒否することは難しい。それぞれ、その発言がその組織での自らの将来がかかっているからであった。もちろん、ここで「内部」でのみ改革できないことの情けなさを述べることは必要である。だがシステム理論を援用した4章での分析は、こうした慣習の繰り返しが残念ながら現実として大いに起こりうることであることを示していた。その際、注目したのが「外部」のリアリティによる「内部」のリアリティの変化であった。4章では、その「外部」リアリティは偶然に起こった事件をめぐる報道であった。だが、その提示が報道に限られないことを、前章でのオンブズパーソン制度の例が示していた。いうまでもなく「外部」のリアリティの提示が本章では、まさに市民オンブズマンの行う活動だと考えられるだろう。すなわち慣例を中止できない「内部」に対して市民オンブズマン活動が示す社会的リアリティは、責任者が宴席を中止する、あるいは部下が宴席の設定を断る際の強力な盾になったと考えることができる。たとえば一方で、自らの将来を気遣う責任者は次のように、慣例を中止することができるかもしれない。すなわち「慣例であるのは分かるが、市民オンブズマンの活動に代表されるような、食糧費の支出による世間の目があるから……」といった発言を通じて。他方で同じく慣例に疑問を持った、たとえば財政担当職員は市民オンブズマンの活動を理由に、食糧費の予算の割り当てに容易に難色を示すことができたのではないか。すなわち「昨年度まで予算を配当してきた経緯はありますが、社会の流れを考えますと、今年度は従来並みというわけにはいきませんので……」といったふうに。こうした「内部」のコミュニケーションの変化をへて食糧費の削減は実現されたと推測できるのである。この点からいえば市民オンブズマン活動の結果は、たとえ今回は対象にならなかったとしても、次回は自らの自治体が対象になる恐れがあるのではないかという社会的リアリティを構成することに成功したのだといえる。このように「市民」の活動により「外部」のリアリティの提示が可能であるという、この観点からその意義を把握しておくことが重要だと考えられるのである。

こうした「内部」のリアリティの変化の意味するところは何か。前半での理論的成果に基づいて、さらに整理してみよう。理論的検討では、「外部」のリアリティの提示が行政システムに与える影響と、心的システムや生命システムに与える影響の二つの観点から分析した。第一に行政システムへの影響についていえば、この社会運動によってたとえば広聴政策、オンブズパーソン制度などの既成の制度において達成されえない成果を挙げている点を指摘できる。すなわち、直接の「会話」でなく社会運動のリアリティが行政の変容を促すという側面がここで示されている。社会運動の効果にとってはもちろん、この点が第一義的な意義である。だが第二に、ここで注目しておきたいのは次の点である。すなわち4章では職務上の宴席を、すべての「内部」の職員の心的、生命システムが必ずしも望んでいないことを述べた。もし仮に「内部」の一部の者が望んでいること、あるいは誰もが望んでいないことを中止するのであれば、それは成員への懲罰ではなく、多くの成員の心的、生命システムの行政システムからの「解放」を意味することとも指摘した。慣例を中止したいという責任者と、慣例を疑問に思う担当者と、宴席に出席するよりは就業時間が過ぎればなるべく早く帰りたい職員たちが仮に揃ったとしても、非公式な「仕事」は実行される。だとすれば「外部」のリアリティ、ここでは市民オンブズマンの活動の提示するリアリティが、その拘束からの「解放」に一役買っていると考えられるのではなかろうか。心的、生命システムが苦痛に感じている慣習を阻止したのは、この場合、市民オンブズマン活動という「外部」リアリティの「内部」化だといえる。言い換えれば、ここで示されているのは社会運動と、「内部」の職員の心的、生命システムとのある意味での共同作業だといえよう。もちろん繰り返し述べておけば「内部」でのみ改革できないことの情けなさを批判することは必要である。ただ、4章で見たように組織のコミュニケーションの特徴が現に実在し「内部」だけで変革することが困難であるのが現実であるならば、社会変動を検討する上で、こうした「協働」を念頭に置くこともまた重要であると考えられるのである。

このように分析するならば市民オンブズマン活動は、社会運動によるリアリティの提示による、行政におけるコミュニケーションの変容の仕組みについて明らかにしているといえる。もちろん情報公開で得た数字の提示、また裁判の実行が、行政の予算の振り分けに影響を与えたにちがいない。ただ、それだけではなくそのリアリティの提示は行政職員同士のコミュニケーションに影響を与えただろう。すなわち市民オンブズマンが示すリアリティを理由に、たとえば上司は慣例となっている宴席を中止し、宴席の設定を命じられた部下は上司の命令を断ることを可能にする。同じく財政担当部局が、そのリアリティを理由として食糧費の予算の割り当てに容易に難色を示すことも可能にする。こうした知見において本書の課題のひとつであった、行政の「内部」と「外部」とが互いにブラックボックスにならない分析の手法が示されているように思う。もちろん本章自体もまた、「外部」からの分析ではある。とはいえ特に4章での理論的な分析と突き合わせるとき、住民のリアリティの提示を通した、行政のコミュニケーションの変容の仕組みが明らかになっているのではなかろうか。

以上のように市民オンブズマン活動の意味を、前半の理論的検討の成果に基づいて説明することができる。とはいえ本書の目的からいえば、まだ、これだけでは十分ではなく、そこにいくつかの検討すべき課題を残されている。第一に市民オンブズマン活動はひとつの事例に過ぎないという点を挙げることができる。他の社会運動にも、この結果を援用するためには、社会運動全体の中でのその位置付けを明らかにしておかなければならない。第二に、実際、市民オンブズマン活動が本書の主題である行政に対して効果があるとしても、今度は、その効果の維持が重要な課題となってくるであろう。そのためには、その社会運動は持続されなければならない。この点は、市民オンブズマン活動の動機に関わってくるだろう。次節以降では、これらの点について順次、考えていくことにしたい。

4　社会運動としての市民オンブズマン

社会運動論において、ある社会運動が住民運動なのか市民運動なのかが、しばしば議論されてきた。果たして市民オンブズマンの活動の場合は、どうなのか。この議論を手がかりに本節では、さまざまな社会運動の中に市民オンブズマンを位置付けることで、その特徴を明らかにしていきたいと思う。その分析を通じて本書の主題である行政との関係において、市民オンブズマンが他の社会運動とどこが異なるのか、またどこに共通点があるのかを検討する。そのことで本章での事例分析の意義を探り、さらには行政への影響について他の社会運動と異なった市民オンブズマン活動独自の可能性を示すことにしたいと思う。

住民運動、市民運動については実際の使用においても、また学説的定義付けにおいても、その語の用法は多岐にわたっている。住民運動とはどのようなもので、市民運動とどこが異なるのか。西欧における「市民」概念については、すでに3章で検討した。その「市民」概念と市民オンブズマンとの関係は7節で述べるとして、ここではまず戦後の日本の文脈における市民運動の概念を軸として、住民運動と市民運動との関係を確認しておくことにしよう。

たとえば水口憲人は「『市民運動』はきわめて多義的でありその定義は容易ではない」（水口 1995：227）ことを前提にしつつも、戦後『市民』『市民運動』という用語のもとでなにが主題にされてきたか」（水口 1995：230）を整理している。松下圭一の議論を出発したその検討は、戦後の日本の「市民運動」がその内実を変えつつも「価値志向運動」として理解しうることを指摘する。すなわち、そこには「『あるべき人間型』としての市民の規範像」（水口 1995：241）が仮定されているという[6]。この分析を援用すれば「市民」は、西欧型の規範的人間像が前提とされた普遍性を帯びた概念であると考えられる。さしあたり、その「市民」が「主体」となった運動を市民運動と呼べるのではないか。だとすれば他方の住民運動は、どのように理解できるだろうか。この水口の観点をさらに援用するならば逆に、その普遍的人間像が欠落した社会運動を住民運動ととらえることができるだろう。より積極的に定義すれば、普遍性の対極にある個別性こそ住民運動の「住民」を特徴づけるといえるのではないだろうか。

こうした分類を前提に水口は、市民運動の論者たちが住民運動から市民運動への「転換」を目指してきたと指摘する(cf. 山本 1989:57)。もっとも現状を見渡せば、市民運動が住民運動より優っていると必ずしもいえない。近年ではたとえば環境問題などを中心に、地域社会の観点から住民運動の意義の見直しもなされている。したがって市民運動だけがよしという時代ではもはやないだろう。こうした状況をも踏まえれば、そうした「転換」をめぐる価値論争に加わることが、ここではさほど重要なことだとは思えない。また加えて考えておくべきことは、そもそも実際の社会運動は、いま述べた市民運動の側面と住民運動の側面を併せ持っている点である。この点をも加味するならば、むしろ、ここでは二つの運動の種類を実体としてとらえるのではなく、社会運動の住民性、市民性という概念を軸として、両概念との距離から社会運動の位置付けを試みておくことが有効だと考えられる。

ところで、これらの概念を軸とすれば、さまざまな社会運動をどのように整理することができるのだろうか。先の分析を用いれば社会運動の住民性とは個別性のことであり、さらにパラフレーズしていえば自らの利害が存在することと定義してみることができるだろう。その利害が直接的であればあるほど、住民性は強いということができる。たとえば、ごみ処理場の誘致や、基地建設による騒音被害に対する運動において、その被害的な側面に強い住民性を認めることができるであろう。社会的に認知された場合、その運動は住民運動と呼ばれるだろう。では、市民性についてはどうか。ここでも前述の分析を参考にしてみよう。市民運動では「『あるべき人間型』としての市民の規範像」(水口 1995:241)が仮定されていた。この仮定を前提とすれば、市民性は社会運動に直接の利害のある住民だけではなく、外部の成員にも当てはまるような理念性を持つことになる。したがって社会運動の持つ理念が普遍的であればあるほど、市民性は強くなるといえよう。たとえば世界平和を目指す運動などは、他の成員との共通の普遍性を帯びるにしたがって、市民運動的だと呼ぶことができるだろう。

　もっともこのように便宜上、分類できるとしても、前述したように現実のひとつの社会運動は二つの側面を併せ持つ。たとえば、ごみ処理場の誘致への反対運動は、ごみ「問題」という普遍性を持つ点で市民性を帯び、平和運動は身の周りの安全をも目指す点で軽微な住民性を持っている。この点を踏まえつつ住民性と市民性を軸に図示を施せば、社会運動を**図7**のように整理できるのではなかろうか[7]。

　では、この構図の中で市民オンブズマン活動をとらえてみよう。「市民」という名称からして、市民オンブズマン活動は市民性の強い社会運動であろう。確かに行政をチェックするという参加民主主義の普遍的な

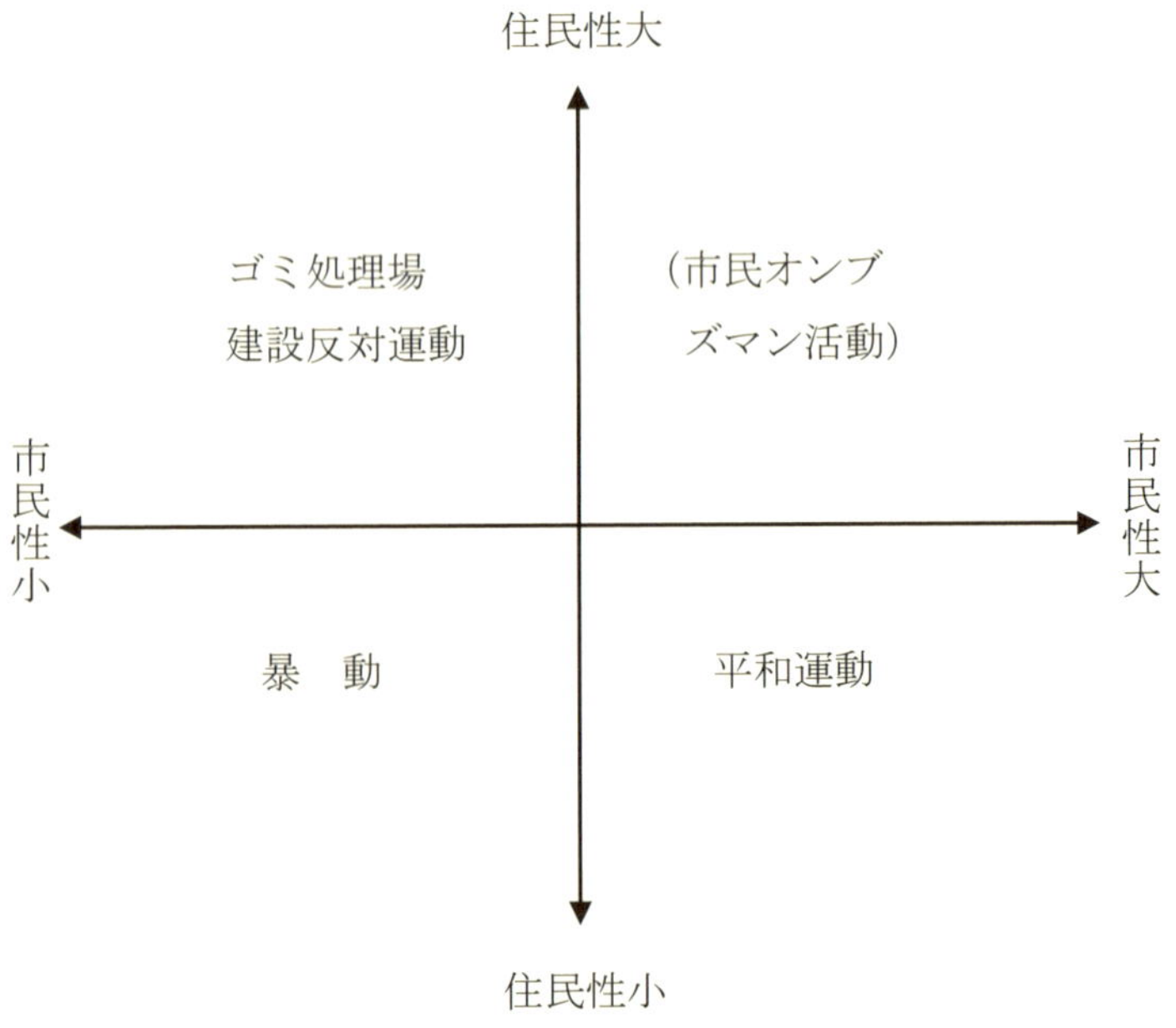

図7　社会運動の類型

理念によって、ネットワークは形成されている。その意味で、それは典型的な市民運動だといえるだろう。とはいえ、市民オンブズマンの活動は利害という住民性を持たないのだろうか。後により詳しく考察するが、市民オンブズマン活動を行う動機として税金の使途に対する「怒り」が存在する。その確認を待つまでもなく、この活動には納税という利害が存在することは容易に予測できるだろう。ただ注意しておかなければならないのは、その利害が環境汚染による生活に対する被害や、基地建設による騒音被害などのような直接性を欠いている点である。というのも、第一に税金を支払うこと自体は被害ではないからである。それは、むしろ「市民」の義務である。第二に納めた当の税金自体が、そのまま行政職員のたとえば「飲み代」に回っているわけでもない。その意味で利害は間接的なのである。ただ市民オンブズマンの動機における「怒り」は、まちがいなく被害感の存在を肯定しているといえる8。自らの納めた税金が、間接的とはいえ自らの意図とは異なって使用されている。直接性は希薄だとしても、こうした被害感が生じていることに着目すれば、この点に利害への侵害を認めることは可能だろう。ここに市民オンブズマン活動の住民性を見出すことができる。

もっとも繰り返し述べたように、どのような社会運動にも住民性を見出そうと思えば見出せる。だが市民オンブズマンにおいて特徴的な点は、その利害が同時に市民性と関連する普遍性と連動していることである。その理由は何か。第一に、利害が先に述べたように納税という住民の極めて普遍的な義務としての共通性を持っている点が挙げられる。納税は個々の住民の義務であったとしても、誰もが課される普遍的な義務である。第二に、その利害が貨幣という一般的な形態を通して発生しているという理由が存在する。このことは納税についての利害が、金額という普遍的な水準にすでに結びついている点に起因する。この二点において市民オンブズマン活動の住民性は、同時に市民性をも帯びているのである。そのことは市民オンブズマンの多くの会則が、特定の政治目的からの脱却を明記していることと無関係ではない9。たとえば政党の運動であれば、いうまでもなく独自の目的と、特殊な利害の存在が想定される。他方で、税金の使途という利害は党派的なものに限定されるものではない。むしろ、納税という行為を通じ民主主義社会における普遍性を帯びているのだといえよう10。

こうして利害という住民性と、普遍的な市民性を理念型とし整理してみると、市民オンブズマンの活動は、さしあたり両者が重なり合う地点にとらえることができるだろう。そこでは住民性と市民性が、独特の形で結び付いているのである。では、こうした活動は歴史的には、どのように位置付けられるであろうか。以下では、この点について考えてみよう。

日本においても九〇年代以降の「市民」活動は、新たな社会運動の形態として特徴付けられてきた。すでに引用した水口もまた、近年の「市民」像が「現代化された私生活主義を克服しかつ物質的利害を超えて、公共的決定に主体的に参加する自発的人間型という方向で設定されだしている」(水口 1995:241)と指摘している。さらに脱福祉国家という文脈で、その理念の具現化のひとつをボランティア活動に見出す(水口 1995:246)。このような特徴を、市民オンブズマンの活動もまた持っているのだろうか。

すでに述べたように、市民オンブズマンの活動の出発点は八〇年代に求められる。だが、それが全国的に広がったのは九〇年代以降である。また、その活動は確かに自発的である。この点で他のNPO／NGOなどと同様、その運動を支えているのは、水口のいうボランティア活動のひとつである。その意味で、九〇年代以降の流れに沿った社会運動だともいえよう。しかし、このことをそのままあてはめるには違和感が生じる。なぜか。

まず自らの活動の位置付けを行う、ある市民オンブズの次の発言を見てみたい。

「無償であるという意味ではボランティアだけど、ボランティアをやっているという意識は全くないんです。いわゆる市民の意識を持ってやっているということで、誰かのために奉仕するという意識はない、結局、自分のためにやってるんです。納税者としての、市民としての立場でやっているということなんです」

このボランティアという概念に対する見解の中に、すでに述べた市民オンブズマンの特徴が明確に表れている。つまり、ここで「誰かのため」ではなく「自分のため」という理由がボランティアではないという意識の根拠として使用される。それが本節で述べてきた納税という利害を媒介とする市民オンブズマンの住民性であり、その利害は「市民」という普遍的な「立場」と結びついている。そこに貨幣を媒介とし、個別的な利害が広い一般性を持つという両義的な「意識」を改めて確認できるだろう。では、このような特徴は、近年、注目されている他のＮＰＯ／ＮＧＯなどのボランティア活動の特徴と異なっているのだろうか。次に、この点について考えよう。

たとえば三上剛史は「現在のＮＰＯ／ＮＧＯの主たる存在意義は政治に影響を与えることにあるのではない」(三上 1998:465)という。確かに福祉ボランティアなどは、ほとんどの場合、直接、社会変革を目的にしているわけではない。もちろんそれが唯一の特徴だといえないとしても、かつての社会運動に比べるときＮＰＯ／ＮＧＯの政治指向の希薄さについては妥当な事実認識ではなかろうか。では、もし仮にこれが日本の新たな社会運動の形だとすれば、そうした特徴を市民オンブズマンの活動は持っているのだろうか。市民オンブズマンの多くが、政治的には中立を標榜していることは前述した。とはいえ、参加民主主義への関心が存在しないわけでないことは指摘するまでもない。むしろ行政への働きかけによって、絶えず政治的機会をめざす点で、広い意味での「政治に影響を与える」ことを指向している社会運動であるといえる。しかも、そこには古典的ともいえる民主主義的な「政治的公共性」(Habermas 1990: 116 =

1994: 72) が存在している。この点が、三上のいうＮＰＯ／ＮＧＯの特徴と決定的に異なった点だといえるであろう。

さて、この点に関連して思い出しておきたいのは、「市民」概念の保守的な側面である。すなわち、すでに3章で指摘したことは、ボランティアに基づいた「市民」が政府の補助機能として動員される危険性も併せ持っていることであった。では、この場合はどうなのか。確かに市民オンブズマンの活動は、近年のＮＰＯ／ＮＧＯの特徴を持っており、旧来型の社会運動と同一ではない。そのことは、極めてゆるやかなネットワークによってつながれた集団であるという点から傍証されるし、また「自分のため」という聞き取り調査から得られた極めて日常的な意識に見出すこともできる。ただ市民オンブズマン活動の場合、他のＮＰＯ／ＮＧＯに比べても政治的指向が極めて強い。むしろ政府に対する徹底した対抗に、その特徴が存在する。したがって、そこに決して保守的でない批判的精神が精鋭化した市民活動の例をも見出すことができるのではなかろうか。

このように市民オンブズマン活動は新しい形態の社会運動のひとつであると同時に、政治的社会運動の側面をも併せ持っている。あるいは、そこに新しい「市民」の在り方を見出すことができるかもしれない。だが同時に、こうした両義性は、その動員において独自の側面を付与することにも注意しておかなければならない。すなわち一方で、市民オンブズマン活動が社会運動のひとつであるとするなら、社会全体の成員のうちの一部で構成されることになる。それゆえ、もし勢力を拡大するというのであれば、資源としての人員の動員が必要となる。だが他方、それが参加民主主義という普遍的な理念に基づくものであるとすれば、社会の他の成員とも利害は共通であることになる。しかも、それが民主主義社会において当然に存在すると仮定される活動であるならば、特定の利害に訴えて動員活動を行うことはできない。実際、その動員は既存のネットワークに基づくものと、ウェブ上での呼びかけといった比較的ゆるやかなものにとどまっている。３章で分析したように「ボランティア」の過度の称揚が非「市民」性を生み出すとすれば、このこと自体は適切であるとは考えられる。事実、市民オンブズマンを名乗る団体は規約に、先に述べた非党派性と同時に、入退会の自由を唱っている場合が多い11。ただ、このように社会運動としての市民オンブズマン活動は、その動員において独自のディレンマを抱えているのである。

5　市民オンブズマンの動機

前節での分析で、市民オンブズマンの活動が近年の市民活動に存在する特徴を持つこと、にもかかわらず、それは同時にかつての社会運動的な変革指向を持っていることを明らかにした。しかし納税という利害が社会の成員全体の利害であるゆえに、特定の利害に訴えて動員活動をすることができないという社会運動としてのディレンマについても指摘した。本章は、行政との「会話」の継続の限界を自覚した社会運動による行政「内部」のリアリティの変容に着目し、その可能性を市民オンブズマンの活動に見出そうとしている。だとすればここで、その活動を存続させる成員の確保が重要な論点となってくるだろう。この点を考えるためには、市民オンブズマン活動の動機を分析することが必要である。そこで本節では、聞き取り調査の成果を参考にしながら、市民オンブズマン活動の動機について分析してみたいと思う。

いうまでもなく市民オンブズマンの動機は、各人によってさまざまである。ただ調査の結果に沿いその共通点を求めるならば、大きく二つの動機を見出すことができる。ひとつには、前述した納税者としての「怒り」という動機付けである。「市民の税金」が「一部たかり議員とともに、湯水のごとく使」われているといった納税についての利害が、しばしば動機として語られる。この間接的な利害は、社会の成員全体と関連する普遍的なものであることはすでに述べた。したがって、この「怒り」の内容を理解することは比較的、容易だろう。

さて調査の結果から、もうひとつの大きな動機付けを見出すことができた。誤解を恐れずにいえば、それはオンブズマン活動の「趣味」としての側面である。たとえば、ある市民オンブズの次の発言を見てみたい。

「絶対やってるといわれながら誰も証拠を出せなかったものを調べてしまおう、野次馬根性というのか、暴露趣味というのか、言い方悪いけど、マスコミじゃなくて、本当に自分の目で調べてみよう、どのくらいやれるか、ひとつみんなでやれるだけやってみよう、これは楽しい……その快感がどれだけ共有化できるかというか、なにも難しいことは要らない、だってウォッチングするだけだから、これはサークルみたいな感覚から出てきていいと思う……」

税金の使途に対する「怒り」から行政を監視するという前述した参加民主主義の古典的な側面が、この市民オンブズにも欠落しているわけではない。それは単なる理念でなく、実際の生活から得られた実感でもあるだろう。とはいえ同時に、ここで「趣味」としての「楽しさ」が語られていることに注目したい。実際、調査を進めていると他の市民オンブズたちもまた、その動機として「趣味」「遊び」「面白半分」などの言葉を語るのである12。道義的な印象はともかくとして実際、このような「楽しさ」という感覚もまた、活動を支える大きな柱であることを見逃すわけにはいかない。そうした動機の延長が、たとえば都道府県の情報公開度ランキングの作成や、泥縄的な監査請求、あるいは行政訴訟へとつながっていく。最初は「納税者の意識で、けしからんという怒りにつき動かされて、そのうち面白がってやってる」という点は、運動の継続に確かに機能的であろう。その活動が「各論を結びつけ合って、次に何をやっていくかを、みんなで楽しんで考えていくというスタイル」であるとしたら、税金の使途という相対的に遠い利害に対して、相対的に近い「趣味」としての側面が、参加の継続性を保っていると考えることは可能である。このように、それは、場当たり的な面白さを含んだサークル的な側面を持っている。さらに調査の知見を参考にすれば、そのサークルは他のより上位の組織を維持するためにあるのでは必ずしもないし、民主主義の理念以外に特定のイデオロギーが存在するわけでもない13。むしろ、こうした自発的な活動を通じて、「主権を行使する快楽」が実現しているといえるであろう。

もっとも「新しい社会運動」論以来、いくつかの社会運動において、こうした理念以外の側面が指摘されてきたことは周知のとおりである。たとえば佐藤慶幸は生協運動を題材に、主婦を中心とする「ボランタリー・アソシエーション」が仲間との連帯感、役に立つことの充実感などさまざまな動機による活動で、産業社会の在り方を変えていく様を描いている（佐藤 1996）。市民オンブズマンの活動にもまた、こうした社会運動との類似性を指摘することもできるだろう。ただ、この「趣味」の側面が普遍的な民主主義的理念を支える活動につながっていることは注目に値する14。たとえば選挙以外の「市民」の民主主義的な活動が、しばしば理念的に推奨されもする。だが市民オンブズマンの場合、生真面目な理念的動機だけからではなく「楽しさ」を動機として、その活動は達成されているのである。

このように分析してくると市民オンブズマンの活動は、納税をめぐる「怒り」と趣味的な「楽しさ」を重要な動機としているということを見出せる。けれども本節の課題は加えて、その動機付けが持続し、さらに他の成員を動員できるかを知ることであった。この観点から吟味すべきことは、これらの動機を「社会」の他の成員に対して、どの程度、一般化できるかどうかという点にあろう。その限界については冷静に見定めておく必要もある。そこで、この課題に基づいて二つの動機についてもう一度、振り返っておくことにしたい。

第一に納税の使途に対する「怒り」という動機から考えてみよう。この動機は多くの者が納税者、少なくとも納税者の扶養家族であり、その利害が普遍的であるゆえ一般的に共有される可能性がある。事実、ある市民オンブズは、自分たちの考え方が「普通の考えなのであって、他の人たちがまだそこまで目覚めてないだけ」であるという。量的な市民オンブズの増加は確かに、その活動の機能を向上させるために重要な要素であろう。とはいえ、いずれはすべての人が目覚めるだろうか。納税の意識が低ければ、この意味での「市民」としての自覚は生まれない。「量的にいうとまだ若い人は少ない」「二〇代もいたけど、いなくなった」という市民オンブズたちの指摘から、収入がそれほどでもなく納税の「痛み」がなければ「怒り」は生まれない、ということを読みとることもできる。低収入の時代において、そのことは何も若者に限らないかもしれない。この点を、まず押さえておかなければならない。

第二に「主権の行使」に関する「趣味」としての動機について見ておこう。この動機が本節の前半で指摘したように、その活動の重要な推進力になっている。ただ、この動機もまた多数の恒常的な動員にとって限界を持っている。すなわち、もしその活動がひとつの「趣味」であるとするならば、他の「趣味」、たとえば「釣り」「ゴルフ」「コンサート」などが、「主権の行使」と同列に並んでしまうことになる。仮に、オンブズマン活動が民主主義の義務でないとするならば、「釣り」「ゴルフ」「コンサート」などに行くことを否定する論理はなくなる。だとすれば多くの者に、人生の大半を占める労働時間外の選択肢として、政治的活動の実践を求めることは難しい。加えていえば行政の監視を行う者は、その政治的活動の行う者の一部に過ぎないのである。したがって「市民」の活動としての「趣味」としての動機もまた、市民オンブズマン活動への参加の十分条件とはなりえない。

このように、この二つの動機についてはその限界を容易に見出すことができる。したがって、これらの動機は決して動員のディレンマを解決しているとはいえない。マンサー・オルソンは、自発的には共通利益を達成するために行為しない合理的、利己的個人の存在を指摘する(Olson 1965: 2=1984: 2)。一方で税金の使途の適正化には納税者すべてが利害を持ち、他方でその活動は一部の者によって行われているとすれば、ここにフリーライダーの「問題」が生じるだろう。この「問題」は多くの社会運動に共通することではある。ただ税金の場合、すでに指摘したように汚染や騒音などの直接的な被害がないだけに、住民運動などよりも無関心は生まれやすいのではなかろうか。この点について、どう考えればよいのか。本書でフリーライダー全般について論じる余裕はないが、次節では市民オンブズマン活動の場合に絞って、この「問題」について考えてみることにしたい。

6　少数者による民主主義

いうまでもなく民主主義は、人々の注視によって磨かれる制度である。しかし、われわれが「全体社会」の規模で民主主義という「大きな物語」を共有することは、もはや難しいのかもしれない。それが本書の前提とする個人化した社会の特徴でもあった。そのことは民主主義的な制御に多くの成員を動員できないことをも意味する。とすれば、前節で扱ったフリーライダーが「問題」として生じることになる。だが、そもそもフリーライダーが「問題」となるのは、どのような場合なのか。この点を手がかりに本節では、市民オンブズマン活動を事例としてこの「問題」について考えてみたい。

第一に、フリーライダーが「問題」だと考えられるのは、フリーライダーの存在によって、活動をする者の動機が鈍る場合であろう。すなわち全員が利害を持つ税金のために自分たちだけがやっているという意識は、無力感を引き起こすかもしれない。その場合、「目覚めてない」者に対する苛立ちは募るであろう。もし行政の監視が「全員参加」の参加民主主義の理念から発生した義務だととらえれば、なおさらかもしれない。そこに深刻さが存在する。

一方、ここで思い出したいのは、市民オンブズマン活動の動機が必ずしも民主主義の理念だけではないというのが、今回の調査の知見でもあったという点である。むしろ自発的な活動に対する志向こそが、市民オンブズマンの活動を支えていることが示されていた。もし、その活動にこの「趣味」の部分が存在するとすればどうか。もちろん、参加しない者への嫌悪は完全に払拭できるものではないかもしれない。なぜなら「釣り」「ゴルフ」「コンサート」よりも、市民オンブズマンにとって行政のチェックこそ価値のあることだからである。とはいえ、それが義務である場合よりも、その嫌悪はより小さなものにとどまる可能性はある。4節で述べたように確かに、その独自のディレンマが市民オンブズマンの動員活動をゆるやかなものにしている。けれども動機における「趣味」だという割り切りが、「こういう考え方があるべきなんだと人に押しつけるつもりは全くない」という市民オンブズマンの姿勢につながっているように思える。とすれば完全ではないにしろ、市民オンブズマンの動機の「趣味」の部分は、フリーライダーをめぐる心理的側面の「問題」を相殺しうるのではなかろうか。一足飛びには結論できないとしても、いわゆる「新しい社会運動」の動機における、この「趣味」志向が、フリーライダーをめぐる心理的嫌悪感を軽減する可能性のあることに注目しておく必要があろう。

だが、より重要なことは次の点である。すなわち第二にフリーライダーの「問題」として考えられるのは、フリーライダーが存在することで、その運動の成果が上がらない場合であろう。もし動員の数が不足して、成果につながらないとすれば、まさにその社会運動の限界は露わになってしまう。市民オンブズマンの活動も数は増えてきたとはいえ、そのリスクは大きい。

さて、ここで考えておきたいことは、それゆえにそれは成果がなかったのかどうかという点である。その評価はさまざまであるとしても、それでもそれなりの成果を上げてきたことは2節で述べたとおりである。むしろ市民オンブズマンの活動が示したことは工夫を凝らせば、ある一定の人々が行政を監視することで、それなりの結果を出すことが可能だという事実なのではないか。では、どこにそのことを可能にした特徴が存在するのだろうか。振り返ってみよう。市民オンブズマンの情報開示に基づく裁判は、もちろん対象の自治体の食糧費の返還や削減を結果した。しかしながら、それだけであるならば、すべての自治体の食糧費についての裁判が必要であり、より多数の動員が必要である。だが、この活動の特徴は、ある一定の自治体を対象とした食糧費についての裁判が、それ以外の自治体の食糧費の削減につながったことである。なぜか。3節で述べたように、社会運動の提示するリアリティが行政「内部」のコミュニケーションに影響を与えたからである。すなわち社会運動は行政を直接、変容するのではなかった。強烈なリアリティを提示することで「内部」のコミュニケーションを変化させることであった。したがって市民オンブズマンによって、いくつかの具体的な返還請求の裁判が行われはしたものの、ほとんどの自治体については、その資料を「事実」として公開しただけで「内部」のコミュニケーションに変化が起こり、食糧費の削減が実現された。すなわち市民オンブズマンの活動の結果が、たとえ今回は対象にならなかったとしても、次回は自らの自治体が対象になる恐れがあるという社会的リアリティを構成することに成功したのである。

前述したように市民オンブズマンの活動に多くの動員を期待することは、時代的にいっても原理的にいっても難しいように思う。ただ同時にこの事実が、やりたい者が面白がりながらやるというこうした活動の良さを生みだしている点をここでは見逃してはならないだろう。そう考えるとき、とりわけこの活動の成果についてのフリーライダーにまつわる第二の「問題」に対してわれわれがなすべきことは、それを解決するのではなく、むしろ少数者の活動で一定程度の成果が達成されるこうした仕組みを可能にする、その条件を考えることではなかろうか。市民オンブズマンの活動が示すことは、社会運動が提示するリアリティと、「内部」のコミュニケーションの変化が連動すれば、社会全体において相対的に少数の成員によって、行政の変容は可能だということなのである。そこにはフリーライダーをめぐる社会運動の成果の「問題」を縮小する糸口もまた含まれていると考えられる。とはいえ、その条件とは一体、何か。この事例だけで一般的な結論を導くには限界もあるが、その活動から抽出できる点をここでは整理しておこう。

第一に、情報に関する制度的な充実という点に注目しておきたい。市民オンブズマンの当初の活動は、既存の監査制度と行政訴訟を用いて行われていた。ただ情報公開制度が各自治体に整備されたことで、その成果が飛躍的に大きくなった。もちろんそれを運用する人材は必要である。だが、それ以前に制度的器が必要であることはいうまでもない。すなわち、よい器があれば少数の活用者で成果を上げうることを市民オンブズマンの活動は証明したのである。情報公開制法が設置されたことで、国家政府に対する活動も始まっている。この点を踏まえれば今後、さらに情報公開制度を初めとする、情報に関する制度の問題点の改善と拡張が求められているといえるであろう。

第二に、マス・メディアの活用が重要だろう。ある市民オンブズは情報公開を行う題材を選ぶに当たって報道を参考にするという。もちろん、それはオンブズマン活動が不必要であることを意味するものではない。マス・メディアの批判が一過性になりがちだとすれば、それに加えて地道な市民オンブズマンの活動は必要である。同時に、その成果がマス・メディアに報道されることは、大きな社会的リアリティを得ることはいうまでもない。当初は地方版にしか掲載されていなかった市民オンブズマン活動も一般化し、連絡会議がつくる全国都道府県の情報公開ランキングを掲載する新聞も出現した。それが他の人々の活動を誘発する。このように、しばしば論じられるマス・メディアへの効果的な働きかけの重要性が、ここでも具体的に示されていることを確認できる。

第三にマス・メディア以外のメディア、すなわちインターネットの出現が、その可能性を大きなものにしている点がある。情報公開においては公開を求めた者にしか基本的にその情報は伝わらない。またマス・メディアにおいては流行に沿う内容、しかも、その要点しか報道されることはない。ウェブ上での情報もまた、確かに見る者にしか伝わらない。しかしながら「内部」の情報を見ようと思えば見ることができるという形態に変換する点に、インターネットの長所は存在する。したがって実際に活動に参加しなくても、関心があれば少なくとも賛同はできるのである。行政が掲示しないのであれば、情報を知り得た「市民」が掲示すればいい。東芝の製品に対する一クライアントによるクレームのウェブ上への掲示が、企業の危機にまで発展した例でも明らかなように、その効果は問題点をも含め意想外に大きい。したがって参加民主主義の実現は実際の活動への参加にまで至らないまでも、情報を通した参加が満たされれば、それなりの効果が期待できるということにもなる。インターネットによる電子デモクラシーについても、すでに議論が始まっているが、こうした日常的な活動にとってもインターネットの政治的な影響はいうまでもなく大きい。それゆえ、その含意については次章で、さらに分析してみたいと思う。

このような制度、マス・メディア、インターネットという三点に共通するのは、いうまでもなく情報化による民主主義の変容である。その進展は行政のリアリティによってのみ解釈が施されてきた情報に対して他の解釈を引き込むことを促し、そのことで成立した社会的リアリティが行政の変容を促す。過度に期待することは禁物であり、問題点も多いことはもちろんだが、少数者の活動による参加民主主義の一定の成果の条件が、こうした情報化の進展の中に存在するということは、少なくとも指摘できるのではあるまいか。それは有効なリアリティを創出するための道具となりうるのであり、そのための工夫が一層、重要になってくるであろう。

7　「外部」環境の効果

本章では、市民オンブズマンを事例に「外部」のリアリティによる組織「内部」の変容について考察し、それを可能とする今後の社会運動の在り方について論じた。本章で行った成果を、前半の理論的検討に基づいてもう一度、整理しておくことにしたい。

まず本章は、社会運動による行政の変容の可能性について吟味した。広聴政策はもちろんのこと、オンブズパーソン制度においてもその独立性が十分でなければ住民からの要望・苦情は行政のリアリティによって解釈がなされてしまう。それに対し市民オンブズマン活動は、行政との直接の「会話」では取り上げられない住民のリアリティを提示することで、行政に対する要求実現の道筋を示していたのである。もちろん本章の分析した市民オンブズマンの活動は、食糧費の予算の執行に関することに限られている。だが薬害、株式、介護など税金の使途以外の分野へとその活動は拡大されている。本章では分析できなかったが、こうした活動の結果も見ながら、その全体の成果が問われる必要があるだろう15。

次に本章では、社会運動を通したリアリティの提示による、行政におけるコミュニケーションの変容の仕組みについて明らかにしようとした。その検討は、市民オンブズマン活動が情報公開で得た数字の開示、また裁判の実行によって予算の振り分けに影響を与えたことを示していた。この影響を、ルーマンのシステム理論に基づいた4章での行政コミュニケーションについての議論に沿って説明することができる。たとえば上司は市民オンブズマンが示すリアリティを理由に慣例となっている宴席を中止することが、逆に宴席の設定を命じられた部下は上司の命令を断ることが可能となる。同じく財政担当部局は、市民オンブズマンの活動を理由として、食糧費の予算の割り当てに容易に難色を示すこともできる。こうした考察においては本書の課題である、行政の「内部」と「外部」とが互いに一枚岩のブラックボックスにならない分析の手法のひとつが示されているのではなかろうか。従来、行政は組織論としての「内部」についてか、社会運動論として「外部」から分析されるのがしばしばであったことは冒頭で述べたとおりである。それに対して、本書では住民と行政との接点を全体的な構図の中でとらえようとしてきた。本章の分析を、特に4章の理論的な分析と突き合わせるとき、住民のリアリティの提示を通した、行政のコミュニケーションの変容の仕組みが明らかになっていると考えられるのである。

最後に本章の分析は、本章の課題を超えて「市民」概念についての含意を示している。3章では「自分の生活設計を他の市民のそれとうまく調和させうるであろうような人々」というローティの「市民」概念を相対化した。さらに、それはさまざまな方向を持つ個体のひとつの側面に過ぎないと述べた。したがって、ある個体は必ずしも「市民」でないし、「市民」である個体もいつも「市民」であるわけでもない。行政の税金の使用に対して怒り、額面通りの説明では納得せず「理性」的な「会話」を拒絶する「ニーチェ・ロヨラ」的存在は、同時に市民オンブズとして「市民」性を発揮することもありうるのである。それゆえにこそ、非「理性」的な「会話」の断絶において見過ごされた課題が、社会運動の文脈によって、もう一度「理性」的争点として再生することができるのではなかろうか。

以上のように本章では市民オンブズマン活動を事例として、行政をめぐるコミュニケーションについて検討し、その成果を整理した。ただ、このうち6節の考察は、本書の問題関心のひとつである個人化した社会での政治の在り方に大きく関連している。すなわち、ここで分析した市民オンブズマン活動は今後の民主主義と社会運動の可能性を示唆していると考えられるのである。そこで以下では、この点に焦点を絞り、いま少し敷衍し論じておくことにしたい。

本章では、この市民オンブズマン活動が民主主義的イデオロギーを伴った社会運動だと述べた。だが、そもそもそれは、どのような民主主義的イデオロギーだといえるのだろうか。たとえば蒲島郁男は民主主義のとらえ方として、次の三つを区分している。すなわち、①民衆の最大限の政治参加が望ましいとする参加民主主義、②エリートに政治を委任すべきだとするエリート民主主義、③合理的な有権者や政党の行動が最適な政策をもたらすとする民主主義――の三つである（蒲島 1988:21）。さて、市民オンブズマンの活動が伴う民主主義イデオロギーは、これらのうちのどれに分類されるのか。

まず市民オンブズマンは、②のエリート民主主義ではない。確かにそのメンバーの中心は、弁護士や税理士など知識層にはちがいない。とはいえ官僚や行政職員の行動、制度的オンブズマンの裁定への疑問から発している点で、その活動はエリートへの委任ではないと考えられる。とはいえ③の政党を通した民主主義でもない。個々の市民オンブズマンが政党と関係を持っている場合もあろう。だが市民オンブズマンのすべてが同一政党と関係があるわけではないし、むしろ無党派、非政治性を表明する団体は多い。それゆえ、その活動が政党への期待に基づいているともいえないだろう。そう考えると市民オンブズマンの活動が、参加民主主義のひとつであることはさしあたり妥当するかもしれない。とはいえ、それは①の「最大限の政治参加」が望ましいとする民主主義だといえるのだろうか。確かに市民オンブズマンの中には、より多くの人々が同様の活動に参加してほしいという期待があることは、すでに述べた。また、その活動自体は参加民主主義のイデオロギーに基づいてもいる。ただ同時に、最大限の参加に至らない点に市民オンブズマンの課題も存在した。

この点は、社会に共通するような「大きな物語」の欠落と深くかかわっている。民主主義もまた、政治に常に関心を持つ普遍的な「主体」によって形成された「大きな物語」にほかならない。その「主体」は、「市民」と名付けられる者であることはいうまでもなかろう。この「物語」の欠落は、まさに個人化した社会の別の表現だといえるかもしれない。ここで「大きな物語」としての民主主義とは、少なくとも二つの意味を持つ。

第一に、選挙において代表者を選出し行政を監視するという間接民主制の「物語」である。もちろん、その機能は、いまも有効である。ただ、たとえば選挙の投票率が年々低下していることについては序論で述べた。確かに政治に関心が寄せられる時期には投票率は上がりもする。だが今後、恒常的な投票率の上昇を望めるかどうかは定かではない。

第二に「大きな物語」としての民主主義のもうひとつの意味とは、いうまでもなく「最大限の政治参加」を標榜する直接民主制の「物語」である。市民オンブズマン活動自体、間接民主制への不信から生まれたことは、すでに述べたとおりである。もちろん市民オンブズマンに限らず、自発的に「政治参加」する「市民」は存在する。また、直接被害を受ける争点に対する「政治参加」の影響が小さいとは思わない。とはいえ日常的に、われわれは直接民主制の「物語」を維持し続けられるのだろうか。なるほど市民オンブズたちの語りに、この「物語」の側面が欠落していたわけではない。しかし、その動機分析で明らかになったことは、普遍的な理念ではなく、むしろ「納税という利害」や「趣味」といった、より身近な「小さな物語」ではなかったか。このことは、市民オンブズマンの活動自体が実は、すでに「大きな物語」から撤退していることをも意味する。したがって、それは必ずしも「最大限の政治参加」を保証するものではない。

だとすれば市民オンブズマンが示しているのは、「大きな物語」を共有しがたい社会における社会運動のひとつの在り方であろう。同様に市民オンブズマンの活動は、新しい「市民」の誕生と個人化の進展とが同時進行する社会における、民主主義の在り方のひとつを明らかにしているのではなかろうか。その活動は確かに、比較的少数の「市民」で、一定の「監視」という権力を行政に対して全国レベルで行使できることを提示した。それゆえ、こうした知見を踏まえて本章では少数者の活動による行政の制御の条件として制度、マス・メディア、インターネットという三点に共通する情報の活用による組織への影響力に注目したのである。とりわけインターネットが普及し、伝達が容易になった現在、情報を手段とした市民活動は旧来より労力を使わない実行可能性を秘めている。より詳細な検討が課題として残るが、さしあたり、それは「最大限の政治参加」を必ずしも必要としない、新たな民主主義の可能性だといえるのではなかろうか。その可能性は、「すべての市民」対「行政」という構図からの脱却の方向を示している。

【注】

1　後述する「市民オンブズマン連絡会議」に加盟する全国の八五グループのうち、その名称に「オンブズマン」を含むものが五八グループ、「オンブズ」を含むものが一三グループ、「オンブズパーソ（ス）ン」を含むものが八グループある（二〇〇九年一月現在）。本書では活動するグループに対して、オンブズパーソン制度と区別するためにも「市民オンブズマン」の名称を用いる。ただ実際に活動する個人を指す場合は、「市民オンブズ」の名称を用いたい。なお「連絡会議」のウェブページでも「市民オンブズマン」と「市民オンブズ」が併用されている。聞き取り調査では、行動の歩調は合わせるが名称についてはあえて議論はせずグループに任せているという回答を得ている。

2　たとえば連絡会議の資料に基づくと、各都道府県の一九九五年度予算における食糧費の合計は二三六億三二〇〇万円（回答三九都道府県）、九七年度は一一六億二〇〇万円（四五都道府県）で、削減率は平均五七・八％であった。食糧費と交際費などの異同については、宮元（1997: 59-60）を参照。

3　そのころすでに「組織のあったところは五つか六つぐらい」で、依頼された側からは、どうしてそういうことをしなければならないのかという反応もあり、その手数料を中心になった四つの地域の市民オンブズマンが支払った場合もあるという。

4　その方法については、たとえば後藤雄一（1996）を参照。

5　この点から、社会運動の事例として適切かどうかという疑問が生じるかもしれない。しかし後に詳しく述べるように、こうした特徴を持つからこそ、現代の社会運動の事例としてふさわしいとも考えられるのである。

6　庄司興吉もまた「住民は、地域という形で与えられる、社会の、ある特定の形態学的・生態学的存在形態を共有する人びとの集団」で、「市民は、市民社会の主催者として、この社会の基本的な価値理念すなわち普遍主義を共有する人びとの集団」であると定義している（庄司 1989 : 247）。

7　もっとも、これらの軸に馴染まない社会運動もありうるだろう。たとえば女性運動は具体的な女性の利害と関係するが、この場合「住民」性という概念は馴染まない。

8 ある市民オンブズは次のように動機を語る。「本当に自分が朝から晩まで働いて、そこから税金払って、その税金がやつらの飲み代に回ってたとしたら怒るでしょ」。

9 たとえば「会員はこの会を特定の政治目的に利用してはならない」(かながわ市民オンブズマン会則)、「会員は、私たちの会を特定の党派的活動や目的に利用しません」(くまもと・市民オンブズマン規約)などとある。また、ある市民オンブズは次のようにいう。「人間だからいろいろある、あいつは共産党だからいやだ、あいつは自民党だからいやだとか、そういうやつはいる、あいつははげだからいやだというのと同じでそんなことをいっていたら、そのグループはダメになるから、まあいいんじゃないか、そういうのはダメになっても別に、間違っているから……」。

10 今回は、都市における市民オンブズマンを中心に分析したが、都市以外の市民オンブズマン活動については、その利害の在り方が変わってくる可能性はある。ある市民オンブズは都市以外の市民オンブズマンを「田舎オンブズマン」と呼ぶ。

11 たとえば「会の目的に賛成して会費を納める個人は、誰でも会員になれます。脱会は、自由です」(「ねりま区政ウォッチャーズ」規約)とある。また、市民オンブズのひとりは次のようにいう。「決して無理はしない、やりたい方がやってもらい、抜けたい人は抜けてもらうし、休みたい人は休むし、結局、組織を維持しようとすると無理をする、それはやっぱり避けたい……」。

12 ある市民オンブズは、その方針を次のように語る。「個人的動機からいけば、面白半分みたいなものであって……情報公開ですから、紙一枚出せばいいわけで、別に正義を背負って立っているわけではないし……何のためにというわけではなく、おかしいんじゃない……じゃあみんなでやろうよ……」。また別の市民オンブズは次のように述べる。「趣味だと思ったらいいんです……趣味という言葉は誤解を招きますが、それぐらいの気軽さを持てばいいわけで……」。

13 一九九九年二月中旬に主要政党の政策本部に市民オンブズマンとの関係について電話調査を行った。その結果、「個人的レベルでの接触はあるが、党としては検討中」(民主党)、「向こうからの要望があれば支援について、その内容を含め検討する」(公明党)、「市民オンブズマンにもいろんな人がいるが、共通する面があれば党派を超えて協力していきたい」(共産党)、「独立した団体として付き合っていく」(社会民主党)という回答を得た。自由民主党と自由党(当時)は、担当者とのコンタクトがとれなかった。もちろん市民オンブズマンの団体のいくつかが特定の政党の下部組織であるとか、これから生まれる政党の前身であるという可能性も完全には否定できない。したがって将来そのことが明らかになったならば再度、分析を行う必要があろう。だが仮にそうであったとしても、「非党派的」なものとして働いている現在のその社会的機能は変わらないという可能性もある。

14　「湯水のごとく」は問題外としても、「われわれは千円の定食なのに、あいつらは一万円かという……嫉妬に訴える」相対的剥奪的な部分が、その動機に含まれる可能性はある。また、その批判性が「困らして喜んでいる、そういうささやかな喜び」という「趣味」に陥る可能性もある。その可能性は「『私』の権利や利益を守り、また主張する」「市民」による民主主義の全面肯定に違和感を覚える考え方にもつながる（佐伯 1997:176）。この点については3章で「市民」概念の評価をめぐって、すでに述べた。だがよく知られているようにヴェーバーは、「職業的な政治」について「心情倫理」と「責任倫理」の二つの倫理を区別し「政治」における後者の倫理を重視する（Weber 1919）。もちろん「結果」のいかんにかかわらず、その「心情」の内容によって社会的な「信頼」が失墜しその活動が効果を失うこともなくはない。だが「心情」のいかんにかかわらず「結果」を重視するという指摘は、「職業政治」にとって少なからず妥当する。もしこの主張を「非職業政治」にあてはめるとすれば、市民オンブズマンの活動についても「心情」よりも民主主義的な機能を問題にすべきである。「最初からそんなことを思ってやっていたわけではない」としても、「主権者の権利を行使しているという、あとで見るとそういうことになる」のであれば、それは民主主義的制御の機能としての必要条件は備えている。逆に、その活動に対する批判も「心情」についてではなく、むしろ「結果」について行われるべきであろう。

15　もちろん市民オンブズマンの活動がすべて、必然的に「全体社会」に対して正的に機能するとはいえない。少数の者の民主主義的「独裁」にならないよう、その活動も絶えず議論に開かれていなければならないことはいうまでもない。情報公開をし、そこに齟齬があれば行政の責任である、という「環境」が、具体的な行政運営の問題点を論じられないままにする可能性は存在する。その理論的な問題点については藤谷（1996）を、また行政制度の「強い意見に強く、弱い意見に弱いという欠点」については早川（1998: 313）を参照。また「市民」性の過度の強調が問題の隠蔽につながる点は、3章で論じた。

第8章　インターネットによる市民活動の可能性

1　公共空間とインターネット

インターネットの普及に伴って近年、集団的決定について検討する場という意味での公共空間の可能性をめぐり、ウェブ上でのコミュニケーションが話題として取り上げられる機会が増えてきている。個人化が進む現在の日本の社会において、どのように公共性を確保することができるかという疑問に対する回答として、それはひとつの可能性を示しているといえる。実際、すでに社会学内外において多くの分析を見出すこともできるし（e.g. 岡部 1996; 遠藤 2000; 吉田 2000; 干川 2001）、ニフティにおける電子会議室以降、ネット上のコミュニケーションについては詳細な分析も進められてきた（e.g. 安川・杉山 1999; 遠藤 2000）。その可能性については否定的な実状が指摘されもするが（北田 2005）、そこにたとえば「ネティズン」（公文 1996）と呼ばれるような新しい市民のイメージをも読みとることができるのも事実である。こうした情報化の進展は、これからも社会運動の様相を変えていくであろう。

前章では市民オンブズマン活動を事例として、行政に対する社会運動の影響について論じ、そこに社会運動と行政との協力関係の可能性が存在するのではないかと述べた。また市民オンブズマン活動が情報活動だという点に着目しつつ、社会の情報化の進展に対する適応による、その機能の拡大について言及した。では、それらの可能性を発展中の情報ツールはどのように現実化するのか。すなわち前章で示した可能性を具体的に検証する必要があるだろう。そこで本章では、特定非営利活動法人（以下ＮＰＯ法人）情報公開市民センターを事例として、具体的な検討を試みることにしたい。

本章の事例としたい情報公開市民センターは、前章で述べた市民オンブズマン活動を行う有志が情報公開法の施行に先立ち立ち上げたＮＰＯ法人である。自治体よりも主に国家政府に対する情報公開活動への支援を目的としている。公共空間としてのウェブにおける市民活動の事例として、このＮＰＯ法人を取り上げるのは、まず何よりも前章で市民オンブズマン活動について詳しく論じており理解を得やすいということがある。だが、そうした本書の構成上の問題以上に、ネット上における公共空間の可能性を分析する事例とすべき主な理由が少なくとも二つあるように考えられる。第一に情報公開市民センターの扱う問題が、市民オンブズマンの場合と同様、ほとんどすべての人々にかかわる一般性を持つという点がある。すなわち誰もが利害を持つ税金を巡る情報公開市民センターの活動は、誰が参加してもおかしくはない活動だといえる。この誰もが関心を共有できる点で、公共空間について議論するのにふさわしい主題だと考えられるのである。第二の利点として、情報公開市民センターのインターネット利用についての近年の変化がある。その母体である全国市民オンブズマン連絡会議もまた、インターネットを活動のツールとして活用してきた。だがＮＰＯ法人設立以降のそのインターネット利用は、母体である連絡会議での利用に比べ洗練を遂げている。その利用状況を知ることが、一般的な市民活動のウェブ上での可能性を探る上で、極めて有効だと考えるのである。

ところで日本の公共空間論が、主にハーバーマスのコミュニケーション理論に準拠し進められてきたことは周知のとおりである（e.g. 花田 1996; 安部 1998）。ウェブにおける公共空間論も、その延長線上に語られることが多い（e.g. 吉田 2000; 干川 2001）。同時に、理論的にはハーバーマスの公共圏の概念に対しての批判も寄せられてきた。こうした点を踏まえ本章でも後半では情報公開市民センターの事例を、この理論的な議論に沿って整理したいと思う。とりわけ本章では前半でも取り上げたリオタールの、ハーバーマスへの批判に特に着目してみたい。というのもハーバーマス自身の公共圏論自体もさることながら、むしろ、それに対する批判的論点に、まさにウェブ上の公共空間の積極的特徴が存在すると考えられるからである。いうまでもなく、この論点は同時に本書の2章で詳しく展開した、ローティをも含む「合意」をめぐる論争と密接に関連を持っている。その意義と問題点については、ここまで具体的な事例を使用しつつ考察してきたが、本章の事例分析もまたその論争の具体的な検討のひとつとなるであろう。

以上の課題のために本章では、次のような作業を行いたいと思う。まず第一に、本章で事例として取り上げるNPO法人・情報公開市民センターを前節と関連付けながら簡単に整理し、そのインターネット利用の概要を述べてみたい。ここではネットワーク的な市民活動と、インターネット利用との親和性を改めて確認することになる（2節）。第二に情報公開市民センターのウェブ利用の中でも、NPO法人設立以後新たに設置された掲示板に着目し、分析を行う。この分析で社会運動における運動体の成員と対抗団体の成員との、ウェブ上に現れる新たな関係が明らかになるだろう（3節）。第三に公共空間を巡る理論的議論に沿い、インターネットの特徴が社会運動に及ぼす影響を理論的に考察する。そこでは2章の議論を引き受けつつ、ウェブ上での「政治」の在り方について解明していくことになる（4節）。以上の理論的背景に基づいた事例分析を通して本章では、ウェブ上での市民活動の特性を明らかにし、住民と行政をめぐる本書の今後の研究の方向を示し（5節）、本書全体の課題に対する本章の分析の意義を論じることにしたい（6節）。

2　情報公開市民センターのインターネット利用

本節ではまず、本章で事例として扱う情報公開市民センターを、前章での市民オンブズマンの紹介を前提に、ごく簡単に紹介しておきたい。さらにＮＰＯ法人設立の前後でのウェブ利用の変化と、その特徴を見ておくことにしよう。

７章で詳しく述べたように日本における市民オンブズマンの活動は一九八〇年代初頭に遡り、一九九五年の自治体に対する食糧費に関する一斉請求で全国的に知られるようになった。この全国一斉請求と同時に全国市民オンブズマン連絡会議が設立されたことも、すでに紹介した。その連絡会議のメンバーの有志が別組織として、二〇〇一年四月の情報公開法の施行に先立ち設立したＮＰＯ法人が情報公開市民センターである。その目的は、国家政府についての情報を入手しにくい地方の市民オンブズマンに対する情報基地となることである[1]。実際、外務省などへの情報公開請求や裁判などを初め、政府の税金の使途に対する市民によるチェックの拠点のひとつとなってきた。

センターの母体である市民オンブズマン連絡会議が各団体、各個人が極めてゆるやかに結びつくネットワークであることも前章で指摘したが、そのネットワークを機能させるため連絡会議時代からそれぞれの団体が独自にインターネットを活用し活動に役立ててきた。具体的には会員への連絡、会員の勧誘、各団体や各個人の活動の報告などがその主な用途である。だがＮＰＯ法人設立後、法人独自のウェブページが情報の中心基地として開設された。技術的な面の向上も相まって、そのリンク、情報の集積と検索などの内容は、連絡会議のものより格段の洗練を遂げた。極めてゆるやかなネットワークにしか過ぎない市民オンブズマンの中心的場を構成するという困難な作業は、リンクなどの多層的なウェブの構造が可能にしているといえるだろう。

NPOのインターネット利用の利点については、たとえば遠藤薫が、①活動範囲の拡大、②活動の効率性、③活動参加の開放性――を挙げている（遠藤 2000：274）。これらの点については、もちろんメーリング・リスト利用を含む電子メールも威力を発揮するであろう。だが本章では、観察可能なウェブページの機能に議論の対象を絞り分析していくことにしたい。そのためにまず、この遠藤の分類に沿いつつ情報公開市民センターのウェブ利用の特徴を整理しておくことにしようと思う。

第一に、活動範囲の拡大について考えてみよう。情報公開市民センターのウェブページにおいては、定期的に開催される研究会やイベントの告知、寄付の呼びかけなどが掲載されている。それらの情報は指摘するまでもなく、市民オンブズマンの活動範囲の拡大に貢献していると推察することができる。そもそも、このNPO法人は、国家政府についての情報を入手しにくい地方のオンブズマンに対する情報基地となることを目的としている。その目的のためには、まさにこのウェブページは有用だと考えられる。国家政府への活動をする場合、地方のオンブズマンにとって、ウェブページに掲載される情報やリンクが自らの活動範囲の拡大に役立つことは想像に難くない。

第二に、活動の効率性について考えてみよう。この点について情報公開市民センターのウェブページから読みとるべき利点は、新たなウェブで情報開示請求の方法、裁判の方法などオンブズマン活動の徹底したノウハウの伝達がなされている点に求められよう。たとえば外務省の外交機密費に対する情報開示の請求書、外務省の回答、裁判の申請書、裁判の判決文などの全文掲載は、他の情報公開活動の重要な参考資料となる。加えて開示請求書や、裁判所への申請書などの雛形の掲載は、不慣れな活動者にとって非常に便利であろう。こうしたノウハウに関する情報は、確かに印刷媒体によっても手に入れることができる。だが活動の結果報告については、その速報性、経済性などにおいてインターネット利用の方が断然、有利であるし、なによりも請求書や申請書についてはダウンロードして申請先や申請者名などを打ち変えるだけでそのまま利用が可能な点で、手に入れた者の活動の利便性に大きく貢献すると推測される。地味なようにも見えるが、活動の効率性に対してインターネットが持つ無視できない大きな利点ではなかろうか。

では第三に、活動参加の開放性についてはどうだろう。市民オンブズマン活動は、もともと無党派的な指向を持っていることは前章で述べた。その上、誰でもアクセス可能なウェブページが存在することで、さらに市民オンブズマンが無党派的になっているだろうと予測できる。たとえば前述した活動ノウハウの容易な取得は、それぞれの個人、団体の活動にとって効率の向上に貢献するとともに、活動参加の開放性に機能するであろう。オンブズマンの活動は、一人でも可能であることはすでに指摘した。加えて、たとえば地元の市民オンブズマンの団体に顔を出さずとも、疑問を持った問題についてのみ個人的に活動することもできる。特定の問題関心に一時的にコミットする、いわばつかの間のオンブズマン活動をも、このウェブページはより容易に可能にしていると予想できる。

このように遠藤の挙げた、①活動範囲の拡大、②活動の効率性、③参加の開放性という三つの利点は、情報公開市民センターのインターネット利用にもあてはまるだろう。もっともこれらの特徴は、改めて指摘するまでもない確認事項かもしれない。だが、この三点に加えさらに、そこに設置された掲示板で興味深い機能を見出すことができた。最後に、その内容について、まずは簡単に見ておくことにしたい。

その掲示板は二種類ある。ひとつは、市民オンブズマン活動についての質問にベテランの市民オンブズが回答する「Q＆A」である。また、それとは別に活動について自由に議論する作戦会議室「蜂の巣」が開設された[2]。一方向の情報伝達であったウェブページが双方向になったという、この変化は、個人的活動にとって大いに効果的であろう。すなわち、活動についての自らの疑問点をウェブ上で比較的容易に解決できる。実際、活動の具体的なノウハウや、ある問題を巡って何を情報公開請求すべきかなどの基本的な事項についての質問が多数あり、それらの疑問について熟練した市民オンブズが回答するというやり取りが多く存在する。こうした点は先に述べた三つの利点、すなわち①活動範囲の拡大、②活動の効率性、③活動参加の開放性――それぞれに貢献していると考えられる。だが、その効果は、それだけにとどまらない。連絡会議のものにはなかった、この掲示板の設置によって、それまでとは質的に異なるコミュニケーションが出現していることをもそこに発見した。そのコミュニケーションは、とりわけ4章、7章で述べてきた組織の「内部」と「外部」とのリアリティの連動に大きな関連を持っている。それはインターネットが持つ社会運動に対するひとつの可能性でもあると考えられる。そこで次節では、この点について、さらに踏み込んで分析してみることにしたい。

3　ウェブ上に展開するコミュニケーション

インターネットがネットワーク活動に極めて機能的なことは、指摘されて久しい(正村 2001:74)。実際、インターネットの利用が、そもそも全国に散らばる市民オンブズマンのネットワークの構成を目指す情報公開市民センターにとって、極めて有効であることは指摘したとおりである。また逆にインターネット利用がノウハウの伝達などの面で、そのネットワークを広げているだろうことも前述した。この点に関連して今井賢一と金子郁容は、組織の境界の曖昧化について次のような指摘をしている(今井・金子 1988:186)。すなわちネットワーク化の進んだ組織は、組織「外部」との接触が多重になり、その境界が明確ではなくなるのだという。情報公開市民センターの場合、運動の性質上そもそもその組織の境界は曖昧である。インターネットの利用によってネットワーク化が進んだとすれば、情報の発信と新しい参入者の増加などによって、その境界はより曖昧化するだろう。ただ、そのことは組織にとってよいことばかりではない。たとえば、この曖昧化は企業の場合、ライバル企業とのコミュニケーションにもつながる（cf. 藤本 2000: 107）。だが本章の事例のように社会運動である場合、この境界の曖昧化はいわばライバル、社会運動の対抗団体である行政組織とのコミュニケーションをも可能にしてしまうのではないか。実際、すでに指摘したインターネット利用のうち、特に掲示板においてそれは現れている。

この掲示板は、前節で述べたように活動についての質問と活動の作戦会議のための二種類が設置されていた。その当初の予測される参加者は、すでに市民オンブズマン活動に取り組んでいる者と、何らかの問題関心から初めて活動に取り組もうと意図している者だろう。けれども極めて興味深いことに、そこに対抗団体であるはずの行政の職員を名乗る書き込みがいくつかみられ、一連のコミュニケーションが展開している。その内容は、インターネット利用における組織の境界の曖昧化を考える上で、極めて示唆的だと考えられる。そこで以下では、書き込みの一部を取り上げ、その内容を分析してみることにしたい。

まず取り上げてみたいのは、次のような書き込みである。簡単に紹介してみよう。それは「市民オンブズマンとは何なのか」という極めて素朴な疑問から始まっている。続けて、公務員を名乗る投稿者は次のように書き込んでいる。すなわち、やはり公務員の知り合いは、ある市民から苦情が寄せられ、自宅にまで電話をされノイローゼ気味になっていると。そう報告した上で投稿者は、こんなことをする市民は公務員に対して恨みでもあるのかと疑問を提示している。苦情を寄せる市民と市民オンブズマン活動をする者とが同一視されている点については、いまはおこう。ただ後の分析のために付け加えておきたいことは、その文体が極めて丁重だという点である。

一般的にいってもウェブ上の掲示板において簡単な質問が数多く寄せられることは、周知のとおりであろう。たとえば旅先の情報について質問と回答が交わされるといったコミュニケーションは、しばしば目にすることができる。同様にこの掲示板においても、こうした質問をすることは比較的容易であろうと推測できる。そのやり取りが本書の課題と関係することを示すために、その後の展開をもう少し追ってみることにしたい。

この素朴な疑問に対して、市民オンブズを名乗るひとりから、ひとつの回答が寄せられている。その書き込みは次のように答える。すなわち、少なくとも市民オンブズマン活動をする者一般に質問者のいうような意図はない、むしろサービス残業までして仕事に励む多くの個々の公務員に対しては敬服すらしている、だが個人ではなく全体としての行政、全体としての公務員に対してわれわれは不服があるのだと。この回答もまた丁重な文体によるものであることを、さしあたり指摘しておきたい。

このあと他のハンドルネームによる書き込みをも交え、掲示板では幾度かのやり取りが続いている。そのコミュニケーションを通じて最後には質問者の疑問は氷解しているように読み取れる。だが注目したいのは、その後のやり取りの内容ではない。むしろ、ここで公務員、市民オンブズという社会的役割を越えた、まさに個人同士のコミュニケーションが成立している点を確認しておきたい。もちろん、こうしたコミュニケーションはウェブ以外で、これまでも存在したかもしれない。だが、それはウェブ上であることで、より容易に起こりえたのではあるまいか。すなわち、この素朴な疑問の提出者は、もしウェブにおいてでなかったなら、自らの疑問をぶつけうる市民オンブズを身近に見出せたであろうか。親しくない市民オンブズに直接、問いかけることはそれなりの覚悟も要ろう。その場合、内容も率直さに欠けたかもしれない。だがネット上の匿名性ゆえに、容易に自らの疑問を不特定多数の市民オンブズにぶつけることができる。加えて、すでに指摘したとおり文体は丁重であり、その回答の文体も丁重であった。内容自体も手厳しいものではなく、むしろ個人としての公務員へのエールと受け取れる部分がないでもない。ここでは、もはや「やつら」公務員対「やつら」市民オンブズマンという固定的な関係のイメージが、個人レベルにまで引き下げられていることを確認することができる3。

この書き込みに関連して次に、もうひとつ別の書き込みを同様に紹介してみよう。その内容を分析することは、いま述べた知見をさらに深めるのに有効である。その書き込みは質問でも見解でもなく相談と見なすことができるであろう。文面から女性のヒラ公務員のものだと推測できる。その女性は次のように書き込む。ある上司がどうも自分に好意があるらしく、しつこく言い寄ってくるので断るのに苦労している。その上司からある仕事を頼まれたが、他の仕事で忙しかったので「急ぎますか？」と訊いて、後回しにしていた。すると怒ったのか、後でゲンコツで殴られてしまった。どうしたらよいのかと投稿者は結ぶ。

このやり取りにおいても、ウェブ上であることが大きな意味を持っていることは明らかではなかろうか。このような問題が組織の中で相談しにくいことは、４章での組織の「内部」の分析からも理解可能である。また「外部」の弁護士に依頼するにしても、その結果がどうなるかは素人には判断が難しい。そうした内容を手軽に相談できることは、先の書き込みの場合と同様ウェブ上での匿名性の利点である。このあと、そのときの様子について極めて具体的な描写もなされている。こうした点は、まさにウェブ上のコミュニケーションがカジュアルであるという特徴を明確に示しているといえるのではなかろうか。

このプライベートな内容をも含む質問に対してもまた、市民オンブズを名乗る者から回答が寄せられている。場合分けをしつつ、その書き込みは丁重に次のように述べる。まず、もしこの相談者が組織での出世を望んでいる場合には、なんとか乗り切って、ことなきを得た方がよい、しかし組織での出世を望んでいない場合には、最寄りの弁護士に依頼し訴えるのがよいだろう。そう述べた上で、次のように指摘する。すなわち企業と異なって公務員であれば、それだけでは解雇にはならない、その対応で周りもかえって一目置いてくれるようになるかもしれない、ただ組織での出世はまず望めないだろうと。いずれにせよ、いずれかの弁護士に内密に相談しておくことが得策ではないかと、最後に投稿者はアドバイスしている。

このやり取りにおいても先ほどと同様に観察できるのは、市民オンブズと行政職員とのコミュニケーションが容易に成り立っていることである。先の例と同じく回答は、件の上司を悪し様に批判するものではないし、相談者に対しては同情をすら寄せている。さらに、ひとつの回答を提示するのではなく、相談者の組織での出世の意欲の有無を訊き、その後の組織での身の処し方の難しさなどを前提に、いくつかの対処法を提示している。もちろん、この冷静な対応をたとえば弁護士であろうと推測してみれば、回答者の職業的な反応であるという見方も可能である。だが同時に、回答者は市民オンブズを名乗っていることにはちがいない。このやり取りが、まぎれもなく社会運動体の成員、また、その対抗団体の成員としての社会的役割を持つ個人同士のコミュニケーションであるという点は注目しておかなければならない。

このあと、このコミュニケーションに誘発されたかのように、他の行政職員からも別の報告が寄せられている。それは次のようなものである。すなわち、ある関係団体の宴会旅行を裏金で設定するように命令された、だが内部の倫理規定もあるので拒否をしたら、それを恨まれ上司にいじめられそうになったと。そこで資料をすべてコピーし市民オンブズマンに提供しようとも思ったが、ばれたら一体、誰が自分を守ってくれるのだろうと考え踏みとどまっているという。「内部」の「思いやりの体系」に巻き込まれているであろう職員のこの書き込みの内容に対する課題は、最後に改めて触れよう。それにしても、ここでも確認できるのは、ある市民オンブズとある行政職員との信頼の成立が、こうした告白あるいは告発を可能にしている点である。

さて、このような書き込みから、ウェブ上のコミュニケーションに次のような特徴を指摘することができるだろう。まず、そこでは他では出会えそうもない個人同士のコミュニケーションが成り立っている。すなわち、ここで社会運動体の成員と対抗団体の成員とのコミュニケーションが成立しているのである。しかも、それはカジュアルで率直なコミュニケーションである[4]。こうしたコミュニケーションを、インターネットというメディアが容易にしていることは疑いえない。

ウェブ上のコミュニケーションの特徴として正村俊之は、そこにゲオルク・ジンメルのいう社交性が成立する点を指摘している（cf. Simmel 1917）。すなわち、上層階級において可能であった社交がインターネットにより多くの者に可能なコミュニケーション形式になったという（正村 2001:70-1）。ここで「社交」とは、①現実世界から独立しており、②純粋かつ自在な形式をとり、③話すことが自己目的となる――という特徴を持つコミュニケーションととらえられている。このジンメルの定式化した「社交」の形式が、①匿名的な関係が形成され、②自己と他者との関係が自在に変化し、③自己目的的なコミュニケーションが成立する――電子メディアによる関係において成り立っていると正村はいう。では、この観点から、もう一度、事例を整理してみるとどうなるだろうか。

まずハンドルネームとしての「公務員」は現実世界でのアイデンティティを匿名化し、同様に現実世界での市民オンブズとしてのアイデンティティも匿名化されていた[5]。このことによって、対抗団体との親密な接触を理由とする組織「内部」における批判を免れることは、さしあたり可能であるといえる。また、その関係は批判する市民オンブズマンと弁明する行政というコミュニケーションの形式からも逃れえていた。むしろウェブ上において、市民オンブズマン対行政という関係が具体的な個人のレベルにまで引き下げられ、さらに匿名ゆえの「社交」の形式が成り立っている。その形式に沿うことで、現実世界では自由なコミュニケーションが困難と予測できる各々の成員が接触し、質問、相談、告白、持論の展開といったさまざまなジャンルの自在なコミュニケーションが可能となっているといえるだろう。このように市民オンブズマン活動についての質問、作戦会議のために設立された掲示板が、この二つの目的以外のコミュニケーションに発展しているのである[6]。

4　新しい政治のデッサン

1節で述べたように、公共空間の理論的検討は日本においてはとりわけハーバーマスの「公共圏」の概念を中心に展開されてきた。その主張に対してリオタールに代表されるような理論的な批判がなされてきたことも周知のとおりである。こうした議論に対して、ここまで分析してきたウェブにおける現実の市民活動の様態は極めて示唆深い内容を持っている。このハーバーマスとリオタールとの両者の見解については、本書でもローティと両者との論争を通して、すでに間接的に言及した。この事例に対するローティの見解の含意については6節で論じることとして、まず本節ではハーバーマスとリオタールとの論争を手がかりに、とりわけ本章の冒頭で述べたように特にリオタールの主張に注目して、事例分析の社会運動とインターネットをめぐる成果を整理してみたい。

ところで、そもそもハーバーマスのいう公共圏とは何か。ハーバーマスの『公共性の構造転換』(1990)を参考に、まず、この点からごく簡単に見ておくことにしよう。ハーバーマスによれば、もともと公共性を担う公衆は「文化を論議する公衆」であったという。西欧における芸術や政治について論議を行う人々の歴史的存在が、その前提となっている。そこには論議の展開する公共圏が確かに成立していたのだとハーバーマスは考える。人々は批判的審廷としての「公論」を参照し判断を行ってもいた。けれども、その「公衆」が現代において「文化を消費する公衆」(Habermas 1990:

248＝1994: 215）へと変化するという。すなわち、メディアの煽動により消費へ走る大衆が社会の大勢を占める。そこでは論議が展開する確固とした公共圏は見出しにくい。むしろ人々の判断は受容的判廷としての「公論」に頼っているばかりである（Habermas 1990: 343＝1994: 321）。それゆえ、かつての公共性を取り戻すために、この受容的判廷として「公論」から脱し、批判的審廷としての「公論」を復権することが必要であろう。いささか悲観的過ぎたとハーバーマスはふり返るが（Habermas 1990: 30 ＝ 1994: xxi）、この前提からハーバーマスが一連のコミュニケーション理論を展開してきたことに異論はなかろう。2章で述べたように、その議論において「討議」による社会的合意の条件が探求されてもきた。しばしば公共圏の可能性のひとつとしてインターネット利用が議題となるのもまた、この文脈ではあるまいか。それは、まさに本章で取り上げた情報公開市民センターのウェブページ、とりわけ掲示板の目的でもあった。この文脈に沿って、件の掲示板は設置されたといってもよいだろう。

だが同時に本節で注目したいのは、このハーバーマスの公共圏論へのリオタールによる理論的批判である。その要諦は何か。本書の2章の議論から推察できるとおりリオタールは、ハーバーマスの「討議」に重点を置くコミュニケーション論を強く批判している。その立論が①「合意」を目的とし、また②すべてのコミュニケーションに共通の規則を前提としている——からだという（Lyotard 1979: 106＝1986: 160）。リオタールによれば、もしこの①②の点を前提とするならば、その公共空間においては「合意」という名の強制が生起する。リオタールにおいてはたとえありうるとしても「合理」性の名に裏付けられた「合意」ではなく、それはただローカルな「合意」に過ぎない。この点については、2章で論じたのでこれ以上、詳説しない。むしろ、ここでの課題は、この両者の議論から前節での成果をどのようにとらえ直すことができるのかという点を考えることである。

では、ハーバーマスとリオタールの両者の見解の相違に沿えば、本章での事例をどのように分析することができるだろうか。本章で中心的に見てきた情報公開市民センターにおける掲示板では確かに、その所期の目的に添った質問、議論も展開されている。したがって、それらのコミュニケーションをハーバーマスの「討議」についての立論によって分析が可能であろう。けれども、ここまで注目してきたのは、むしろ当初の予測とははずれて、そこに「討議」に収斂しないさまざまなジャンルの書き込みが存在していたことである。すなわち本章で見出したのは、市民オンブズマンの存在についてのより素朴な質問、組織の中での人間関係に関する相談、告白、それらに対する回答などの書き込みであった。そこには「討議」による社会的「合意」を目指すという観点からは、多くのノイズが参入しているともいえる。

制度を前提としていないコミュニケーションにノイズが参入することは、いわば当たり前のことではある。したがって、ハーバーマスのいう「討議」がより純粋な形で生起することは困難であることはいうまでもない。しかし本章では、このあまり注目されない「ノイズ」の意味に注目してきたのである。確かに、それらは「討議」を構成しがたいかもしれない。だが一方で、こうもいえないだろうか。すなわち、むしろそのことは、それらのコミュニケーションがリオタールの指摘する理論的危惧を回避していることをも意味するのだと。すなわち第一に前節で見たように質問、相談、告白、回答などは明らかにコミュニケーションにおける異なったジャンルに属する。いうまでもなく、そこにはコミュニケーションの共通の「規則」が前提とされているわけではない。第二に、それらのコミュニケーションは必ずしも「合意」を目的としてはいない。たとえ「合意」がありえたとしても、たとえばある質問者とある市民オンブズの「合意」という、極めてローカルで曖昧な「合意」に過ぎない。そのことは「討議」が成り立っていないという否定的な事実のみを意味するのではない。むしろ同時に、それらのコミュニケーションにおいてリオタールの批判する「強制」が起こらないことを意味しているのではあるまいか。では、そのことゆえに、この掲示板を政治的に重要な公共空間とみなすべきではないのだろうか。前節で考察したのは、社会運動体の成員と対抗団体の成員との個人レベルでのカジュアルで非制度的なコミュニケーションであった。確かに、それは「討議」とは呼べない。しかし社会運動体と対抗団体との相互浸透という、社会運動の今後の可能性を考慮した場合、政治的公共空間としてこのコミュニケーションの重要性は決して見逃されるべきではなかろう。

ところで、この論点の逆転は一体、どのような理由により可能なのだろうか。実はハーバーマスを批判するリオタールの立論が、ハーバーマスのいう公共圏を単に批判しているだけではない点に注目する必要がある。すなわちリオタールは、次のようにいう。

「記憶された情報およびデータ・バンクを、公衆が自由に利用することができるようにする……そのとき言語ゲームは、その時点で完全情報ゲームになるだろう。だが、同時に、そのときゲームは非零和ゲームとなり、そのことによって、賭金の枯渇から討論が最小にして最大の均衡という状態に行き着く危険はなくなるだろう。というのも、そのとき、賭金は知識（あるいは情報と言ってもよい）によって構成されることになるのであり、可能な言表としての言語の留保分にほかならない知識の留保分は、汲み尽くし難いからである。ここには、正義への欲望と未知のものへの欲望とがともに尊重されるようなひとつの政治のデッサンがある」(Lyotard 1979: 107-8＝1986: 163)

ここで、公共空間に対して否定的な見解だけが述べられているわけでないことは明らかである。さらに進んで、その将来に向かっての可能性こそが述べられているといえるのではないか。むろん、それは「討議」を中心とする公共圏ではない。むしろ「正義への欲望と未知のものへの欲望とがともに尊重されるようなひとつの政治のデッサンがある」という希望が、ここでは語られている。それは、社会において「完全情報ゲーム」が完成した場合、闘争が最小・

最大の均衡に至らないひとつの「政治のデッサン」なのである。

では、果たして本章で見た情報公開市民センターの掲示板は、この「政治のデッサン」への指向性を持っているのだろうか。次に、この点について検討してみよう。

第一に考えておきたいのは情報公開という、この社会運動自体がリオタールのいう「政治のデッサン」を指し示している点である。いうまでもなく情報公開市民センターは、組織の独占する情報を少しでも開示することにより、組織の透明化をめざしている。したがって「完全情報ゲーム」がリオタールの「政治のデッサン」の前提であるとすれば、この運動はリオタールのいう「政治のデッサン」への指向性を原理的に持っているといえる。

第二に注目しておくべきことはウェブ、とりわけ本章で見た掲示板の活用は、それで十分であるかどうかは議論が残るにしても、「正義への欲望」と並んで「未知のものへの欲望」が尊重される場であったという点である。すでに述べたように実際、掲示板には新たに市民オンブズマン活動をしたいという問い合わせが、数多く存在する。本章では中心的には分析しなかったが、掲示板の所期の目的でもあるこうした書き込みは、「正義への欲望」であることはもちろん、行政が独占してきた情報を入手し構成しようとする「未知のものへの欲望」でもあるといえるのではなかろうか。

第三に本章での中心的な分析の成果は、こうしたウェブ上での社会運動にさらに新たな展開を見出したことであった。それは、非制度的なコミュニケーションの成立である。本章でその一端を示したように、そこでは社会運動体と対抗団体の成員同士のカジュアルなコミュニケーションが展開し、現実の世界では成立しにくい、対抗団体同士の出会いと「社交」が生起し相互理解が成立していた。このような、これまで容易に起こりえなかったであろう非制度的コミュニケーションの生起こそ、インターネットがもたらしうる公共空間の特質であり、特に社会運動のインターネット利用にとって重要な機能のひとつを提供すると考えられるのである。

もちろんハーバーマス的な「討議」の側面も重要な知見を構成することは、すでに述べたとおりである。また八〇年代以降、自らへの批判をも包摂したハーバーマスの新たな展開、とりわけ『事実性と妥当性』(1992)では、より柔軟な「政治的公共圏」の役割についての分析が存在もする。それらの議論とのすり合わせは興味のひかれる学説的課題ではある。しかし、むしろここでは以上で述べた三つの論点から、インターネットなき時代に行われたリオタールのコミュニケーション論の先見性をこそ読みとっておきたい。

では、その可能性とは具体的に一体どのようなことであり、さらにそれが今後、どのような方向へと社会学的研究を導くのか。むしろ、その点が明らかでなければ事例分析としても十分ではなかろう。そこで次節では事例分析の意義を改めて検討し、この点について論じてみたいと思う。

5　新たな公共空間の可能性

政治を指向する社会運動は対抗団体に敵対するものととらえられることが、一般的だろう。両者の協力といっても、1章で述べたように対抗的相補性を指摘されるのがよいところではなかったか(cf. 梶田 1988)。住民と行政との「会話」はしばしば断絶し、両者の闘争が開始されることにもなる。もちろん、そうした闘争の存在は否定しようもない事実であることはいうまでもない。だが本章の分析では、社会運動体と対抗団体を巡る固定的関係の柔軟化が認められた。それは多ジャンルのコミュニケーションが散在するインターネットの生み出す可能性であり、そこに前節では新しい「政治のデッサン」の萌芽を見出した。すなわち、部分的にではあれ形を変え両者の「会話」は継続しているのである。

しかも、そのことは新しいツールであるインターネットを通してであった。この点を本節では、もう少し詳しく、ここまでの事例分析に沿い整理していこう。

取り急ぎ確認しておけば、ここで固定的関係とは政治を指向する社会運動体の成員は対抗団体を批判し、対抗団体の成員は社会運動体の要求に抵抗するという敵対的な関係のことである。このイメージを本章で分析した掲示板は、個人レベルにまで引き下げることによって、次の二つの次元で覆そうとしていたのである[7]。それはどのようにしてか。

第一に認識のレベルで、そのことを指摘できる。すなわち、行政批判において行政組織は一枚岩にイメージされがちかもしれない。しかし書き込みに現れる親密な相談や告白は、行政職員の態度が一枚岩ではないことを示している。すなわち行政職員もまた組織としての行政の執行に批判的であったり、疑問を持ったりするという、もちろん当然だが忘れがちであったかもしれない事実が明らかになっていた。逆に、行政批判をする市民オンブズマンもまた一枚岩にイメージされがちかもしれない。だが同様に、書き込みに現れる親密な忠告や意見は、市民オンブズマンが一枚岩ではないことを示していた。すなわち社会運動体の成員もまた立場を越え、対抗団体の組織「内部」の職員のディレンマを理解できるという、これまた当然だが忘れがちであったかもしれない事実が明らかになっていた。ここで、われわれは組織をめぐる葛藤という論点をめぐって、両者の関心が一致しているのを見出すことができる。こうしたウェブ上の市民オンブズと行政職員のコミュニケーションは、われわれに認識上のイメージの変換を働きかけているといえるだろう。

第二にインターネットにおける、これらのコミュニケーションは両者のともすれば固定的になりがちな関係を、現実レベルでも覆していくという可能性を秘めているといえるのではなかろうか。すなわち、いま見出した対抗団体である行政職員の意識、行動の多様性を当然、当事者である市民オンブズは、これらの書き込みを通じて知ることができる。また逆に行政職員は市民オンブズマンの意識、行動の多様性を垣間見ることもできよう。このように相互のリアリティを知ることは、単に反発だけではなく、同時に部分的であれ共感をも呼びうるし、事実、呼び合っていた。こうした点でウェブ上のこれらのコミュニケーションは、社会運動体と行政との関係についての、われわれの現実における変化を誘発しているといえるのではないか。

ここで加えて述べておくべきことは、こうした二つの次元の誘発を考える際、インターネットによるコミュニケーションのもうひとつの特徴に注目しておく必要があることだろう。その特徴は、この分析しているコミュニケーションの背後に多くのオーディエンスが想定されうるという点である。すなわち現実のコミュニケーションであれば、もしそれが成立したとしても、ある市民オンブズと、ある行政職員の両者の相互行為をしか意味しない。だが、このコミュニケーションには多くのオーディエンスを想定しうる。そのことで同じ疑問を持っていたオーディエンスもまた、市民オンブズや行政職員からの回答をもらったことになろう。この事実は、いま述べた認識レベルと現実レベルでの関係の柔軟化について、こうしたオーディエンスにまで対象を広げて考えることを可能にする。その効果は、決して当事者に対するものにとどまらないのである。

このオーディエンスの存在については、実は本書の分析において継続的に関心を抱いてきた、「会話」が開かれているかどうかという点に深く関連している。すなわち広聴政策では、当事者である住民と行政との間においてのみコミュニケーションが展開されており、その簡易な要約は公表されるにしても、全貌は基本的には閉じられている。また、その対策として検討したオンブズパーソン制度は、第三者が介入する点において広聴政策の現場よりも確かに開かれてはいたが、その独立性をめぐっていくつかの課題を残していた。それに対し本章で検討している「会話」は、最初から開かれている。「開かれている」というのは、もちろん「すべての人が知っている」という意味ではないが、少なくとも「知ろうと思えば知ることができる」という状態は十分に成り立っているのである[8]。この点を踏まえれば、本書の分析において継続的に関心を持ってきた課題について、本章の事例は部分的にではあれ、その解決のひとつの方向性を示していると考えられる。

　社会運動体と対抗団体との関係の多くは、もちろん今後も激しい対抗を維持するであろうし、事実、事例の掲示板にも敵対的な書き込みの方が圧倒的に多い。それらは、まさに「会話」の断絶であるといえる。しかし、それだけではなく相互理解、相互協力の可能性の萌芽をもまた本章の分析では見出すことができた。闘争と並行した形であれ「会話」が継続し、部分的にであれ相互理解が存在することは各々の問題に対する解決を考える上で有効であろうし、それゆえ、こうした芽を摘み取ってしまうことは社会運動の今後にとって大きな損失である。この点については、たとえば昨今の組織の不祥事のいくつかが内部告発により明らかになっていることを、その証拠のひとつとして取り上げることもできる。事例でも見たような「内部」での批判の限界からその内容が「外部」へ漏れ出て結果的に組織の浄化につながっている、このように一連の事件を整理することが可能だろう。もし、それらが突発的な告発ではなく「外部」との連携による組織変革につながるとすれば、それは社会運動と対抗団体との協力の新たな一形態ということもできよう。3節で取り上げた一つめの事例は、そうした協力の前提としての相互理解が、ウェブ上のコミュニケーションであることで可能になっていることを示していた。また二つめと三つめの事例が明らかにしていたことは、ウェブ上での匿名性が、組織の上司と部下の関係や公的資金の流用について、批判的職員と「外部」の運動体の成員とが協力して検討する機会を提供しうる事実であった。萌芽であるとはいえ、そうした協力が何も非現実的な話にとどまるわけではなく可能であることをこれらの事例は示している。

　内部告発が組織「外部」からの批判と組織「内部」の疑問との融合による、組織の変革の契機となるためには内部告発者の法律的擁護は重要であり、法の整備も進展している。ただその実効性を期待しつつも本章の分析から強調しておきたいことは、こうした取り組みの際にもインターネットが大きな有効性を持つと予測できる点である。今後、さらに制度的、技術的な工夫が必要だとはいえ、ウェブ上の匿名性は、その慎重な扱い方によっては身分的な保護に対する大きな保証となりうる。そうしたツールとしてのインターネットの検討がなされるべきであろう。事実、すでにある市民オンブズマンの掲示板には、内部告発を誘発する「告げ口」コーナーも存在する。極めてシンプルな構成ながら、そこでは投稿者の匿名性への配慮もなされており、これからの進展も期待できる[9]。その効果を過大評価することは慎まなければならないが、こうしたウェブ上のコミュニケーションは、社会運動と対抗団体との協力の可能性に新たな道を開いており、同時にインターネットをめぐる研究のひとつの方向を示しているのではなかろうか。

6　社会運動におけるインターネットの意義

情報化による社会運動の可能性を論じた前章での議論を受け、本章では情報公開市民センターを事例として、ウェブ上における市民活動の特性について分析してきた。その結果、既存の枠組みを越境しインターネットが可能にする新たな「政治のデッサン」を垣間見たのであった。そうであるなら今後、公共空間としてのインターネットの可能性を「合意」としてのツールに限定せず、さまざまなジャンルによる、多方向に拡散するコミュニケーションの中に見出していかなければならないであろう[10]。事例分析は、その帰結のひとつとして社会運動体の成員と、対抗団体の成員との社会的役割、立場を越えた「社交」、それに基づく相互理解を示していた。そのことは、あるいは組織の防衛にとっては問題なのかもしれない。だが社会運動の進展と組織改革とに対して、有効な側面を確かに持っていたのである。

こうした検討は、もちろん本書全体に対して大きな意味を持つ。その点を最後にまとめておきたい。

第一に、ルーマンのシステム論に基づいて展開した前半での理論的検討、また、その事例分析として市民オンブズマンの活動を題材に行った前章の分析を本章では、より具体的に展開した。すなわち4章では社会運動が、「思いやりの体系」に縛られた「内部」の成員の解放の過程でもあることを示唆し、7章では市民オンブズマンの活動を紹介しながら、行政の変化を促した「内部」のコミュニケーションの変容過程を分析した。それは社会運動のリアリティによる行政職員の振る舞いの変化を示していた。確かに個々の成員の心的システムにおいては、社会運動のリアリティは必ずしも解放のツールであるとは限らない。従来の非公式的行動期待が快い者にとって規律・訓練を強要する拘束でもあるだろう。だが、行政システムの社会的機能に対して自覚的な者にとって、そのリアリティは解放の礎となろう。そのことは、税金の私的流用が行われないという点において社会的にも機能的な変化であることはいうまでもない。インターネットがこうしたネットワーク型の活動を容易に可能にすること、また非公式的行動期待からの解放のツールを求める成員と「外部」とのコミュニケーションを可能にすることを、本章では具体的に見てきた。

第二に、本章の検討は本書を通して注目してきた、争点をめぐるコミュニケーションの継続という課題に対しても、ひとつの回答を提供していると考えられる。すなわち広聴政策は住民と行政との「会話」に閉じられ、「会話」の断絶は両者の相互行為においてのみ達成されていた。その「会話」をより開くための制度として検討したオンブズパーソン制度には、オンブズパーソンの独立性についての問題に関連して「オンブズマンのオンブズマン」という無限遡行的な課題が残され、その課題は争点を政策的次元にまで高めるためにも社会学に課せられた重要な作業だと指摘した。とはいえ、それはコミュニケーションの開示という観点からはやはり副次的処方箋だといえる。それゆえ、その対策として前章では「会話」が断絶した後の社会運動の可能性について市民オンブズマンを事例に提示したのである。

その事例は、他の社会運動にも適用できる理論的な意義を持つと考えられるが、「会話」が開かれるのは裁判による制度的なものか、その影響を受けた行政の意志によるものに限られていた。それに対し本章ではインターネットがそのことを個人的レベルで可能にしてしまい、「敵対者」同士のコミュニケーションが極めて容易に、かつカジュアルに成立していることを見出したのである。確かに仮にこのような「会話」が頻発するならプライバシーの問題、組織の機密の問題についてはより深刻になるだろうし、そのための係争も増加するだろう。しかし、そうした負の要素をも鑑み、それらの要素に対応しながらも、こうしたコミュニケーションに期待することは組織と社会との関係をめぐる重要な課題だと思われるのである。

第三に、本章の事例はリオタールとローティとの論争の具体的な検討という意味を持つだろう。本章で分析したコミュニケーションをハーバーマス流の「討議」とみなすのは困難であることはすでに指摘したが、むしろ多くのノイズの中でリオタールのいうローカルな「合意」がそこでは成立していた11。確かに2章で分析したように、普遍的合理性を追求するとき、それは制度的な側に有利な「合意」になることをリオタールは懸念する。しかし一方で、本章で見たとおりリオタールは「合意」の否定のみを主張しているのではなく、新しい「政治のデッサン」をも描いていたのである。その意味でたとえローカルな「合意」であったとしても、そこに希望が全く存在していないわけではない。

では、こうした「争異」を前面に押し出した戦略的な行為は「会話」の継続とは無関連なものなのであろうか。本章での検討は、必ずしもそうではないことを示していた。あたかもリオタールが予測していたかのような情報化の進展の結果としてのインターネットが、戦略的行為により断絶された「会話」の再開を可能にすることを本章の分析は示していた。すなわち公式的には住民と行政との「会話」は断絶しながらも他方、非公式的な「会話」の継続がローカルに成立していた。だとすれば「争異」を前面に押し出した戦略的な行為が、「会話」の継続に必ずしも非親和的であるとは限らない。むしろ戦略的行為を頻発させることで非公式的な「会話」を誘発し、公式的に断絶した「会話」の壁に風穴を開けることこそ本章で示された「争異」の効果なのである。この点においてリオタールとローティとの邂逅を認めることは、必ずしも無謀なこととはいえないのではなかろうか。

同じ「文化」の中においてだけではなく、「争異」の出現する場合においても「会話」による「希望」は語らなければならない。そのことは3章で述べたとおり、自己の複数性が可能にする。さらに、こうしたアイロニカルな態度がより容易に可能となるよう、法的な、あるいは技術的な側面における制度的整備が考えられなければならない。なるほどローティにおける「会話」の概念は、そこまで拡張し構想されていないのかもしれない。しかしながら、本書が課題とする住民と行政とのコミュニケーションにさしあたり限定するとしても、このような敷衍が、「会話」的合理性の横着した「ニーチェ・ロヨラ」的問題に対する解答のひとつを示すことだと考えられるのである。

【注】

1　ウェブページでは「⑴情報公開のノウハウを提供します、⑵各地の市民オンブズマンの活動情報を提供します、⑶皆さんの代わりに中央省庁に出向いて行政文書の確認などを手伝います、⑷不当な不開示に対して異議申し立てや公開請求訴訟を支援します」(http://www.jkcc.gr.jp/, 2009.1.20. 確認) と宣言されている。

2　この二つの掲示板は無関係な書き込みに対する管理が難しく残念ながら現在、休止している。この現状に、ウェブ上のコミュニケーションの問題点も示されている。これまでの書き込みは保存されているということもあり、ひとつの事例として分析することに意義があると判断し、本書ではデータとして使用している。本章で主張する意義からもなるべく早い復活が望まれる。

3　ステレオタイプの問題については、藤谷 (1999a) を参照。

4　他の書き込みも同様に示唆的である。一件は、情報公開請求があった事案について公開すべきかどうかという担当者からの相談である。市民オンブズと思われる書き込みはこの担当者に同情と共感を寄せつつ事案に対する自らの分析を述べ、やはり公開した方がよいのではという結論を導いている。また一件は、同僚と居酒屋から帰るとき本当はそうでなくとも事情を分かっている店の人にタクシーを呼んでくれるように大きな声で依頼する、自分を公務員と知っている客に飲酒運転で帰ったのではないかと疑いを持たれるからだという報告である。これに対し公務員と自称する他の投稿者による書き込みでは、自分もタクシーチケットを使っているんだろうと絡まれたこともあるので、同僚同士、役所の近隣で飲み会をしない方がよいといったアドバイスが書き込まれている。他にも「普通にカラ出張が行われてますよ」という「国税局では」と題するメッセージも書き込まれていた。

5　ウェブ上の匿名性ゆえに、「実在」の存在は確定されない。だが、そのことは実は大した問題ではない。むしろコミュニケーションの主体が「実在」するかどうかにかかわらず、無数のオーディエンスの存在によって社会的リアリティが成立し、そのリアルさが確定され続けている点が重要である。そのコミュニケーションは、確かにテキストとして社会的に実在しているのである。

6　マーク・ポスターによれば、電子的なアリーナは身体を持たない主体同士の関係の中で、さまざまなジャンルのコミュニケーションが散在する空間である（Poster 1997: 209-10）。事例の掲示板においては「公務員」「市民オンブズ」といったアイデンティティが、その書き込みのリアリティを形成している。だが、それらはバーチャルなアイデンティティを持ちながらも、同時に実在の身体を確定しているわけではない。ウェブ上におけるコミュニケーションのこの両義性が、社会運動体の成員と対抗団体の成員のコミュニケーションをより容易にしているのである。

7　確かにNPO／NGOが、従来の社会運動と異なって必ずしも対抗的でないという指摘は前章でも取り上げた。だが市民オンブズマン活動の場合、その活動自体が性質上対抗的であり、従来の社会運動の特質を色濃く持っている点に注意しておかなければならない。その上で、そうした固定的関係の柔軟化をここでは問題としているのである。

8　いうまでもなくインターネットによるコミュニケーションの特徴のひとつは、とりわけオーディエンスの無限性に存在する。そして「公開するということは皆がそれを利用するということではない。誰でも目を通し利用できる機会が提供されること」（池田 2000:192）にかかっている。ソーシャル・ネットワーキング・サービスにおけるオーディエンスについては、また新たな検討が必要であろう。

9　「市民オンブズマンおかやま」の「告げ口コーナー」には次のように書かれている。「私たちは、(1)いただいた告げ口は、大事に扱わせていただきます。⑵告げ口の出所をせんさくするようなヤボなことはいたしません。⑶いただいた告げ口をそのまま掲載すると出所がバレてしまう恐れがある場合には、文章の一部を伏字にさせていただきますので、悪しからずご了承下さい」(http://www.icity.or.jp/ombud-oka/sub14.htm, 2009.1.20. 確認)

10　インターネットによる公共空間は、現代の個人化に伴う新たな「政治のデッサン」をも同時に示している。それは社会運動に没入する主体ではなく、つかの間参加する、軽いコミットメントを行う新たな市民概念の把握につながるだろう。

11　こうした点からハーバーマスとローティとの論争を見れば、「討議」概念よりノイズを許容する「会話」概念の方に、インターネットにおける市民性を分析するための有効性を見出せるのではなかろうか。

Ⅳ 結論

第９章　住民と行政との関係

１　本書で行ったこと

本書では住民と行政とのリアリティの架橋を目指し、直接の接触場面を出発点に両者のコミュニケーションについての理論的検討と、その成果に基づく事例分析を行ってきた。まずは、もう一度ここまでの検討、分析を簡単に振り返っておきたい。

前半では、住民と行政とのコミュニケーションの原理的前提を明らかにするため、住民と行政との関係のうち「理性」的なコミュニケーションと同時に、それを阻害する非「理性」的コミュニケーション、また組織「内部」のコミュニケーションの問題について検討した。まず定点を設けるべくリチャード・ローティの「会話」の概念に沿って、「合意」をめぐるコミュニケーションの継続について、その意義と課題を考察した。この考察で、何らかの社会的決定が必要なとき完全な「合意」は理想的にしか生起しないこと、したがって、とりあえず決定された事柄についてその後のコミュニケーションの継続が重要であることを示した。だが、そこに大きく二つの問題を見出した。

第一に、コミュニケーションが対立する者同士の間で必ずしも継続するとは限らないという点がある。とりわけ「理性」的でない相手に対して、コミュニケーション的寛容は停止されるだろう。しかし、そこに現れる愚痴、暴力は「市民」的行為から逸脱した「争異」の提示だという可能性がある。したがって「市民」を『主体』とする民主主義社会においては、むしろ「理性」的コミュニケーションを逸脱した行為に対してこそ注目しておかなければならないことになる。だが一方で、個々の成員に負わせるには、その責務は重すぎる場合もある。そのため、自らを省みるアイロニカルな制度の整備こそ求められるべきだと主張したのである。

第二に注目したのは、組織「内部」のコミュニケーションが必ずしも円滑ではないという点である。とりわけ本書ではルーマンのシステム理論に沿って、組織「内部」のコミュニケーションについて検討した。組織の維持に機能的な成員同士の「思いやり」は、同時に組織において有効なコミュニケーションをも阻害する。それに対し本書では「外部」のリアリティに、「内部」の有効なコミュニケーションの回復のための契機を見出した。同時に、これまであまり取り上げられてこなかったルーマンの社会運動のとらえ方に注目することで、組織の「内部」と「外部」のリアリティを連接する理論的な構図を示したのである。

こうした前半の理論的検討の成果を受け後半では、住民と行政との接触場面を出発点に、「内部」と「外部」双方の観点を視野に収めることに努めつつ分析を行ってきた。なかでも行政が対応困難とみなす要望・苦情に着目し、それらに対する行政の対応と、その限界に対する社会運動について分析した。

本書がまず注目したのは、行政の広聴政策の現場である。そこでは、「理性」的要望・苦情と『理性』的でない要望・苦情とを区別する現場職員の実践が見出された。もちろん広聴政策は、すでに整備されたアイロニカルな制度のひとつであり、それなりの問題解決に機能している。ただ、その要望・苦情の中には対応困難とみなされるものも多く存在し、それらは職員たちに「理性」的でないとみなされ処理される。そこで見逃される観点はないのか。こうした事実を住民から寄せられた情報の行政単独による解釈という権力作用の過剰ととらえれば、その対応は十分であるとはいえない。

そのため次に本書が注目したのは、自治体に設置されるオンブズパーソン制度である。制度的第三者によって、広聴政策で十分に吟味されなかった住民の意思が救い上げられる可能性はある。ひとつの事例を用いた集中的な検討で明らかになったことは、情報の再解釈という、特に孤立した個人にとっての制度的第三者の意義であった。その結果を踏まえ、こうしたアイロニカルな制度の充実の重要性を本書は主張したのである。ただ、そこに行政からの独立性がどこまで保証されるかという問題が残った。その機能が組織の存続のための制度の反応に過ぎないとすれば、広聴政策よりも進化したアイロニー性を有するとはいえ、それだけで行政の「内部」に十分に影響を与えることは難しい。

そこで本書は、「外部」リアリティの創出という観点から社会運動の意義を検討した。とりわけ4章で検討した組織「内部」のコミュニケーションの変容の観点を援用し、税金の使途をめぐる市民オンブズマン活動を分析した。その活動は情報を積極的に活用することによる、行政「内部」のコミュニケーションの変容の可能性を示していた。その分析によって、社会運動によるリアリティの提示を通した組織の変容の仕組みについて具体的な解明を目指したのである。

最後に本書では、新たなコミュニケーション・ツールによる住民と行政との関係を明らかにするため、市民オンブズマンの有志が設立したＮＰＯ法人・情報公開市民センターに焦点を当て、社会運動のインターネット利用の可能性について検討した。そのウェブページに設置された掲示板における書き込みでは、対抗団体である行政職員と市民オンブズマンとのカジュアルなコミュニケーション、また両者の相互理解の成立を認めた。それは萌芽とはいえ、内部告発をも含む組織の「内部」と「外部」との直接的な協力による組織変容の可能性を持つコミュニケーションである。すなわち断絶した「会話」の再開という機能を、ウェブ上におけるコミュニケーションに見出したのであった。

このように本書では、住民と行政との接触場面を出発点に情報過程における問題点とその対策について検討してきた。その検討を踏まえ、この章では、その成果の中でも現代の社会に対しとりわけ重要な示唆を含むと思われる知見を整理しておきたい。まず次節では、本書の前提とした社会の個人化という観点から本書の内容をまとめてみたい（2節）。次に本書の分析で明らかになった理論的含意を「他者」とのコミュニケーションという観点から整理し、その意義を考える（3節）。また、ここまで前提としつつも主題的には論じてこなかった行政職員と行政の在り方について最後に言及しておくことにしたい（4節）。

2　個人化社会における行政

序論で述べたように、社会における個人化の進展が指摘される。市民オンブズマン活動についてはすでに行ったが、ここでは本書全体をその社会的趨勢の中に位置付けておきたい。

まず序論で述べたことを簡単に振り返っておこう。現代の日本の社会について、個人化の進行が指摘される一方で、NPO／NGOなどボランタリーな活動が注目され新しい「市民」の誕生が語られる。だが、この両者は無関係ではない。福祉、子育て、環境、まちづくりなどの活動は、個人的な生活への関心を通して達成されたコミットメントである。他から与えられた抽象的なイデオロギーによる参画ではなく、そこに自らの経験を通して得られた切実な志向を読みとることができる。これらの志向は極めて私的な経験に基づいている限りにおいて個人化と同じ方向を持っており、新しい「市民」の誕生と個人化の進展は対抗しているのではなく実は同じ方向の異なった種類だと把握できると考えられるのである。ただ、そこには二つの問題が存在すると指摘した。第一に、個人化の進行はベックが指摘するとおり個人に対する直接のリスクと責任を負荷する結果となる。このことは個人化してしまった存在へのセーフティネットを要求するだろう。第二に、もちろん個人化が必ずしも社会的コミットメントに結びつくわけではない点がある。とはいえ、とりわけ行政に対して民主主義的制御の必要性は残る。では、これらの問題に対して本書の分析は何を示しているのか。

第一に広聴制度、オンブズパーソン制度は、それ自体、個人のリスクに対するセーフティネットとしての意味を持つ。とりわけ極度に個人化されてしまった個人に対して、コミュニティや職場でのリスク、あるいは行政自身から受けるリスクを回避する方策が必要となる。日常生活を政治とは無関係に営めるためにあるのが立法、司法だとしても、前者については行政の肥大化と投票率の低下、後者については敷居の高さがネックとなっていることはすでに述べたとおりである。したがって、こうした制度が生み出す現場においてこそ住民と行政との齟齬は問題として取り上げられるべきなのである。さらに、個人化の進展は近隣との関係にも新たな問題を生むだろう。たとえば騒音、臭気など隣人同士の日常的なクレームなど誰が調停していくのか。福祉社会やグローバリゼーションの議論において、社会と国家の境界が揺らいでいると指摘される現在、こうした私的と言われてきた問題にどこまで行政が介入すべきかという点をも含め、このセーフティネットという観点から、個人と行政との関係に焦点を絞った分析が今後ますます求められると考えられる[1]。本書の検討もまた、不十分ながらもそのひとつを目指してきた。

第二に本書で検討した市民オンブズマンの活動には、現代の社会運動の特徴が明確に表れていた。それは「市民」を志向した成員がネットワークを駆使し、妥当性を欠いた税金の使用を批判する積極的行動であり、個人の「私」的経験に基づきながらも、普遍性を持ちうる社会運動であった。その活動は原理的に多くの参加者を得ることができない。にもかかわらず、相対的に少数の者によって全国的な効果の達成が可能であった。したがって本書では、そのことを可能にする条件を、社会の情報化の観点から明らかにしようと試みた。いくつかの課題を残しながらも、その検討から「大きな物語」への信憑性が欠落した後の民主主義の方向性を明らかにすることを目指してきた。とりわけインターネットを通じたコミュニケーションの変容は、そうした条件の整備に大きな潜在力を持っているだろう。

もっとも将来、社会参加を志向する「市民」が多数になる可能性を完全に否定することはできない。とはいえ、そうならない場合を想定し、その状況について考えておくことは重要ではなかろうか。参加民主主義の理念にしたがって、すべての者が政治に関心を持つ社会に対して、一方で、そうした政治に参加しない者が多数存在する社会、生業以外の時間を「釣り」や「ゴルフ」や「コンサート」に割ける社会の魅力が小さいわけではない。極めて政治的な「市民」のみで構成される社会こそ、むしろ異常かもしれない。この直接的な人間接触の希薄化は、家族的な拘束からの解放でもあろうし、職場での過度の拘束からの解放をも意味している。したがって「世間」を解体していく、この現実自体は必ずしも悪いことではない。だとすれば民主主義にとって、社会全体における「大きな物語」の欠落を嘆き、すべての成員が政治的「市民」という民主主義的な「主体」になるべく、理論的な構築を行い、それを推奨することが肝要ではない。個人化のメリットに即して考えるとき従来、民主主義が「最大限の参加」ということを中心に論じられることが多過ぎたのではないかという疑問も生じる。むしろ、なすべきことは「大きな物語」の信憑性の回復を目指すことでもなく、また「最大限の参加」はいかに可能かと問うことでもなく、一部の「参加」によっていかに民主主義的な機能を担保できるのかと問うことである。そう考えるとき本書での市民オンブズマンの検討は、個人化の進展する社会における社会運動の形態のひとつを示しているといえるのではないだろうか。

以上のように本書は、セーフティネットの整備と少数者による行政のチェックという、個人化社会における民主主義の条件についての検討を目指してきた。その際、社会運動か制度かという二者択一にさしたる意味はないだろう。したがって、本書は制度から社会運動へと連続的に分析を行ってきた。その検討はいまだ不十分なものにとどまっているとしても、その連続的な把握こそとりわけ個人化した社会にとって重要だと考えるのである[2]。

3　「他者」に対する態度

個人の生活を重視する観点から社会関係を構成することが個人化だとすれば、個人化した社会において「他者」に対する態度は重要なアポリアのひとつであろう。「他者」を認めるということは、一般的に良き道徳的格率に響くかもしれない。本書で扱ってきた行政における「内部」と「外部」双方のリアリティの齟齬とその融和は、いうまでもなく「他者」をどこまで認めるのかという理論的な問題とかかわっている。ここで「他者」とは、さしあたり理解できないもののこととしよう。「他者」にこそ耳を傾けろ、理解せよと主張するのは簡単ではある。だが実際には認められない事態が多いことも容易に想像がつく。暴力を振るう「他者」、殺人を起こす「他者」、税金を私的流用してしまう「他者」までを認める必要はあるのか[3]。あるいは、そうした「他者」を現実社会ではどのように認めるべきなのか。また、どこまで認めるべきなのか。このような問題について本書は理論的側面から、とりわけ組織をめぐってのアイディアを提起してきた。

こうした「他者」とのコミュニケーションに関する理論的検討は、まず3章の自己の分析が大きく関わっている。自己の複数性を前提に「市民」について論じたこの章では、「市民」＝個体と考えている限り、そのリアリティは十分に把握できないということを指摘した。むしろ「市民」を現実態ではなく可能態として、とらえるべきことを主張した。個体は複数のベクトルから構成され、それらのベクトル同士は整合性を持つことも矛盾することもありえる。あるベクトルは発生したり消滅したりもする。「市民」性もまた、こうした点滅するベクトルのひとつに過ぎない。このことによって、二つの理論的結果が生じる。第一に「市民」概念は「市民」の定義に左右され、必然的に非「市民」的存在を生み出すこと、第二にひとつの個体が「市民」的存在であると同時に非「市民」的存在となりうることである。いま自らの立場を「市民」性だと考えるとすれば、その立場から理解できない「他者」もまたある個体とイコールではなく、「市民」性をも併せ持ちうるある個体の「ニーチェ・ロヨラ」的側面であるといえる。

実際、住民と行政との関係に焦点を絞った本書の具体的事例においても、「会話」の断絶してしまうコミュニケーションが現れることを確認した。とはいえ、たとえば広聴政策の現場に現れる住民たちは行政にとって全きの「他者」でなかった。社会的制度を利用している点で行政職員にとっては理性的な「市民」の側面を有しているといえる。どのような無理難題を吹きかけられても、無理難題であると理解できる程度に行政職員は、その住民を理解しうる。その意味において、「他者」と名指される個体は行政にとって全きの「他者」ではなく、「市民」と「ニーチェ・ロヨラ」的側面を併せ持った者だといえる。そのことは、オンブズパーソン制度の検討で取り上げた申告者についても同様であった。申告者は「クレイムメイカー」とみなされていたが、妥当な問題提起をしているという側面が審査により指摘された。この意味で、その申告者もまた複数の側面を持っており行政やコミュニティにとって全きの「他者」ではなかったといえる。このような分析を踏まえ本書では、要望・苦情において理解不可能な側面に対応しながらも、そこから理解可能な政策的提示を読みとることが重要だと主張したのである。

他方で、社会運動についてはどうなのか。以上で述べた住民の複数性は行政に対抗する社会運動の成員の自己の複数性ともリンクしている。すなわち市民オンブズにおいて税金の使途に対する「怒り」、あるいは市民活動を行うという「楽しさ」が理念的な「市民」性の側面と共存していた。また情報公開市民センターの掲示板でわれわれが見たことは、市民オンブズが社会運動家という側面以外に、行政職員にアドバイスする協力者という側面が存在することであった。

ここでルーマンが生命システム、心的システム、社会システムを別のものとして論じていることを思い起こしたい。すなわちシステム理論によれば、社会システムは他のシステムである生命システムや心的システムとは独立して再生産される。そのことは生命システムや心的システムも同様であった。この観点から人を対象にした場合、個体は社会的システムの成員としてアイデンティファイされる場合もあれば、生命システムとして、心的システムとしてアイデンティファイされる場合もあることになる。たとえば行政の職員は、行政についてのコミュニケーションである社会システムの観点から、また生物としての生命システムの観点から、心理的働きとしての心的システムから特定されうる。細かな文脈をおくとすれば、このようなとらえ方は、まさに複数の自己についてのシステム論的表現であるとみなすことができるのではないか。こうした成員の複数性という前提を立てることによって、社会運動のリアリティの提示による内部的なコミュニケーションの修正ついても説明可能だったのである。

政治的指向性を持つ社会運動体と行政とをそれぞれ一枚岩に考えている限り、そこには対抗しか思い浮かばないかもしれない。それは、個体＝役割と考えているからである。しかし、ここまで述べてきたように、さまざまな行為のベクトルの焦点こそ、個体とみなされるものであるとするなら、対抗の側面を残しながらも対抗以外の可能性も話題にしうるだろう。実際、それゆえにこそ広聴政策においては非「理性」的とみなされる要望・苦情から、その「理性」的意図をくみ取れるわけであったし、ウェブ上で展開されるコミュニケーションが親和的でありえるのは、行政の職員また社会運動体の成員がまさに複数の自己、あるいはシステムとしてとらえうるからであった。

このように住民と行政とのコミュニケーションを制度において見た場合も、また社会運動を通して見た場合も、両者は全きの「他者」ではない。だとすれば、両者を対抗者としてのみとらえることはできないし、単純に協力や相互理解の重要性を主張することもできない。むしろ求められるのは両者の二枚腰のコミュニケーション、すなわち理解不可能な点への批判と同時に、その理解不可能なところについての理解可能なところに基づいた再解釈だといえる。すなわち「自分がいま現在使っている終極の語彙を徹底的に疑い、たえず疑問」を持ち、「新しい語彙を旧い語彙と競わせることによって語彙のあいだの選択を行う」(Rorty 1989: 73 = 2000: 154) アイロニー主義を限定するのではなく、アイロニー主義の徹底をこそ図らなければならないだろう。それは相互行為レベルにおける倫理的目標でもあるが、個人に対する負荷を鑑みれば、むしろアイロニカルに振る舞わざるをえない制度的な工夫が肝要なのである。インターネットの発展によるコミュニケーションの変容に期待しつつ、本書の検討を手がかりとして、こうした制度の吟味、改善に努めていくことが今後の重要な課題だと考えられる。

4　行政の個人化

行政の「内部」と「外部」との関係、なかでも住民と行政との直接的なコミュニケーションから出発し両者の関係を考えていくこと、また官僚制の「外部」のリアリティと同時に「内部」のリアリティを踏まえること、この二つのスタンスから本書では分析を進めてきた。ただ「内部」と「外部」とのリアリティの差が起因する「内部」の職員の振る舞いについて阻害要因としては論じたが、その在り方についてはは直接的に論じてこなかった。そこで最後に、ここまでの成果を活かしながらこの点について付論的に検討しておくことにしたい。

行政の「内部」と「外部」のリアリティのギャップのひとつは、「外部」から見る公式的行動期待と「内部」における非公式的行動期待との差であった。この差は、どのような条件で拡大するのか。本論の事例でも見たように非公式的行動期待に基づく「内部」の交流が、その要因のひとつであると考えられる。実際、頻繁な非公式的な関係が存在したことは、市民オンブズマン活動の成果が示していた。また同僚との仕事後のアルコールなどを媒介としたコミュニケーションの機能については、これまでの日本社会の特色として論じられてきたことである（中根 1978）。近年、日本社会全体の職場環境が変わったとはいえ、いまだ終身雇用が常態の行政組織において、非公式的コミュニケーション、とりわけ年末、年始、人事異動の前後の会合や、冠婚葬祭などの度重なる非公式的な関係は、組織全体を緊密なネットワークで結びつけるだろう。こうした非公式的関係の上に公式的行動期待が上乗せされているとすればどうか。もちろん、それをうまく使い分けることこそ、行政職員としての責務であろう。だが使い分けるどころか、長年の慣習がその区別を曖昧なものにしてしまっていたらどうか。あるいはまた個人的な自覚としてはその区別が残っていたとしても、非公式的行動期待に反し公式的行動期待にしたがうことで、その緊密なネットワークで円滑なコミュニケーションを行い続けることが難しいと感じたならどうか。すべての成員がそうだと断定などできないが、公式的行動期待を曲げて非公式的行動期待に沿う可能性は存在する。だが同時に本論で指摘したのは、そのネットワークが必ずしも成員の心的システムにとって心地よいとは限らないことであった。

この心的システムの役割距離は、善悪を越えて微妙な論点を併せ持っている。いうまでもなく「補職」である職員はトップの見解をわが見解として取得しなければならない。ある政策について自分なりの見解があり「内部」でも同僚に公言していたとしても、民主主義的な手続きで選ばれたトップの「補職」に過ぎない自らの見解を却下し、その見解があたかも自分の見解であるかのように振る舞わなければならない。そのことが可能でなければ組織は当然成り立たない。多くはそれでよいのだろう。しかし、その押し殺された見解が有用なことはないのだろうか。その見解が行政コミュニケーションという社会システムに、新たなコミュニケーションを生むかもしれない。また眠っている「市民」性の覚醒が不祥事の阻止にもつながり、内部告発の母体にもなることはすでに述べたとおりである。しかも、その批判の内容が「外部」の見解であるだけでなく、「内部」の状況も踏まえてのものならば、より実現力のあるコミュニケーションになる可能性もある。

その可能性を促すものとして、社会運動によって「外部」のリアリティを覚醒すること、内部告発の可能性を絶えず確保することなどが重要であると本論で述べた。社会運動のリアリティは非公式的行動期待に反し行動する機会を成員に提供するであろうし、また内部告発が実際に行われることもさることながら、いつ内部告発されるか分からないといったリアリティが公式的行動期待を曲げてまでの非公式的行動期待の遂行を妨げると考えられる。だが、そもそも考えてみれば非公式的行動期待が、それほど大きいものでなければ、こうした処方箋もより効果的に作用するか、あるいは必要のないものになるかもしれない。そのためには、行政コミュニケーションとしての社会システムにおける非公式的行動期待を小さくすればよい。すなわち仲間同士の冠婚葬祭や忘年会、新年会、歓送迎会などが過度にならないようにすること、あるいは、それらへの欠席が大きなサンクションにならないようにすることであろう。なるほど、それで非公式的行動期待が減少すれば、「内部」のネットワークの緊密さは低下するであろう。しかし行政においても近年、大きく変容する他の組織と同様の希薄な非公式的行動期待で十分なのではなかろうか。社会の個人化に対応した行政の問題を本書は考えてきたが、実は皮肉なことに「内部」の問題の原因のひとつは行政職員自体の個人化の不十分さにも求められよう。

では、その対策のためには何が必要だろうか。終身雇用の是非に議論が生じることはすでに述べた。したがって、さしあたり終身雇用を前提にするとしても、4章の注でも触れたように一部で始められている「外部」との人事交流を活発にすることは永年勤続者で作られた緊密なネットワークに幾ばくかの風穴を開けることであろう。そこまでいかなくても、「外部」との交流を増やすことがひとつの方法であると考えられる。たとえば市民活動や学会においても内容によっては、少なからぬ行政職員の参加をみることができる。そうした交流において人々の行政に対する親密さを醸成することもあろうし、成員にとっての心理的フラストレーションが解消されることもあろう。そして、なにより「補職」としての行為で押し殺された見解は解き放たれ、その見解が場合によっては、「補職」としての見解よりも社会的に有用な意義を持ってくる可能性がある。

こうした行動は、行政における非公式的行動期待の希薄化のための重要な契機ともなろう。すなわち勤務している組織以外の準拠集団を持つことにより、その判断が所属している組織でのコミュニケーションを相対化していく。さらに「市民」のあるいは研究者の主張をも取り入れたコミュニケーションが、行政におけるコミュニケーションに影響を与えることも期待できる。所属組織への過度な心的依存が希薄化すれば、所属組織の仲間だけでの催しに過度に参加しようという動機も小さくなるだろう。より多くの成員が他に準拠集団を持てば、所属組織の仲間だけでの催しも物理的に減ると予測できるし、その欠席についても大きなサンクションが想定されないのではなかろうか。

もっとも、それは個人的な努力だけでは成立しないだろう。多くの成員が従来のままであれば、所属集団以外に準拠集団を持つ者が排除されてしまう結果にもなりかねない。したがって、こうした試みこそ組織公認のものでなければならない。その点で近年、盛んに行われているＮＰＯ／ＮＧＯへの職員の参加は注目すべきなのかもしれない。「市民」の活力が社会的に重要であれば、まず「市民」性を発揮しなければならないのは行政職員だという点は説得力を持つ。とはいえ、それらの多くはいまのところ研修である。そうした体験は大いに意義があるとはいえ、やはり義務としての仕事の一環でしかない。その意味では、こうした活動のための休職の容認が一部で検討されているが、それは研修に比べ一歩進んでいるといえるだろう。「市民」活動であれ、遊学であれ自発的に「外部」との交流を持つ成員を許容するような風土、制度をつくり出す努力は、その前提として、その誘因として必要なのである。ただ、ここからは社会運動と同じ論理である。あとは個人の選択を待つしかない。もし少数であれ、そうした成員が存在すれば「内部」に個人化の風を運び込むにちがいない。なるほど、このような「外部」との交流が組織にとってリスクであるという見解も生じるかもしれない。だが、そうした見解があるとすれば、それは閉じた官僚制としての行政が社会をつくり上げるという時代がかった考え方に過ぎない。フランス語のフォンクシオネール fonctionnaire という言い方が象徴するように、社会にとって、その役割は組織の機能として作用していれば十分ではないか。むしろ本書で述べた両者のコミュニケーションに関する課題のための第一歩として重要なことは、具体的な交流によって、住民が行政職員という役割を持つ個体を身近な存在として感じることである[4]。そのような風通しのよい職場は、当の組織の成員にとっても居心地の悪かろうはずがない。

【注】

1　自由な社会における「政治権力の呼び出し可能性」については、宮台(1989：43)を参照。

2　もちろん行政の「環境」は住民だけではない。少なくとも政治、経済、マス・メディアなどとの関係が考えられる。たとえば政治についていえば、指導力の強い大臣や首長が出現すれば、それに伴って行政の成員は動機付けられ行政システムは変容する。また大きな資本をかかえた経済団体が行政の経済政策に影響を与えることも、しばしば起こることである。さらにマス・メディアの世論の醸成が行政システムに影響を与えることはいうまでもない。４章で中心に取り上げた「思いやりの体系」についても同様である。すなわち非公式的行動期待は、行政「内部」の中だけではなく「環境」へも広がるだろう。たとえば政治は政治家の指導、法律の策定、蓄積された情報の流通などにおいて、経済は政党との取引、行政指導、富の交換などにおいて、マス・メディアは記者クラブ、情報の交換などにおいて「思いやり」の関係が成り立つ。それらは、もちろん住民と行政との関係とは大きく様相が異なるが、さらに、それらの分析を通じて全体的な構図を描き出し行政システムとその成員について論じ直すことも可能であろう。

3 その線引きについては北田（2003）による詳細な分析があるが、すでに述べたように本書では、それとは異なった観点から検討を行ってきた。

4 渡辺深は現代の企業の状況を分析して「雇用の外部化と戦略的な企業間ネットワークの拡大によって、組織の境界がますますファジーなものになり、どこまでが組織の内部でどこまでが外部なのかわからなくなる」（渡辺 2007：193）と述べる。この研究を始めたころに比べ、民間ほどではないにしろ確かに行政組織もその境界はゆるやかになる方向へと進んでいる。それはフィールドワークで行政職員と話をしていても感じることである。本書の検討を踏まえれば、そのことは住民と行政との関係にとって、さしあたり望ましい。だが「内部」と「外部」がなくなれば行政はなくなってしまう。その境界はどこまでゆるやかになるのか、またなるべきなのか。あるいは企業と同様「どこまでが組織の内部でどこまでが外部なのかわからなくなる」ことが住民と行政にとってよいことなのかどうか。時代の変化を見据えながら、既成の思考にとらわれず検討していく必要があろう。

文献（ABC順）

安部潔、一九九八、『公共圏とコミュニケーション—批判的研究の新たな地平』ミネルヴァ書房.

足立忠夫、一九七一、『行政学』日本評論社.

Anderson, Benedict, 1983, *Imagined Communities: Reflections on the Origin and Spread of Nationalism*, Berso Editions. ＝1997, 白石さや・白石隆訳『想像の共同体—ナショナリズムの起源と流行』NTT出版.

安藤高行、一九九四、『情報公開・地方オンブズマンの研究—イギリスと日本の現状』法律文化社.

馬場靖雄、一九九六、「正義の門前—法のオートポイエーシスと脱構築」『長崎大学教養学部紀要』37(2):133-65.

Balibar, Etienne, 1997, *La crainte des masses*, Editions Galiée. ＝1999, 水島一憲・安川慶治訳「政治の三概念—解放、変革、市民性」（部分訳）『思想』904:73-94, 905:144-164.

Beck, Ulrich, 1986, *Risikogesellschaft: Auf dem Weg in eine andere Moderne*, Suhrkamp＝1998, 東廉・伊藤美登里訳『危険社会—新しい近代への道』法政大学出版局.

Beck, Ulrich & Beck-Gernsheim, Elisabeth, 2002, *Individualization: Institutionalized Individualism and its Social and Political Consequences*, SAGE Publications.

Bernstein, Richard J., 1986, *Philosophical Profiles*, Polity Press.

Blau, Peter, 1956, *Bureaucracy in Modern Society*, Random House. ＝1958, 阿利莫二訳『現代社会の官僚制』岩波現代叢書.

Butler, Judith, 1990, *Gender Trouble*, Routledge.＝1999, 竹村和子訳『ジェンダー・トラブル』青土社.

Connolly, William, 1988, *Political Theory and Modernity*, Basil Blackwell.＝1993, 金田耕一・栗栖聡・的射場敬一・山田正行訳『政治理論とモダニティー』昭和堂.

——, 1991, *Identity\Difference: Democratic Negotiations of Political Paradox*, Cornell University Press.＝1998, 杉田敦・齋藤純一・権左武志訳『ア

イデンティティ／差異―他者性の政治』岩波書店.

Deleuze, Gilles, 1968, *Différence et répétition*, Presses Universitaires de France. ＝1992, 財津理訳『差異と反復』河出書房新社.

Derrida, Jacques, 1991, *L'autre cap: suivi de la démocratie ajournée*, Les Editions de Minuit. ＝1993, 高橋哲哉・鵜飼哲訳『他の岬―ヨーロッパと民主主義』みすず書房.

Dewey, John, 1927, *The Public and Its Problems*, Henry Holt and Company.

Durkheim, Emil, 1893, *De la division du travail social: Etude sur l'organisation des societes superieures*, Presses Universitaires de France. ＝1971, 田原音和訳『社会分業論』青木書店.

江原由美子、一九九四、「フェミニズムから見た丸山真男の『近代』」『現代思想』22-1: 208-17.

遠藤薫、二〇〇〇、『電子社会論―電子的想像力のリアリティと社会変容』実教出版.

Foucault, Michel, 1969, *L'archéologie du savoir*, Editions Gallimard. ＝1981, 中村雄二郎訳『知の考古学』河出書房新社.

――, 1972, *Histoire de la folie à l'âge classique*, Gallimard. ＝1975, 田村俶訳『狂気の歴史―古典主義時代における』新潮社.

――, 1975, *Surveiller et punir: Naissance de la prison*, Editions Gallimard. ＝1977, 田村俶訳『監獄の誕生―監視と処罰』新潮社.

Freeman, Jo, 1975, *The Politics of Women's Liberation*, DAVID McKAY COMPANY. ＝1978, 奥田暁子・鈴木みどり訳『女性解放の政治学』未來社.

藤本一男、二〇〇〇、「イントラネットと企業組織」、廣井脩・船津衛編『情報通信と社会心理（情報環境と社会心理６）』九四―一一二頁、北樹出版.

藤村正之、一九九六、「テクノクラート的リアリティの析出とその意味―書評：副田義也『生活保護制度の社会史』」『社会学評論』47 (3): 395-402.

――、一九九九、『福祉国家の再編成―「分権化」と「民営化」をめぐる日本的動態』東京大学出版会.

藤谷忠昭、一九九五、「R・ローティの会話的合理性について―プラグマティズム的思考の再考」『年報社会学論集』8: 35-46.

――、一九九六、「官僚制への有効な批判について―行政社会学の課題設定のために」『社会学論考』17: 36-54.

――、一九九七、「『合理性』をめぐる『場』としての行政―広聴政策の有効性をめぐる事例研究」『年報社会学論集』10: 109-20.

――――、一九九九a、「W・ジェームズの純粋経験の概念について―ステレオタイプと個別性」『社会学評論』50 (1):75-90.
――――、一九九九b、「市民オンブズマンの活動とその社会的意味」『年報社会学論集』12:84-95.
――――、二〇〇〇、「『市民』社会における『ニーチェ』的存在―自己の複数性と統治」『ソシオロゴス』26:45-60.
――――、二〇〇一、「官僚的病理に対するシステム論的アプローチ―ルーマンにおける社会学的啓蒙の視角」『年報社会学論集』14:212-23.
――――、二〇〇三a、「地域福祉におけるオンブズマン制度の意義―ある住宅コミュニティを事例として」『社会学評論』54 (1):82-96.
――――、二〇〇三b、「公共空間としてのwebにおける市民活動の特性―NPO法人・情報公開市民センターを事例として」『年報社会学論集』16:78-89.
――――、二〇〇六、「管理社会における電子政府について」『相愛大学研究論集』22:193-211.
――――、二〇〇七、「行政主導のまちづくりの功罪」『相愛大学研究論集』23:75-96.
Fukuyama, Francis, 1989, The End of History?, *The National Interest 16*: 3-18.
――――, 1989-90, Reply to My Critics, *The National Interest 18*: 21-8.
船橋晴俊、一九九八、「現代の市民的公共圏と行政組織―自存化傾向の諸弊害とその克服」、青井和夫・高橋徹・庄司興吉編『現代市民社会とアイデンティティ―二一世紀の市民社会と共同性：理論と展望』一三四―五九頁、梓出版社.
Goodsell, Charles T., 1981, The Public Encounter and Its Study, *The Public Encounter: Where State and Citizen Meet*, Goodsell, Charles T. (eds), pp.3-20, Indiana University Press.
後藤雄一、一九九六、『ザ・お役人天国―官官接待仕置人がゆく!!』フットワーク出版社.
Habermas, Jürgen, 1980 → 1981, Die Moderne: ein unvollendetes Projekt, *Kleine Politische Schriften I-IV*, pp.444-64, Suhrkamp.＝1982, 三島憲一訳「近代 未完のプロジェクト」『近代 未完のプロジェクト』、三一―四五頁、岩波現代文庫.
――――, 1985, Questions and Counterquestions, *Habermas and Modernity*, pp.192-216, Polity Press.
――――, 1988, *Nachmetaphysisches Denken*, Suhrkamp.＝1990, 藤澤賢一郎・忽那敬三訳『ポスト形而上学の思想』未來社.
――――, 1990, *Strukturwandel der Öffentlichkeit: Untersuchungen zu einer Kategorie der bürgerlichen Gesellschaft*, Suhrkamp.＝1994, 細谷雄・山田正行訳

『公共性の構造転換―市民社会の一カテゴリーについての探究』未來社.
――――, 1992, *Faktizität und Geltung*, Suhrkamp. = 2002/03, 河上倫逸・耳野健二訳『事実性と妥当性』未來社.
Habermas, Jürgen/Luhmann, Niklas, 1971, *Theorie der Gesellschaft oder Sozialtechnologie: A Debate Between J. Habermas and N. Luhman*, Suhrkamp. = 1984/87, 佐藤嘉一・山口節郎・藤沢賢一郎訳『批判理論と社会システム理論―ハーバーマス／ルーマン論争』木鐸社.
浜辺陽一郎、二〇〇五、『コンプライアンスの考え方―信頼される企業経営のために』中公新書.
花田達朗、一九九六、『公共圏という名の社会空間―公共圏、メディア、市民社会』木鐸社.
長谷正人、一九九四、「モグラとヘビ」、宮本孝二、森下伸也、君塚大学編『組織とネットワークの社会学』四五―五八頁、新曜社.
畠山弘文、一九八九、『官僚制支配の日常構造―善意による支配とは何か』三一書房.
早川洋行、一九九八、「官治から住民自治へ―広聴制度の改革を提言する」、滋賀自治体問題研究所編『県民が拓く二一世紀の湖国―滋賀県政へ私たちの提言』三〇七―二八頁、自治体研究社.
Hegel, Georg. W.F., 1837 → 1986, *Vorlesungen über die Philosophie der Geschichte*, Felix Meiner Suhrkamp. = 1994, 長谷川宏訳『歴史哲学講義』岩波文庫.
Hiley, David R., Bohman, James F. & Shusterman, Richard (eds.), 1991, *The Interpretive Turn: Philosophy, Science, Culture*, Cornell University Press.
本田弘、一九九五、『行政広報―その確立と展開』SANWA co., Ltd.
干川剛史、二〇〇一、『公共圏の社会学―デジタル・ネットワーキングによる公共圏構築へ向けて』法律文化社.
池田謙一、二〇〇〇、『コミュニケーション（社会科学の理論とモデル5）』東京大学出版会.
今井賢一・金子郁容、一九八八、『ネットワーク組織論』岩波書店.
井上達夫、一九八六、『共生の作法―会話としての正義』創文社.
――――、一九九八、『自由・権力・ユートピア（新・哲学講義7）』岩波書店.
石田雄、一九九七、「丸山眞男と市民社会」、国民文化会議編『丸山眞男と市民社会（転換期の焦点5）』五―六二頁、世織書房.
伊藤邦武、一九九三、「哲学と民主主義―ローティの『政治としての哲学』をめぐって」『理想』651:58-69.
岩崎信彦、一九八九a、「町内会をどのようにとらえるか」、岩崎信彦・上田惟一・広原盛明・鰺坂学・高木正朗・吉原直樹編『町内会の研究』三―一四頁、御茶の水書房.

———、一九八九b、「町内会の可能性」『町内会の研究』四六九―七七頁、御茶の水書房.
蒲島郁夫、一九八八、『政治参加（現代政治学叢書６）』東京大学出版会.
梶田孝道、一九八八、『テクノクラシーと社会運動―対抗的相補性の社会学』東京大学出版会.
金子勇、一九九七、『地域福祉社会学―新しい高齢社会像』ミネルヴァ書房.
金子勝、一九九九、『市場（思考のフロンティア）』岩波書店.
Kant, Immanuel, 1785 → 2007, *Grundlegung zur Metaphysik der Sitten*, Suhrkamp. ＝1976, 篠田英雄訳『道徳形而上学原論』岩波文庫.
柄谷行人、一九九二、『探求Ｉ』講談社学術文庫.
片桐雅隆、一九九一、『変容する日常世界―私化現象の社会学』世界思想社.
川本隆史、一九八九、「民主主義と《私たち》―ローティ＝バーンスタイン論争の諸帰結」『現代思想』17-13:197-207.
経済企画庁国民生活局編、一九九七、『市民活動団体のリーダーのために』大蔵省印刷局.
北田暁大、二〇〇一、「政治と／の哲学、そして正義」、馬場靖雄編『反＝理論のアクチュアリティ』三九―七六頁、ナカニシヤ出版.
———、二〇〇三、『責任と正義―リベラリズムの居場所』勁草書房.
———、二〇〇五、『嗤う日本の「ナショナリズム」』日本放送出版協会.
小島武司・外間寛編、一九七九、『オムブズマン制度の比較研究』中央大学出版部.
小松丈晃、二〇〇三、『リスク論のルーマン』勁草書房.
久保和洋、一九八九、「ニュータウン建設と市域政治構造の変動―大阪府吹田市と千里ニュータウンの事例」『町内会の研究』三六三―七六頁、御茶の水書房.
熊沢誠、二〇〇七、『格差社会ニッポンで働くということ―雇用と労働のゆくえをみつめて』岩波書店.
公文俊平、一九九六、『ネティズンの時代』ＮＴＴ出版.
久野収、一九九六、『市民主義の成立』春秋社.
Lipsky, Michael, 1980, *Street-Level Bureaucracy,* Russell Sage Foundation. ＝1986, 田尾雅夫・北王路信郷訳『行政サービスのディレンマ―ストリート・レベルの官僚制』木鐸社.
Luhmann, Niklas, 1964, *Funktionen und Folgen formaler Organisation*, Duncker & Humblot. ＝1992/96, 沢谷豊他訳『公式組織の機能とその派生

的問題』新泉社.
———, 1965, *Grundrechte als Institution*, Duncker & Humbolt. ＝ 1989, 今井弘道・大野達司訳『制度としての基本権』木鐸社.
———, 1972, *Rechtssoziologie*, Rowohlt Taschenbuch. ＝ 1977, 村上淳一他訳『法社会学』岩波書店.
———, 1974, *Soziologische Aufklärung 1*, Westdeutscher Verlag. ＝ 1983, 土方昭監訳『法と社会システム—社会学的啓蒙（ニクラス・ルーマン論文集1）』新泉社.
———, 1975, *Macht*, Ferdinand Enke. ＝ 1986, 長岡克行訳『権力』勁草書房.
———, 1981, *Soziologische Aufklärung 3*, Westdeutscher Verlag.
———, 1984, *Soziale Systeme*, Suhrkamp. ＝ 1993/95, 佐藤勉監訳『社会システム理論』恒星社厚生閣.
———, 1987, *Soziologische Aufklärung 4*, Westdeutscher Verlag.
———, 1990, *Essays on Self-Reference*, Columbia University Press. ＝ 1996, 土方透・大澤善信訳『自己言及性について』国文社.
———, 1997, *Die Gesellschaft der Gesellschaft*, Suhrkamp.
Lyotard, Jean-François, 1979, *La condition postmoderne*, Editions de Minuit. ＝ 1986, 小林康夫訳『ポスト・モダンの条件—知・社会・言語ゲーム』水声社.
———, 1983, *Le différend*, Editions de Minuit. ＝ 1989, 陸井四郎・小野康男・外山和子・森田亜紀訳『文の抗争』法政大学出版局.
———, 1985, Histoire universelle et différences culturelles, *Critique* 456: 559-68.
Lyotard, Jean-François et Rorty, Rechard, 1985, Discussion entre Jean-François Lyotard et Richard Rorty, *Critique* 456: 581-4.
町村敬志、二〇〇〇、「グローバリゼーションのローカルな基礎—『単一化された想像上の空間』形成をめぐる政治」『社会学評論』50 (4): 556-85.
March, James G. & Olsen, Johan P., 1976 & 1979, *Ambiguity and Choice in Organizations*, Universitetsforlaget. ＝ 1986, 遠田雄志・アリソン・ユング訳『組織におけるあいまいさと決定』有斐閣.
Marx, Karl, 1844, *Ekonomisch-philosophische Mannskripte*, Dietz Verlag. ＝ 1964, 城塚登・田中吉六訳『経済学・哲学草稿』岩波文庫.
正村俊之、二〇〇一、『コミュニケーション・メディア—分離と結合の力学』世界思想社.
松戸武彦、一九九四、「組織は不断につくられる」、宮本孝二・森下伸也・君塚大学編『組織とネットワークの社会』一七八-八九頁、新曜社.

松尾一廣、一九九六、「住む環境」、鳥越皓之編『環境とライフスタイル』有斐閣アルマ、九―四〇頁.

松下圭一、一九七一、『シビル・ミニマムの思想』東京大学出版会.

Merton, Robert K., 1949, *Social Theory and Social Structure*, The Free Press. = 1961, 森東吾他訳『社会理論と社会構造』みすず書房.

メルッチ、アルベルト、二〇〇一、「聴くことの社会学」(新原道信訳)、『地域社会学会年報』13: 1-14.

三上剛史、一九九三、『ポスト近代の社会学』世界思想社.

――、一九九八、「新たな公共空間―公共性概念とモダニティ」『社会学評論』48 (4): 453-73.

三浦恵次、一九八四、『現代行政広報研究序説』学文社.

宮台真司、一九八九、『権力の予期理論―了解を媒介にした作動形式』勁草書房.

宮元義雄、一九九七、『官官接待と監査―情報公開と市民オンブズマン』学陽書房.

水口憲人、一九九五、「市民運動と行政」、西尾勝・村松岐夫編『市民と行政(講座行政学6)』有斐閣、二二五―六六頁.

水谷利亮、一九九五、「福祉多元主義と『第三者政府』―社会福祉サービス供給システムにおける民間非営利セクターの機能をめぐって」『法学雑誌』42 (2): 361-86.

Mouffe, Chantal, 1993, *The Return of the Political*, Verso. = 1998, 千葉眞・土井美徳・田中智彦・山田竜作訳『政治的なるものの再興』日本経済評論社.

村中知子、一九九六、『ルーマン理論の可能性』恒星社厚生閣.

永田えり子、二〇〇〇、「公私の分離は必要か?―フェミニズムと公共性」『社会学評論』50 (4): 603-15.

内閣府、二〇〇七、『平成一九年度版 国民生活白書』財団法人時事画報社.

中根千枝、一九七八、『タテ社会の力学』講談社現代新書.

中野収、一九八九、『メディアの中の人間(市民大学テキスト)』日本放送出版協会.

中野敏男、一九九三、『近代法システムと批判―ウェーバーからルーマンを超えて』弘文堂.

――、一九九九、「ボランティア動員型市民社会論の陥穽」『現代思想』27-5: 72-93.

Nietzsche, Friedrich W., 1887 → 1996, *Der Wille zur Macht*, Alfred Kröner Verlag. = 1980, 原佑訳『権力への意志』理想社.

西尾勝、一九九三、『行政学』有斐閣.
野家啓一、一九九四、「プラグマティズムの帰結―『ノイラートの船』の行方」『分析哲学とプラグマティズム（岩波講座・現代思想7）』岩波書店、二七一―三〇一頁.
Oakeshott, Michael, 1975, On the Civil Condition, *On Human Conduct*, Oxford University Press. ＝1993, 野田裕久訳『市民状態とは何か』木鐸社.
小熊英二、二〇〇〇、「『日本型』近代国家における公共性」『社会学評論』50 (4): 524-40.
岡部一明、一九九六、『インターネット市民革命―情報化社会・アメリカ編』御茶の水書房.
岡田直之、二〇〇一、『世論の政治社会学』東京大学出版会.
奥村隆、一九九四、「『思いやり』と『かげぐち』の体系としての社会―存在証明の形式社会学」『社会学評論』45 (1): 77-93.
奥山敏雄、一九九一、「組織の世界―公式組織とは何か」、吉田民人編『社会学の理論でとく現代のしくみ』一五三―六八頁、新曜社.
Olson, Mancur, 1965, *The Logic of Collective Action: Public Goods and the Theory of Groups*, Harvard University Press. ＝1983, 依田博・森脇俊雅訳『集合行為論―公共財と集団理論』ミネルヴァ書房.
Poster, Mark, 1997, Cyberdemocracy: Internet and the Public Sphere, *Internet Culture*, Porter, David (ed.), pp.201-17, Routledge.
Rawls, John, 1971, *A Theory of Justice*, Harvard University Press. ＝1979, 矢島鈞次監訳『正義論』紀伊国屋書店.
――, 1980, Kantian Constructivism in Moral Theory, in *Journal of Philosophy* LXXVII: 515-72.
――, 1985, Justice as Fairness: Political not Metaphysical, in *Philosophy and Public Affairs* 14 (3): 223-51, Princeton Unversity Press.
――, 1993a, *Political Liberalism*, Columbia University Press.
――, 1993b, The Law of Peoples, *On Human Rights: The Oxford Amnesty Lectures 1993*, Stephen Shiute and Susan Hurley (eds), pp.41-82, Basic Books. ＝1998, 中島吉弘・松田まゆみ訳「万民の法」『人権について―オックスフォード・アムネスティ・レクチャーズ』五一―一〇一頁、みすず書房.
Rorty, Richard (ed.), 1967, *The Linguistic Turn: Essays in Philosophical Method*, University of Chicago Press.
――, 1979, *Philosophy and the Mirror of Nature*, Princeton University Press. ＝1993, 野家啓一監訳『哲学と自然の鏡』産業図書.
――, 1982, *Consequences of Pragmatism: Essays, 1972-1980*, The University of Minnesota Press. ＝1985, 室井尚・吉岡洋他訳『哲学の脱構築

—プラグマティズムの帰結』御茶の水書房．

———, 1989, *Contingency, Irony, and Solidarity*, Cambridge University Press. = 2000, 齋藤純一・山岡龍一・大川正彦訳『偶然性・アイロニー・連帯—リベラル・ユートピアの可能性』岩波書店．

———, 1991a, *Objectivity, Relativism, and Truth*, Cambridge University Press. = 1988, 冨田恭彦訳『連帯と自由の哲学—二元論の幻想を超えて』岩波書店（部分訳）．

———, 1991b, *Essays on Heidegger and Others*, Cambridge University Press.（収録論文中で以下は邦訳がある。"Habermas and Lyotard on postmodernity." = 1986, 冨田恭彦訳「ポストモダンについて—ハーバーマスとリオタール」『思想』744: 126-43.）

———, 1998, *Achieving our Country: Leftist Thought in Twentieth-Century America*, Harvard University Press. = 2000, 小澤昭彦訳『アメリカ 未完のプロジェクト—二〇世紀アメリカにおける左翼思想』晃洋書房．

佐伯啓思、一九九七a、『現代民主主義の病—戦後日本をどう見るか』日本放送出版協会．

———、一九九七b、『「市民」とは誰か—戦後民主主義を問いなおす』ＰＨＰ新書．

齋藤純一、二〇〇八、『政治と複数性—民主的な公共性にむけて』岩波書店．

坂本義和、一九九七、『相対化の時代』岩波新書．

Sandel, Michael, 1998, *Liberalism and the Limits of Justice* (2nd, ed.), Cambridge University Press. = 1999, 菊池理夫訳『自由主義と正義の限界〈第二版〉』三嶺書房．

佐藤俊樹、一九九三、『近代・組織・資本主義—日本と西欧における近代の地平』ミネルヴァ書房．

———、二〇〇六、「官僚制と官僚制化—オート・ポイエティック・システム論の視界と限界」、舩橋晴俊編『官僚制化とネットワーク社会』六五—九二頁、ミネルヴァ書房．

佐藤慶幸、一九九一、『官僚制の社会学』文眞堂．

———、一九九六、『女性と協同組合の社会学—生活クラブからのメッセージ』文眞堂．

沢田善太郎、一九九七、『組織の社会学—官僚制・アソシエーション・合議制』ミネルヴァ書房．

Schmitt, Carl, 1932, *Der Begriff des Politischen: Ein kooperativer Kommentar*, Duncker & Humblot. = 1970, 田中浩・原田武雄訳『政治的なものの概念』未來社．

盛山和夫、二〇〇六、『リベラリズムとは何か―ロールズと正義の論理』勁草書房.
Sen, Amartya K., 1982, *Choice, Welfare and Measurement*, Basil Blackwell. = 1989, 大庭健・川本隆史訳『合理的な愚か者―経済学＝倫理学的探究』勁草書房.
渋谷望、一九九九、「〈参加〉への封じ込め―ネオリベラリスムと主体化する権力」『現代思想』27-5 : 94-105.
清水学、一九九六、「都会のロビンソンたち」井上俊・上野千鶴子・大澤真幸・見田宗介・吉見俊哉編『文学と芸術の社会学（現代社会学8）』岩波書店.
新藤宗幸、一九九六、『市民のための自治体学入門』ちくま学芸文庫.
篠原一、一九九一、「オンブズマン制度を自治体行政に導入して」、篠原一・林屋礼二編『公的オンブズマン―自治体行政への導入と活動』三一二三頁、信山社.
塩原勉、一九七六、『組織と運動の理論―矛盾媒介過程の社会学』新曜社.
庄司興吉、一九八九、『人間再生の社会運動』東京大学出版会.
Simmel, Georg, 1917, *Grundfragen der Soziologie: Individuum und Gesellschaft*, Walter de Gruyter. = 1979, 清水幾太郎訳『社会学の根本問題―個人と社会』岩波文庫.
副田義也、一九九五、『生活保護制度の社会史』東京大学出版会.
園部逸夫、一九八九、『オンブズマン法』弘文堂.
総務庁編、一九九五、『行政の管理と総合調整』大蔵省印刷局.
菅澤均、二〇〇二、『都市化と投票行動の研究』恒星社厚生閣.
多賀谷一照、一九九九、「オンブズマン制度」『公的オンブズマン』四〇－五三頁、信山社.
武智秀之、二〇〇一、『福祉行政学』中央大学出版会.
武川正吾、一九九九、『社会政策のなかの現代―福祉国家と福祉社会』東京大学出版会.
竹下譲、一九九五、「行政手続と苦情処理」、『市民と行政（講座行政学6）』三七－七一頁.
玉野和志、一九九一、「町内会―なぜ全戸加入が原則なのか」『社会学の理論でとく現代のしくみ』七七－九一頁、新曜社.
Tarde, Gabriel, 1901, *L'opinion et la foule*. = 1964, 稲葉三千男訳『世論と群集』未來社.

立岩真也、一九九八、「分配する最小国家の可能性について」『社会学評論』49 (3): 426-45.

Taylor, Frederick W., 1911, *The Principles of Scientific Management*, Harper & Brothers. = 1969, 上野陽一訳『科学的管理法』産業能率短期大学出版部.

冨田恭彦、一九九四、『クワインと現代アメリカ哲学』世界思想社.

辻清明、一九六六、『行政学概論・上巻』東京大学出版会.

——、一九九六、『日本官僚制の研究』東京大学出版会.

上田惟一、一九八九、「行政、政治、宗教と町内会」『町内会の研究』四三九−六八頁、御茶の水書房.

上野征洋、二〇〇三、「行政広報の変容と展望—理論と実践の狭間で」、津金澤聡廣・佐藤卓己編『広報・広告・プロパガンダ』一二〇−四六頁、ミネルヴァ書房.

宇都宮深志、一九八五、「行政と市民」、中原喜一郎編『市民の政治学』一八四−二一七頁、勁草書房.

渡辺二郎、一九九一、「英語圏の哲学とヨーロッパ大陸の哲学との分裂」『理想』647: 51-63.

渡辺幹雄、一九九九、『リチャード・ローティ—ポストモダンの魔術師』春秋社.

渡辺深、二〇〇七、『組織社会学』ミネルヴァ書房.

Weber, Max., 1919, *Politik als Beruf*. = 1980, 脇圭平訳『職業としての政治』岩波文庫.

——, 1956, *Wirtschaft und Gesellschaft*, 4 Aufl., T7bingen. = 1960, 世良晃志郎訳『支配の社会学 I』創文社.

Winch, Peter, 1958, *The Idea of Social Science and its Relation to Philosophy*, Routledge & Kegan Paul. = 1977, 森川真規雄訳『社会科学の理念—ウィトゲンシュタイン哲学と社会研究』新曜社.

Wittgenstein, Ludwig, 1953, *Philosophische Untersuchungen*, Basil Blackwell. = 1976, 藤本隆志訳『哲学探究（ウィトゲンシュタイン全集8）』大修館書店.

山田真茂留、一九九一、「組織アイデンティティ—帰属意識はどう変わってきているか」『社会学の理論でとく現代のしくみ』一三五−五〇頁、新曜社.

山本英治、一九八九、「公共性と共同性」、宮本憲一編著『公共性の政治経済学』四八−五八頁、自治体研究社.

安川一・杉山あかし、一九九九、「生活世界の情報化」、児島和人編『社会情報（講座社会学8）』七一−一一五頁、東京大学出版会.

吉田純、二〇〇〇、『インターネット空間の社会学―情報ネットワーク社会と公共圏』世界思想社.
吉原直樹、二〇〇〇、「地域住民組織における共同性と公共性―町内会を中心として」『社会学評論』50 (4):572-85.
全国行政相談委員連合協議会、一九九五、『行政相談委員の手引』第一法規出版.

あとがき

本書は二〇〇一年度に東京都立大学に提出した博士（社会学）学位請求論文「住民とのコミュニケーションを媒介とした行政の変容――『私』化社会における民主主義の条件」を全面的に加筆、修正したもので、相愛大学の特別研究費を得て出版が可能となった。上梓までずいぶん時間が経過してしまったので、次々と関連研究が発表され、また新たな社会的出来事が生起し、それらを追うことに多くの精力を費やすことにもなった。ただ、そのお陰でいまだ十分とはいえないとしても少しでも草稿を修正する機会を持つことができた。各章の多くは他で単独の論文として提出したものが多く、跡形の残っていない場合も多いが、編集して下さった先生方や、査読下さった先生方への感謝を込めて初出を上げておきたい。

序論　書き下ろし
1章　「官僚制への有効な批判について――行政社会学の課題設定のために」『社会学論考』17: 36-54.（一九九六年）
2章　「R. ローティの会話的合理性について――プラグマティズム的思考の再考」『年報社会学論集』8: 35-46.

（一九九五年）
3章　『市民』社会における『ニーチェ』的存在——自己の複数性と統治」『ソシオロゴス』24: 45-60.（二〇〇〇年）
4章　「官僚的病理に対するシステム論的アプローチ——ルーマンにおける社会学的啓蒙の視角」『年報社会学論集』14: 212-23.（二〇〇一年）
5章　「『合理性』をめぐる『場』としての行政——広聴政策の有効性をめぐる事例研究」『年報社会学論集』10: 109-20.（一九九七年）
6章　「地域福祉におけるオンブズマン制度の意義——ある住宅コミュニティを事例として」『社会学評論』54(1): 82-96.（二〇〇三年）
7章　「市民オンブズマンの活動とその社会的意味」『年報社会学論集』12: 84-95.（一九九九年）
8章　「公共空間としてのwebにおける市民活動の特性——NPO法人・情報公開市民センターを事例として」『年報社会学論集』16: 78-89.（二〇〇三年）
9章　書き下ろし

本書の完成については、多くの方に感謝しなければならない。なによりもお忙しい中、問い合わせや調査に応じて下さった住民、市民、現場職員の方々のご協力なくしては本書は成り立たなかった。また職員として勤務中に上司や同僚であった行政職員の方々と交わしたコミュニケーションが、まちがいなく本書の底流を形成している。

ふり返ってみれば社会学に何のキャリアもなく、すでに三〇歳を越えた一面識もない私を、大学院生として引き受けて下さったのは河村望先生であった。面接で力説した的外れだったかもしれない社会学に対する私の熱意よりも、専心されていたプラグマティズムの経験論を学部の卒業論文で取り上げていたことが引き受けて下さった主な要因だったのではなかろうか。退官までの一年間のお付き合いであったが、「とにかく研究よりも、アルバイトで生活費を確保することに重点をおいて。どんなに忙しくても本当に好きなら研究はするし、それでも芽が出ないならあきらめなさい」というご助言は、大学の職に就いたいまでも研究の動機付けになっているように思う。

ちょうどそのとき江原由美子先生がお茶の水女子大学から東京都立大学に赴任されてきたのは、私にとってとても幸運なことであった。さっそく弟子入りをお願いしたらご快諾下さり、その後一〇年近く指導教官としてご指導を仰いだ。ゼミに慣れていなかったせいもあり的外れな発言をしてはご迷惑をかけていたような記憶もあるが、持ち前の寛容さで逸脱気味な自由な議論も許していただいたように思う。私が持ち込むいろいろなテーマに快く付き合って下さり、そうした自由な雰囲気の中で研究できたことはたいへん幸せなことであった。修士論文、博士論文の主査としてはもちろん、初出のほとんどの論文に毎回、適確で丁寧なコメントをいただいた。最初のころは全く読むに堪えなかった私の文章が、ともかくも出版できるものになっているとしたら、その辛抱強いご指導のお陰である。社会学理論、ジェンダーなど広く深い学識から多くのことを学んだが、なによりも社会学が実践と決して無関係ではありえないことを、いまもなお身をもって教えて下さっているように思う。

博士論文の副査のひとりである宮台眞司先生のゼミでは、当時ゼミ生よりも出席率が高いといわれていた。その内容がシステム理論から、政治、サブカルチャーまで幅広く、哲学と行政で凝り固まっていた私の頭が崩壊してゆく解放感があったのだと思う。同じく副査を務めて下さった玉野和志先生には、博士論文の題名を含む重要なポイントで適確なご示唆をいただき、いまも学会でいろいろご助言を頂戴している。東京都立大学には当時、倉沢進先生、高橋勇悦先生、故飯島伸子先生、高橋和宏先生、原純輔先生、森岡清志先生、中尾啓子先生などそうそうたる先生方がいらっしゃり、ゼミなどでご指導を賜ったが、いま思い起こすともっと教えを請えばよかったと思うことしきりである。そのころ研究助手であった椎野信雄さん、岡野一郎さんにも初出論文のいくつかにコメントをいただくなど、たいへんお世話になった。

大学院時代に身に染みて感じたことのひとつは、ひとりで研究を続けているだけではなくゼミや研究会での議論や交流が研究を進める上で極めて重要だという点である。多くの研究会でお世話になったが、とりわけ大学院時代の後半、アルバイトに明け暮れゼミにも顔を出せなくなっていた時期、山口毅さんが主催する私的研究会での月一回程度の交流は、私に社会学の研究者であることを定期的に思い出させてくれた。毎回、私の知らない多くの新しい文献が題材となり、本書の各章のアイディアもこの研究会によるところが大きいし、初出論文のいくつかについては検討会も設けてもらった。この研究会のお陰で、千田有紀さんや仁平典宏さんら優秀な研究者とも議論をすることができた。

就職してからは、日本社会学史学会の関西研究例会に参加し、発表の機会までいただいた。著書を通じてしか存じ上げなかった先生方の学識に毎回、触発されっぱなしである。また青木康容先生の主催する地方自治研究会では、全国的なアンケート調査、フィールドワーク調査など新参の身ながら貴重な研究経験を積ませてもらっている。これらの研究会での諸先生方との議論が、本書の基底に存在することはまちがいない。

現在、勤務している相愛大学の教職員の方々には日常、何かと自由な研究環境のためにご配慮下さっていることに心から感謝したい。とりわけ所属学科の多様な専門分野の先生方とのコミュニケーションからは、研究の新たな発想も頂戴している。また学生たちへの指導の内容が、そのまま自分に跳ね返ってきて、研究上のヒントになっていることにもしばしば気付かされる。

私事にわたれば、地元の自治体に就職し親孝行するものと信じていたにもかかわらず、突如、研究の道に戻ってしまった私を、あきれながらも何も言わず温かく見守り続けてくれた両親（昭大・喜久子）に対し、感謝の気持ちを記しておくこと、お許し願えれば幸いである。

最後になったが、無名の私の出版をお引き受け下さり、慣れないせいでご迷惑もかけたが、出版の手順について最後まで丁寧かつ親切にご指導下さった、東信堂社長の下田勝司さんに、この場を借り改めて感謝申し上げたい。

二〇〇九年五月

藤谷　忠昭

W

Y

人名索引

マ行

ヤ行

ラ行

サ行

タ行

ナ行

ハ行

事項索引

著者紹介

藤谷忠昭（ふじたに　ただあき）

1961年　生まれ

1987年　早稲田大学第一文学部哲学科卒業

1988-92年　大阪府庁勤務

2002年　東京都立大学社会科学研究科博士課程修了　博士（社会学）

2003年　相愛大学人文学部准教授　現在に至る

主要論文

「W. ジェームズの純粋経験の概念について―ステレオタイプと個別性」『社会学評論』50 (1) 号 (1999年)

「『市民』社会における『ニーチェ』的存在―自己の複数性と統治」『ソシオロゴス』24号 (2000年)

「地域福祉におけるオンブズマン制度の意義―ある住宅コミュニティを事例として」『社会学評論』54 (1) 号 (2003年)

「管理社会における電子政府について」『相愛大学研究論集』22号 (2006年)

「行政主導のまちづくりの功罪」『相愛大学研究論集』23号 (2007年)

個人化する社会と行政の変容―情報、コミュニケーションによるガバナンスの展開

2009年5月10日　　初　版第1刷発行　〔検印省略〕

定価はカバーに表示してあります。

著者©藤谷忠昭／発行者 下田勝司　印刷・製本／中央精版印刷

東京都文京区向丘1-20-6　郵便振替00110-6-37828　発行所

〒113-0023　TEL (03) 3818-5521　FAX (03) 3818-5514　株式会社 東信堂

Published by TOSHINDO PUBLISHING CO., LTD.

1-20-6, Mukougaoka, Bunkyo-ku, Tokyo, 113-0023 Japan

E-mail : tk203444@fsinet.or.jp　http://www.toshindo-pub.com

ISBN978-4-88713-903-9 C3036

東信堂

（シリーズ　社会学のアクチュアリティ：批判と創造　全12巻＋2）

- クリティークとしての社会学―現代を批判的に見る眼　西原和久・宇都宮京子 編　一八〇〇円
- 都市社会とリスク―豊かな生活をもとめて　藤田弘夫・浦野正樹 編　二〇〇〇円
- 言説分析の可能性―社会学的方法の迷宮から　佐藤俊樹・友枝敏雄 編　二〇〇〇円
- グローバル化とアジア社会―ポストコロニアルの地平　新津晃一・吉原直樹 編　二三〇〇円
- 公共政策の社会学―社会的現実との格闘　武川正吾・三重野卓 編　二〇〇〇円
- 社会学のアリーナへ―21世紀社会を読み解く　友枝敏雄・厚東洋輔 編　二一〇〇円

（地域社会学講座　全3巻）

- 地域社会学の視座と方法　似田貝香門 監修　二五〇〇円
- グローバリゼーション/ポスト・モダンと地域社会　古城利明 監修　二五〇〇円
- 地域社会の政策とガバナンス　岩崎信彦・矢澤澄子 監修　二七〇〇円

（シリーズ世界の社会学・日本の社会学）

- タルコット・パーソンズ―最後の近代主義者　中野秀一郎　一八〇〇円
- ゲオルグ・ジンメル―現代分化社会における個人と社会　居安正　一八〇〇円
- ジョージ・H・ミード―社会的自我論の展開　船津衛　一八〇〇円
- アラン・トゥーレーヌ―現代社会のゆくえと新しい社会運動　杉山光信　一八〇〇円
- アルフレッド・シュッツ―主観的時間と社会的空間　森元孝　一八〇〇円
- エミール・デュルケム―社会の道徳的再建と社会学　中島道男　一八〇〇円
- レイモン・アロン―危機の時代の透徹した警世家　岩城完之　一八〇〇円
- フェルディナンド・テンニエス―ゲマインシャフトとゲゼルシャフト　吉田浩　一八〇〇円
- カール・マンハイム―時代を診断する亡命者　澤井敦　一八〇〇円
- ロバート・リンド―アメリカ文化の内省的批判者　園部雅久　一八〇〇円
- 費孝通―民族自省の社会学　佐々木衞　一八〇〇円
- 奥井復太郎―都市社会学と生活論の創始者　藤田弘夫　一八〇〇円
- 新明正道―綜合社会学の探究　山本鎭雄　一八〇〇円
- 米田庄太郎―新総合社会学の先駆者　中久郎　一八〇〇円
- 高田保馬―理論と政策の無媒介的統一　北島滋　一八〇〇円
- 戸田貞三―家族研究・実証社会学の軌跡　川合隆男　一八〇〇円
- 福武直―民主化と社会学の現実化を推進　蓮見音彦　一八〇〇円

〒113-0023　東京都文京区向丘 1-20-6　TEL 03-3818-5521　FAX03-3818-5514　振替 00110-6-37828
Email tk203444@fsinet.or.jp　URL:http://www.toshindo-pub.com/

※定価：表示価格（本体）＋税

東信堂

〔現代社会学叢書〕

開発と地域変動―開発と内発的発展の相克　北島　滋　三二〇〇円

在日華僑のアイデンティティの変容―華僑の多元的共生　過　放　四四〇〇円

健康保険と医師会―社会保険創始期における医師と医療　北原龍二　三八〇〇円

事例分析への挑戦―個人現象への事例媒介的アプローチの試み　水野節夫　四六〇〇円

海外帰国子女のアイデンティティ―生活経験と通文化的人間形成　南　保輔　三八〇〇円

現代大都市社会論―分極化する都市？　園部雅久　三八〇〇円

インナーシティのコミュニティ形成―神戸市真野住民のまちづくり　今野裕昭　五四〇〇円

ブラジル日系新宗教の展開―異文化布教の課題と実践　渡辺雅子　七八〇〇円

イスラエルの政治文化とシチズンシップ　奥山眞知　三八〇〇円

正統性の喪失―アメリカの街頭犯罪と社会制度の衰退　G・ラフリー　室月誠監訳　三六〇〇円

〔シリーズ社会政策研究〕

福祉国家の社会学―21世紀における可能性を探る　三重野卓編　二〇〇〇円

福祉国家の変貌―グローバル化と分権化のなかで　小笠原浩一・武川正吾編　二〇〇〇円

福祉国家の医療改革―政策評価にもとづく選択　三重野卓・近藤克則編　二〇〇〇円

共生社会の理念と実際　三重野卓編　二〇〇〇円

福祉政策の理論と実際〔改訂版〕福祉社会学研究入門　三重野卓・平岡公一編　二五〇〇円

韓国の福祉国家・日本の福祉国家　武川正吾・キム・ヨンミョン編　三二〇〇円

改革進むオーストラリアの高齢者ケア　木下康仁　二四〇〇円

認知症家族介護を生きる―新しい認知症ケア時代の臨床社会学　井口高志　四二〇〇円

新版　新潟水俣病問題―加害と被害の社会学　飯島伸子・舩橋晴俊編　三八〇〇円

新潟水俣病をめぐる制度・表象・地域　関　礼子　五六〇〇円

新潟水俣病問題の受容と克服　堀田恭子　四八〇〇円

公害被害放置の社会学―イタイイタイ病・カドミウム問題の歴史と現在　飯島伸子・渡辺伸一・藤川賢編　三六〇〇円

〒113-0023　東京都文京区向丘 1-20-6　TEL 03-3818-5521　FAX03-3818-5514　振替 00110-6-37828
Email tk203444@fsinet.or.jp　URL:http://www.toshindo-pub.com/

※定価：表示価格（本体）＋税